ÉTUDE

SUR LA PROPRIÉTÉ FONCIÈRE

EN PAYS MUSULMAN,

ET SPÉCIALEMENT EN TURQUIE

(RITE HANÉFITE).

AVANT-PROPOS.

L'œuvre de réorganisation entreprise en Turquie par Sultan Mahmoud, et continuée par son successeur, Sultan Abdul-Medjid [1], a provoqué, dans ce pays, une modification radicale des lois en vigueur, par l'introduction de mesures en harmonie avec les institutions nouvelles, et destinées à remplacer, dans la plupart des cas, le droit ancien qui, jusqu'alors, avait régi les États de la monarchie ottomane. Une sorte de conseil d'état, investi en même temps des attributions d'un sénat conservateur, sous le nom de *medjlici-valaï-tanzimât* [2], fut chargé de l'élaboration des lois qui devaient opérer la réforme législative, et reçut la mission de s'inspirer de l'esprit de la jurisprudence européenne, tout en conservant à la législation locale son type et son caractère ori-

[1] Né le 11 chaban 1238 (23 avril 1823), ce prince succéda à son père, Sultan Mahmoud, le 18 rebiulakher 1255 (1er juillet 1839). Mort à Constantinople, le 25 juin 1861, à sept heures du matin (17 zilhidja 1277). Son frère et successeur, Sultan Abdul-Aziz, proclamé et reconnu solennellement dans la même journée, recevait, vers les deux heures de l'après-midi, les hommages des hauts fonctionnaires de l'empire.

[2] Le conseil suprême du *tanzimât* fut créé le 12 novembre 1854; on peut consulter, sur sa constitution et ses devoirs, la *Gazette d'état* (*taqvîmi-véqâï*, du 14 djemazi-akher 1271 (3 mars 1855). — Par un *khat* du nouveau mo-

ginels. Parmi les lois préparées dans le sein de ce conseil, et promulguées en vertu de l'initiative souveraine (*qânoun*, au pluriel *qavânîn*), vient se placer au premier rang le *Code sur la propriété foncière*[1], l'un des plus importants, sans contredit, au point de vue de la constitution sociale et politique de l'empire.

« Pour comprendre les diverses conditions sociales d'un peuple, a dit M. Guizot[2], il faut connaître la nature et les relations des propriétés. Originairement, c'est l'état des personnes qui a déterminé l'état des propriétés territoriales; selon qu'un homme était plus ou moins libre, la terre qu'il occupait a pris tel ou tel caractère. L'état des terres est ainsi devenu le signe de l'état des personnes; on s'est accoutumé à présumer la condition politique de chaque homme d'après la nature de ses rapports avec la terre où il vivait; et comme les signes deviennent promptement des causes, l'état des personnes a été enfin, non-seulement indiqué, mais déterminé, entraîné par l'état des terres; en un mot, les conditions sociales se sont, pour ainsi dire, incorporées avec le sol. »

narque, Sultan Abdul-Aziz, lu à la Porte le 6 mouharrem 1278 (14 juillet 1861), le *medjlici-tanzimât* a cessé de former un corps séparé et distinct; il est réuni au *medjlici-ahkiâmi-adliiè*, (conseil suprême de justice.) Par la nouvelle organisation qui lui est donnée, et qui, à certains égards, rappelle les attributions de nos anciens parlements, le *medjlici-ahkiâmi-adliiè* est divisé en trois chambres : la première, administrative; la seconde, législative, chargée de l'élaboration des lois et règlements émanant de l'initiative souveraine; la troisième, judiciaire, c'est-à-dire haute cour de justice, chargée de l'examen des affaires criminelles dont le jugement lui est dévolu par la loi. (Voyez *Djéridéï-havâdis*, journal turc imprimé à Constantinople, du 6 mouharrem 1278.)

[1] Texte turc, imprimé à Constantinople, à l'imprimerie de la *Gazette d'état*, et formant un fascicule de 28 pages grand in-8°, dont je donnerai la traduction au ch. XI ci-après. On a publié à Boulaq, en 1839, 1840 et 1842, trois éditions successives d'un *qânoun-ez'zirâ'at*, ou code agricole appliqué à l'Égypte. (Voy. *Journal asiatique*, juillet-août 1843, p. 50, 52 et 57, le *Catalogue*, donné par M. Bianchi, des *livres arabes, turcs et persans, imprimés à Boulaq*.)

[2] *Essais sur l'Histoire de France*, édition Charpentier, p. 75 et suiv.

ÉTUDE

SUR

LA PROPRIÉTÉ FONCIÈRE

EN PAYS MUSULMAN,

ET SPÉCIALEMENT EN TURQUIE

(RITE HANÉFITE).

EXTRAIT N° 9 DE L'ANNÉE 1861

DU JOURNAL ASIATIQUE

ÉTUDE

SUR

LA PROPRIÉTÉ FONCIÈRE

EN PAYS MUSULMAN,

ET SPÉCIALEMENT EN TURQUIE

(RITE HANÉFITE),

PAR M. BELIN,

OFFICIER DE L'ORDRE IMPÉRIAL DE LA LÉGION D'HONNEUR,
SECRÉTAIRE-INTERPRÈTE DE L'AMBASSADE DE FRANCE
À CONSTANTINOPLE.

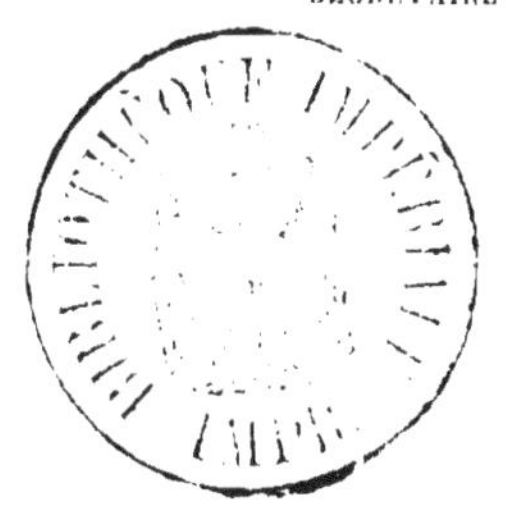

PARIS.

IMPRIMERIE IMPÉRIALE.

M DCCC LXII

Considérée sous ces divers rapports, il m'a semblé que l'étude de la nouvelle loi édictée par le gouvernement turc sur la propriété foncière n'était pas dénuée d'intérêt et pouvait offrir des points de comparaison curieux à établir; le travail que j'ai entrepris dans ce but m'a fait remonter jusqu'aux sources et m'a déterminé à essayer de tracer, d'après l'état des terres et des personnes, le tableau de la constitution sociale et politique de la société musulmane dès l'origine, les différentes phases qu'elle a traversées, et, par suite, les modifications qu'elle a subies jusqu'à nos jours.

Le droit musulman, en général, a été déjà traité par d'illustres savants, tels que les Anquetil-Duperron [1], les d'Ohsson [2], les Silvestre de Sacy [3], les Hammer [4]; plus récemment, par M. le docteur Worms [5], feu Ducaurroy [6], M. Perron [7], et enfin par M. de Tornauw [8]; aussi est-ce avec une sorte de timidité que j'aborde cette matière. Toutefois, procédant de l'idée exprimée plus haut, c'est-à-dire l'examen de la condition primitive de l'état des terres et des personnes,

[1] *Législation orientale.* Amsterdam, 1778.

[2] *Tableau général de l'empire ottoman.* Paris, 1788-1824, t. I à VII, in-8°.

[3] *Recherches sur la nature et sur les révolutions du droit de la propriété territoriale en Égypte,* depuis la conquête..... par les musulmans, jusqu'à l'expédition française. Trois mémoires insérés dans les *Mémoires de l'Institut:* n° 1, dans le t. I, Paris, 1818, Imprimerie royale; n°ˢ 2 et 3, dans les t. V, VI et VII du même recueil, 1823.

[4] *Des osmanischen Reich's Staats-Verfassung.....* par Hammer. Vienne, 1815, 2 vol. in-8°.

[5] *Recherches sur la constitution de la propriété territoriale dans les pays musulmans.....* publiées dans le *Journal asiatique*, années 1842, 1843 et 1844.

[6] *Législation musulmane sunnite*, rite hanéfi. Même recueil, années 1848-1853.

[7] *Précis de jurisprudence musulmane*, rite malékite, d'après Sidi-Khalil. 6 vol. gr. in-8°, 1848 et suiv. texte arabe, publié, aux frais de la Société asiatique, par M. Richebé, sous la direction de M. Reinaud. Paris, 1858. — Je citerai également une sorte de codification de la législation musulmane, par MM. Joanny Pharaon, et Dulau, avocat, publiée dans la collection des *Législations anciennes et modernes.* Paris, 1839, in-8°.

[8] *Das moslemische Recht.* Leipzig, 1855, in-8°. M. Eschbach, professeur à la faculté de Strasbourg, l'a reproduit en français sous ce titre : *Le droit musulman exposé d'après les sources.* Paris, 1860, in-8°.

pour arriver, en suivant les diverses transformations opérées, jusqu'au régime actuel, je me suis borné à étudier le droit musulman à un point de vue unique et spécial, d'après la doctrine hanéfite[1] exposée dans la *Multeqa*[2], et, me renfermant dans les limites de ce cadre, j'ai classé comme suit les différentes parties de cette étude, pour laquelle je sollicite, au préalable, l'indulgence de mes lecteurs.

CHAPITRE Ier. Origine de la propriété. — Titre Ier. Exposé général (n°s 1 à 8). — Titre II. Guerre sainte, dite *djihâd* (n°s 9 à 14).

CHAPITRE II. Butin provenant du *djihâd;* son partage (n°s 15 à 27).

CHAPITRE III. Fortune publique. — Titre Ier. Domaine privé (n°s 28 à 35). — Titre II. Taxes frappées sur la terre (n°s 36 à 54). — Titre III. Domaine public (n°s 55 à 88).

CHAPITRE IV. Impôt personnel. — Titre Ier. Capitation (*djizié*) sur les tributaires (n°s 89 à 108). — Titre II. Abolition du *djizié*, remplacé par la contribution militaire

[1] L'une des quatre doctrines orthodoxes, c'est-à-dire celle d'Imami-Aazem-abou-Hanifa-el-Koufi-Noman ibn Thabit, né en 80 de l'hégire (699 de J.C.), mort à Bagdad l'an 150 (767 de l'ère vulgaire). — Consultez, pour la biographie de ce chef d'école, dont la doctrine est principalement adoptée par la cour ottomane, d'Ohsson, *loc. laud.* I, p. 11 et suiv.; *Tabaqât-eloumem*, édit. de Boulaq, p. 277 et suiv. — Je mentionnerai, à cette occasion, l'extrait donné par le *Journal de Constantinople* (4 juin 1861) d'une lettre de M. d'Escayrac de Lauture, écrite de Shang-Haï, le 20 février, même année, et donnant des détails curieux et intéressants sur l'état de l'islamisme en Chine. D'après le récit de ce voyageur, les habitants de ce pays appartiennent aussi au rite hanéfite. On lit dans le *Khataï-nâmé* (version turque de mon manuscrit), que les musulmans, à l'époque où cette relation fut écrite, jouissaient en Chine d'une grande considération; que le Khagan avait fait élever à ses frais, dans Khanbâligh même (Pékin), quatre mosquées, et quatre-vingt-dix mosquées et djamis dans les provinces du Khataï. (Voyez, sur cet ouvrage, feu Ét. Quatremère, *Journal asiatique*, septembre 1836, p. 204.)

[2] مجمع الانهر فى ملتقى الابحر. Recueil de jurisprudence, composé en arabe par Ibrahim el-Haleby, mort à Constantinople, en 906 (1549 de J. C.), et commenté en turc par Mehemmed-elmevqoufati. Édit. de Boulaq, 2 vol. in-folio, 1256 (1840). — Consultez, sur ces personnages, d'Ohsson, *loc. laud.* I, p. 22 et suiv.

(nos 109 à 112). — Titre III. Condition des étrangers (nos 113 à 117).

Chapitre V. Impositions diverses, comprises sous le nom générique de *zekiât*, aumône ou taxe pour l'assistance publique (nos 118 à 139).

Chapitre VI. Emploi des revenus publics (nos 140 à 150).

Chapitre VII. Vaqoufs. — Titre Ier. Origine des biens de mainmorte dans l'islamisme (nos 151 à 173). — Titre II. Législation des biens civils de mainmorte (nos 174 à 196). — Titre III. Législation des biens religieux de mainmorte (nos 197 à 220).

Chapitre VIII. Revivification des terres mortes.—Titre Ier. Exposé général (nos 221 à 238). — Titre II. Dispositions légales (nos 239 à 256).

Chapitre IX. Concessions souveraines. — Titre Ier. Bénéfices (nos 257 à 294). — Titre II. Constitution des anciens bénéfices militaires en Turquie (nos 295 à 355). — Titre III. Guédiks; concessions spéciales, relatives à l'exercice d'un métier, d'une profession (nos 356 à 380). — Titre IV. Résumé de l'ancienne législation sur l'état des terres et des personnes (nos 356 à 364).

Chapitre X. Nouveau droit des personnes et de la propriété, introduit par le *Tanzimât*, et ensuite par le *Khatti-humaïoun* du 18 février 1856 (art. i à xxxviii).

Chapitre XI. Loi régissant actuellement la propriété foncière en Turquie, et, en particulier, le domaine de l'État (art. i à cxxxii).

CHAPITRE PREMIER.

ORIGINE DE LA PROPRIÉTÉ.

TITRE Ier. — EXPOSÉ GÉNÉRAL.

1. Le législateur arabe a cherché dans les lois civiles et religieuses des peuples qui l'ont précédé les bases et les éléments constitutifs de la société

qu'il voulait fonder. S'inspirant de préférence aux sources mosaïco-chrétiennes, Mahomet inscrivit dans son Coran l'idée philosophique que la propriété n'est point l'attribut de l'homme, mais de la divinité; que Dieu seul est le véritable et unique maître de toutes choses, مالك حقيقى *mâliki-haqyqy*[1]; que le passage purement temporaire de l'homme sur la terre rend celui-ci détenteur momentané et *fictif*, مالك مجازى *mâliki-médjâzi*, des biens dont la bonté divine lui a departi la jouissance et l'usufruit, jouissance même qu'il doit justifier et purifier, dans l'islamisme, par l'abandon annuel, en faveur des pauvres, d'une partie déterminée de son revenu. Cet impôt, prescrit par la loi religieuse, devient, pour ainsi dire, sous le nom de *zekiât* « purification », ou *sadaqa* « aumône », une sorte de taxe des pauvres, dont le montant était versé, chaque année, dans le fonds commun destiné à l'exercice de la charité légale.

2. Aussi, et d'après ce principe, de même qu'il est dit dans le christianisme : « Seigneur, tout ce que renferment le ciel et la terre vous appartient[2]; — Tout est à vous, ô mon Dieu! ce que vous nous avez donné et ce que vous avez fait[3]; — Qu'a votre serviteur, sinon ce qu'il a reçu de vous[4]? »

3. On lit dans le Coran : « Tout ce qui est dans

[1] Ducaurroy, *loc. laud.* p. 13.
[2] *Imitation de Jésus-Christ*, livre IV, chap. IX, v. 1.
[3] *Ibid.* chap. L, v. 1.
[4] *S. Paul aux Corinthiens*, épître I, chap. IV, v. 7.

les cieux et sur la terre chante les louanges de Dieu ; à lui seul appartient le véritable *dominium* (*el-mulk*, الملك) sur toutes choses [1]. — Béni soit celui dans la main duquel réside toute *domination* (*mulk*) [2]. — Tout ce qui est dans les cieux et sur la terre lui appartient [3]. — Sa libéralité a dispensé aux hommes les biens de la terre pour s'en nourrir [4]; mais ceux-ci laissent tout cela derrière eux [5]; — car l'héritage des cieux et de la terre n'appartient qu'à Dieu seul [6]. »

4. De là découle ce fait que, chez les musulmans, la propriété revêtit un caractère en quelque sorte religieux, qui se répandit sur l'ensemble de la constitution même de la société et lui donna une forme théocratique qui, du moins, quant à l'apparence et aux prescriptions légales, rapportait tous ses actes à un seul but : la plus grande gloire de Dieu et de la religion.

5. Le souverain, ou plus exactement le chef de l'islamisme, prit le modeste titre d'*émir-elmouminîn*, « chef des croyants »; ou mieux encore, et selon la stricte technologie juridico-religieuse, celui d'*imâm*,

[1] *Coran*, chap. LXIV, v. 1. On lit sur le sceau du chah de Perse : الملك لله تعالى العزيز « l'empire (le *dominium*) appartient seul au Très-Haut. » Voyez sur cette formule qui, d'ailleurs, était celle du cachet d'Ali, l'interprétation donnée à cette parole par le malheureux khalife, dans les *Monuments arabes*, etc. de M. Reinaud, t. II, p. 34.

[2] *Ibid.* chap. LXVII, v. 1.

[3] *Ibid.* chap. II, v. 256, 284 *et passim.*

[4] *Ibid.* chap. VI, v. 142.

[5] *Ibid.* v. 94.

[6] *Ibid.* chap. V, v. 176.

« pontife ». Il réunissait en ses mains le double pouvoir spirituel et temporel, et n'était en quelque façon que le pasteur, راعي *râ'i*, de son peuple[1], que l'administrateur du bien public, pour le mieux des intérêts de tous[2]. Le trésor public (*ærarium*), ou, selon la dénomination moderne, le ministère des finances, fut désigné simplement sous le nom de *beït-ulmâl-ulmuslimîn*[3]; et les ressources provenant

[1] رعية *raïïet*, au pluriel, رعايا *réâïâ*. Ce mot, dans le principe, désignait purement et simplement, par rapport au chef de l'État, le peuple, en général, et, par opposition à la partie militaire de la nation, la classe des cultivateurs, la population sédentaire, protégée par l'autorité du prince. On lit, dans le titre d'un Recueil de jurisprudence: على نصح الرعية والسلطان, « contenant des conseils, à la fois pour le souverain et pour son peuple ». Le *Siïari-Kébîr* (édit. de Constantinople, 1241, t. II, p. 324) donne le passage suivant, qui fixe cette interprétation : زيرا عاشر انجق امامك رعايت وحمايت بولنان صدقة مالى جبايت ايدر « Le percepteur ne prélève la *sadaqa* que sur les biens protégés et couverts par l'autorité de l'imam ». Dans le style officiel de la chancellerie ottomane, les mots رعايا وبرايا *réâïâ vu-bérâïâ* sont employés comme synonymes, et désignent la nation, le peuple. — Dans le *Khatti-chérif* ratifiant la paix de Passarowitz, les *sujets* des deux états de Turquie et d'Allemagne sont désignés réciproquement par l'expression *réâïâ*, qui rend exactement le mot français *sujets*. Ce traité est du 22 chaban 1130 (21 juillet 1718). Voyez, sur cet acte diplomatique, Hammer, *Histoire de l'empire ottoman*, t. XIII, p. 351. — C'est également dans la même acception que le mot *raïïet* « sujets », opposé à *sultân* « souverain », est employé dans le *Sirâdj-el-mulouk* de Tortouchi.

[2] *Kitab-elechbâh-velnazâïr*, de mon manuscrit, 1re partie, p. 48.

[3] *Sirâdj-elmulouk* (*passim*). Je lis aussi dans une Notice sur les impôts et leur mode de perception sous la domination de l'émir Abdelqâder, publiée à Alger en 1842, que le chef de l'état porte le simple titre de *nâzir-beït-elmâl* « surveillant du trésor public ». Je dois la communication de ce document à l'obligeance de M. le mar-

des résultats de la conquête étaient versées dans ce dépôt général de la fortune publique, pour être ensuite employées et consacrées exclusivement aux besoin de tous. — La législation musulmane relative aux diverses impositions et redevances frappées sur la propriété, dans ses différentes formes, paraît s'être proposé ce but exclusif et avoir tendu uniquement à ce résultat.

6. La propriété publique se forma, dans l'origine, par la conquête; la propriété privée eut le même principe, dans l'état primitif de la société [1]; puis elle s'acquit et s'accrut ultérieurement, au moyen du commerce, de l'agriculture et de l'industrie.

7. La conquête fut le point de départ de la puissance musulmane et de l'extension progressive de son territoire. Mais si les Romains, ne tendant que vers un but unique, la domination universelle et l'asservissement du monde à leurs lois, adoptèrent cependant, dans certaines contrées, les croyances des peuples subjugués par leurs armes, et admirent quelquefois les dieux étrangers à prendre place dans l'Olympe, les Arabes, tout en ayant les mêmes tendances dominatrices, ne se bornèrent pas, comme les Quirites et leurs descendants, au simple fait humain provenant du *droit de la lance :* ils attachèrent

quis de Ploeuc, inspecteur général des finances, détaché en mission, en Turquie, par le Gouvernement français.

[1] Voy. Ducaurroy, *loc. laud.* juillet 1848, p. 42; février-mars 1851, p. 213.

un but religieux à leurs conquêtes, et, fidèles à l'esprit sémite de leur race [1], ils recherchèrent surtout la propagation de leur monothéisme, ou tout au moins, et dans certaines conditions, l'établissement incontestable de sa suprématie sur les cultes dont la religion de Mahomet tolérait l'existence. Au reste, ce caractère de suprématie a été établi d'une manière non équivoque pour ses sectateurs, dans l'arrêt suivant rendu par Mahomet lui-même :

لا يجتمع في جزيرة العرب دينان

Deux cultes ne peuvent exister côte à côte sur la terre d'Arabie [2].

8. La condition de la terre, et par suite des personnes, est donc un fait qui résulte, dans l'islamisme, de la conquête, c'est-à-dire de la situation relative créée par elle et établissant, d'une part, les droits acquis par les vainqueurs, de l'autre, les charges imposées aux vaincus : c'est ce qui sera développé dans l'exposé des termes de la loi.

[1] Voy. M. Renan, *Histoire générale des langues sémitiques*, p. 5.

[2] *Siïari-Kébir*, t. II, p. 352. L'auteur de cet ouvrage important sur la jurisprudence est le célèbre imam Mohammed ibn el-Haçan ibn Farqad-escheïbâni, disciple d'Abou-Hanifa. (Voy. sur la biographie de ce personnage, *Siïar*, t. I, p. 6; *Tabaqat-cloumem*, p. 263; et enfin la notice de M. Barbier de Meynard, *Journal asiatique*, octobre-novembre 1852, p. 406.)

TITRE II. — GUERRE SAINTE (*DJÎHÂD*).

Dispositions légales [1].

9. « C [2]. Le *Djîhâd* est la guerre sainte, entreprise contre les infidèles qui, sur l'invitation préalable qu'on leur en a adressée, ont refusé d'embrasser l'islamisme.

10. « Lorsque l'armée musulmane a cerné les infidèles, invitation itérative leur est faite d'embrasser la foi; s'ils s'y refusent, on leur imposera le payement de la capitation (*djiziè*), dans le cas, toutefois, où ces infidèles seraient d'une catégorie ayant la faculté de l'acquitter [3].

« *C.* C'est-à-dire *peuples de livre* [4], tels que juifs, chrétiens, mages, ou idolâtres de la Perse [5]. Si c'étaient des renégats ou des Arabes idolâtres, on ne pourrait accepter, de leur part, que la conversion à l'islamisme.

11. « On leur fera connaître aussi la quotité du

[1] Traduites du texte arabe de la *Multeqa* et de son commentateur turc, t. I, p. 341.

[2] L'initiale *C* indiquera, dans le cours de ce travail, le commentaire de Mevqoufati.

[3] « Lorsque Dieu t'aura rendu maître des villes de tes ennemis, offre à ceux-ci la paix, propose-leur d'adopter ta religion; s'ils n'y consentent pas, réduis-les en esclavage; soumets-les à la capitation et à l'impôt. (*Ahkiâmi atyqa*, par le Dr Sanguinetti, *Journ. asiat.* décembre 1859, p. 489.)

[4] Peuples qui ont une révélation, un livre. (Voy. M. Renan, *loc. laud.* p. 9.)

[5] عجمه عبدهٔ اوثان ou mieux, « les idolâtres étrangers ». *Adjem*, par rapport aux Arabes, a la même signification que *barbarus* chez les Romains; barbare se disait de tout individu placé en dehors des limites de la civilisation et de la géographie romaines. (Voyez Ortolan, *Explication historique des Institutes de Justinien*, t. I, p. 172.)

kharâdj et l'époque à laquelle ils devront l'acquitter[1]. Cela établi, tout ce qui sera pour eux sera pour nous; tout ce qui sera contre eux sera contre nous.

« *C.* Conformément à cette parole d'Ali : Le *djizié* sera payé par eux, à ces fins que leur sang soit comme le nôtre, et leurs biens considérés comme nos propres biens; c'est-à-dire qu'en échange du payement de cette capitation ils trouveront aide et protection pour leur vie et leur fortune[2]. »

Le commentateur ne paraît pas, toutefois, disposé à entendre ce passage de cette façon : « Cette disposition, dit-il, ne peut être prise dans un sens général; car, s'il en était ainsi, tout ce qui nous est imposé, comme actes de culte et tous autres, devrait être également obligatoire pour eux; or, s'ils sont infidèles, il ne peut être question pour eux d'actes de culte. Dans l'opinion de certains juristes, la parole d'Ali ci-dessus rapportée devrait être interprétée dans ce sens que, si l'on s'attaque à leur personne ou à leurs biens, ou si l'un d'eux s'attaque à la vie ou aux biens de l'un de nous, la sentence, quelle qu'elle soit, et contre qui elle doive être prononcée, sera exécutée en toute justice et impartialité.

12. « S'ils ne veulent pas se soumettre au payement du *djizié*, alors, mettant notre confiance en Dieu, nous leur livrerons bataille et nous leur ferons une guerre d'extermination[3]. . . . . Toutefois,

[1] Voy. ci-après, n° 94.

[2] Imam-Mohammed-Cheïbani partage cette opinion. (*Siïari-Kébîr*, t. I, p. 89.) « Si les femmes, les enfants, ou les biens des zimmis, sont pris par les *harbi* (*hostis*), nous sommes obligés légalement de les délivrer, car ils font partie du *dâr-ulislâm;* le musulman leur doit la même protection (*ihrâz*) qu'aux objets dont il est le dépositaire, le garant.

[3] Ce précepte n'est guère en rapport avec cette parole de la *Multéqa* (p. 341) :

s'il y a avantage pour nous, on peut leur accorder une capitulation (*soulh*[1]).

« *C.* Le Prophète, dans l'année de l'affaire de Hodaïbia, conclut avec les Mecquois une trêve (*muvâdé'a*) de dix ans, trêve qui, d'ailleurs, était avantageuse aux musulmans, puisque les Mecquois étaient alliés des Khaïbariotes[2]. — Les légistes diffèrent d'opinion à cet égard; mais ce verset[3] : « Ne faiblissez pas, et n'invitez pas les infidèles à conclure la paix, *quand vous êtes les plus forts,* » prouve que, si cela est utile, on peut leur accorder une capitulation.

13. « Il est permis également, et en cas de pénurie du trésor, de recevoir, pour le même objet, des valeurs monétaires; elles seront considérées comme une sorte de *djizié*[4], si le versement en est fait avant l'invasion du territoire, ou comme un *feï*[5], s'il a lieu postérieurement.

الانسان بنيان الرب ملعون من هدم بنيان الرب

« L'homme est l'édifice élevé par les mains de Dieu; maudit soit le destructeur de l'œuvre divine! »

[1] Le *soulh* n'emportait pas la soumission complète, la reconnaissance, par le contractant, de son *zimmet* envers le musulman; c'était une trêve (*muvâdé'â*), une convention momentanée, par laquelle le premier conservait encore une sorte d'autonomie. (Voy. ci-après, n°s 40, 60, 61, 62 et 63.)

[2] Voyez, sur la topographie de la ville de Khaïbar, célèbre dans les premiers fastes militaires de l'islamisme, la *Géographie d'Aboulféda,* édit. de MM. Reinaud et de Slane, p. 88.

[3] *Coran,* chap. XLVII, v. 37.

[4] Voy. Ducaurroy, *loc. laud.* juin 1851, p. 576.

[5] *Feï,* de même que غنيمت *ghanimet* et نفل *nefl,* que nous trouverons plus tard, sont trois mots exprimant les variétés d'une idée commune, mais dont il importe cependant de déterminer la différence relative : *feï* et *ghanimet* sont souvent pris l'un pour l'autre, par les légistes musulmans eux-mêmes, malgré la différence exis-

« *C.* C'est-à-dire que, dans le premier cas, c'est un tribut, et dans le second, un *ghanimet* (butin). Le quint pour Dieu sera prélevé tout d'abord, puis le reste sera partagé entre les troupes.

14. « Hormis le cas de danger de mort, il n'est

tant entre ces deux mots, tant dans la signification que dans l'application. Le premier, selon le *Qâmous* (édit. de Boulaq, 1250, t. I, p. 40), signifie : « retour, ombre du soleil après midi; » *zill* désigne l'ombre avant midi; ce mot désigne aussi le bien mobilier, pris comme butin sur les infidèles, soit parce qu'il fait retour en pays musulman, soit parce que les biens fragiles de ce monde peuvent être comparés à l'ombre du soleil à son déclin. On dit : « Le *feï*, » c'est-à-dire le butin, « est arrivé. » « Dieu a fait revenir sur moi le bien mobilier, *mâl*, des infidèles, » c'est-à-dire l'a placé comme un *feï* en ma faveur. — *Feï* désigne aussi, par extension, le *djizîè* et le *kharâdj*. — Cheikh Asnaoui (*Kitab eldjevahir eddaouïïè fi khoulâcet ouethâïq elminhâdjïïè*, de mon manuscrit, p. 142) s'exprime ainsi : « *Feï* désigne ce qui est pris sur le *muchrik* « polythéiste », à raison de son infidélité et sans combat (voy. aussi Ducaurroy, *loc. laud.* janvier 1853, p. 68), comme le *djizîè* « capitation », et le tribut de la terre, *kharâdj*; ou bien ce que l'infidèle a laissé dans son pays, après l'avoir abandonné; et aussi la fortune des renégats. » D'après le *Kitab-elilân* (traité de législation de ma collection), *feï* désigne « les biens mobiliers acquis sur les infidèles, sans lutte ni combat, par la simple occupation, ainsi que la fortune du renégat mis à mort, ou décédé naturellement, et celle d'un zimmi décédé sans héritier. (Voy. ci-après, n°s 83 et 304.) Ce fonds est divisé en cinq catégories destinées aux objets suivants, après le prélèvement du quint pour Dieu, le Prophète et ses parents : 1° la défense des frontières, 2° les Beni-Hachem; 3° les orphelins pauvres; 4° les *meçâkin*; 5° les voyageurs. — *Ghanimet* désigne les biens pris sur les infidèles par la force des armes, le butin; » c'est aussi la doctrine de Sidi-Khalil, traduction de M. Perron, t. II, p. 649. Cheïbâni confond quelquefois *feï* et *ghanimet*, comme dans ce passage :

اسراء مزبورين فئ مسلمين اولوب

« Ces captifs sont le *feï* des musulmans. » (*Siïar*, t. II, p. 337.) — نفل *nefl* désigne une portion de butin prise sur l'ennemi, et alpas permis de donner de l'argent aux infidèles pour conclure la paix;

« *C.* Ce serait un avilissement pour la religion. »

CHAPITRE II.

BUTIN, SON PARTAGE.

Dispositions légales [1].

15. « L'imam partage entre les musulmans le territoire qui aura été conquis par la force;

« *C.* Tout pays infidèle dont l'imam s'empare de force est, après le prélèvement du quint, partagé entre les musulmans, de la même façon que le Prophète, après la conquête, partagea Khaïbar entre les fidèles.

16. « Ou bien, il confirme les indigènes dans le pays, en frappant le *djiziè* (capitation) sur leurs personnes, et le *kharâdj* sur leurs terres [2];

« *C.* De la même façon que fit Omar lors de la conquête du *Seouâd* [3] سواد اراضى عراق des terres de l'Iraq [4]; il y laissa les indigènes et les confirma dans la possession de leurs

louée, par privilége et au préalable, à certains individus, dans des conditions déterminées, avant la répartition générale. (Cf. *Siïar*, t. I, p. 202; et aussi Ducaurroy, *loc. laud.* janvier 1853, p. 68.)

[1] *Multeqa*, t. I, p. 344.

[2] Voyez plus bas, nos 36, 42 et 89, la définition de ces deux genres d'impôts.

[3] La partie (noire) cultivée de l'Iraq, entre Bagdad et Coufa, laquelle est ainsi nommée à cause de sa fertilité. (Cf. Aboulféda, édit. de MM. Reinaud et de Slane, p. 52.)

[4] Voyez sur l'étymologie de ce mot, équivalent d'*ariya* « homme vertueux, » par lequel les Indiens et les Perses désignaient leur commune origine, le beau *Mémoire sur la Mésène et la Kharacène*, par M. Reinaud, *Journ. asiat.* août-septembre 1861, p. 220 et suiv.

biens, عقار [1]; seulement, il leur imposa le *djizië* pour leurs personnes, et le *kharâdj* pour leurs terres.

17. « L'imam peut mettre les prisonniers à mort ;

« *C.* Avant, toutefois, la conquête du pays, ainsi que fit Mahomet à l'égard des Beni-Qoraïza [2] ;

18. « Ou bien, il les réduit en esclavage; ou, enfin, il les laisse à l'état libre, mais dans la condition de *zimmis* (clients) des musulmans. — Une fois esclaves, leur conversion à l'islamisme ne peut les soustraire à l'esclavage; elle doit, pour cet effet, avoir précédé leur captivité.

« *C.* S'ils étaient musulmans avant leur captivité, on ne pourrait les réduire en esclavage.

19. « Les prisonniers ne peuvent être renvoyés dans le *dâr-ulharb*, avec ou sans rançon.

« *C.* Dans l'opinion d'Imam-Mohammed [3], consignée dans le *Siïari-Kébîr,* on peut accepter une rançon, s'il y a gêne pour le trésor.

20. « La rançon d'homme pour homme, c'est-à-dire l'échange des prisonniers, est permise selon les

[1] *'Aqâr* signifie, d'après le *Qâmous*, habitation, gîte; et tous immeubles, tels que fermes, champs, vergers et jardins; il se dit aussi des ustensiles de la maison, principalement des plus précieux, dont on ne fait parade et usage que dans les jours de fête. (Voy. ci-après, chap. x, art. 38.)

[2] Tribu juive, qui, bien qu'alliée de Mahomet, se joignit ensuite à ses ennemis. (Voy. Caussin, *Histoire des Arabes avant l'islamisme*, t. III, p. 145 et suiv.)

[3] C'est le nom sous lequel on désigne communément le célèbre jurisconsulte Cheïbâni. (Voy. ci-dessus, n° 7, note.)

deux imams[1]; Chafeï partage cette opinion, Abouhanifa la repousse. — On brûlera les montures dont le transport en pays islamite serait difficile; on ne les égorgera pas. — Il en sera de même des armes : elles seront brûlées; sinon, on les enfouira sous terre, afin qu'elles ne puissent plus être d'aucune utilité aux infidèles. — Le partage du butin ne sera pas fait dans le *dâr-ulharb.*

« *C.* On ne procédera au partage que lorsque la propriété *mulk*[2] (du butin) sera établie par l'*ihrâz* (mise en sûreté) en pays islamite. Chafeï est d'un avis contraire.

21. « On peut, toutefois, laisser le butin, sous forme de dépôt, entre les mains de l'armée, à la condition par elle de le restituer ensuite.

« *C.* C'est-à-dire après l'évacuation du *dâr-ulharb.*

22. « Personne ne peut vendre, avant la répartition, la part lui échéant. — Combattants ou auxiliaires, tous sont égaux dans le partage. — Tout infidèle devenu musulman avant d'être fait prisonnier a mis en sûreté sa personne, celle de ses enfants en bas âge, ainsi que les biens meubles (*mâl*) dont il était porteur, ou ceux qui, lui appartenant, seraient déposés soit chez un musulman, soit chez

[1] Abou-Ioucef et Mohammed Cheïbâni. (Ducaurroy, *loc. laud.* p. 139.) Abou-Ioucef est un jurisconsulte fameux qui occupa la charge de grand-juge (*qâdi-elqoudât*) sous Haroun er-Rachid; il mourut sous le règne de ce même prince, le 5 rebi premier de l'an 182 de l'hégire. (Voy. *Siïari-Kébîr,* t. I, p. 6; et *Tabâqat-eloumem,* p. 253.)

[2] Voy. ci-après, n° 29.

un zimmi. — Quant à ses biens immeubles (*'aqâr*[1]), ils sont *feï*.

« *C.* C'est l'opinion reçue; mais Chafeï la conteste, en disant que ces biens suivent la condition de leur propriétaire.

23. « . . . . . Pour ce qui est du partage, on prélève d'abord le cinquième (*khoums*) : c'est la part de Dieu[2]; puis le reste est réparti entre tous les combattants, savoir : une part pour le fantassin, deux pour le cavalier. Selon les deux imams, il y aurait une part pour le cavalier et deux pour son cheval. L'esclave, l'esclave contractuel (*mukâteb*[3]), l'enfant, la femme et le *zimmi* ne peuvent participer au partage des lots.

« *C.* Pour ce dernier, ce serait un acte de culte qu'il est inhabile à remplir. Seulement, si l'armée a tiré profit des services que celui-ci a pu lui rendre, soit comme guide, soit comme espion, on pourra lui accorder quelque chose.

24. « Le *khoums* sera partagé entre les orphelins, les pauvres et les voyageurs; dans chacune de ces catégories, la préférence sera donnée aux parents du Prophète. — Les parents riches du Prophète ne prendront point part au partage du *khoums*.

« *C.* Aboulaliè dit : « La part de Dieu est destinée à l'en-« tretien du temple de la Mecque, si l'action a eu lieu dans

[1] Voy. n° 16, note.

[2] On lit dans la notice précitée (n° 5, note), que « lorsqu'une *ghazia* est faite par l'aga, le khalifa ou l'émir, le gouvernement prélève un cinquième sur le produit de la *ghazia*. Les agas présents se partagent entre eux un dixième; et le reste est distribué entre les troupes régulières et les *makhzen* qui ont pris part à l'action. »

[3] Voy. ci-après, n° 142, note.

« le voisinage de ce temple; si c'est ailleurs, à l'entretien des « djamis et des mesdjids. »

25. « Quant au lot échéant au Prophète, il a été naturellement supprimé depuis sa mort. — L'imam peut prélever le *nefl*[1] avant d'avoir mis le butin en sûreté, et avant que les *harbi* aient mis bas les armes.

« *C.* C'est-à-dire que l'imam peut donner aux *ghouzât* (vainqueurs musulmans) quelque chose en sus de la portion leur échéant, avant que le butin ait été transporté en pays musulman, ou avant que les *harbi* aient déposé les armes.

26. « Ainsi, par exemple, l'imam peut dire : « Quiconque aura tué un ennemi aura droit à ses « dépouilles[2]. »

« *C.* Les objets qui se trouveront sur le vaincu seront le *nefl* de son vainqueur.

27. « Ou bien : « Chacun aura le quart de tout ce « qu'il aura pris. » — L'imam peut encore, après le prélèvement du quint, accorder à un corps de troupes (*sériïè*) le quart du butin. — Le *nefl* ne peut s'étendre à la totalité de la chose prise comme butin; après le transport du butin en pays musulman, le *nefl* ne peut être prélevé que sur le quint. — En un mot, le *nefl*[3] est un prélèvement fait sur la propriété, le bien de l'ennemi;

« *C.* Attendu que le butin ne devient propriété des musulmans qu'après avoir été mis en sûreté dans leur pays[4]. »

[1] Voy. n° 13, note.
[2] Cons. Ortolan, *loc. laud.* t. I, p. 430, n° 137, note.
[3] Voyez ci-dessus, n° 13, note.
[4] Voy. n° 20, C.

CHAPITRE III.

FORTUNE PUBLIQUE.

TITRE PREMIER. — DOMAINE PRIVÉ.

28. La propriété est de deux sortes : immobilière et mobilière.

29. La première, tirant son origine de la conquête, désigne principalement les terres; celles-ci se divisent en *'uchrïiè* « libres » ou *mulk* [1], et en *kharâdjïiè* « tributaires », mais pouvant être cependant ou libres [2], ou *mevqoufè* « engagées », non sujettes à mutation [3].

30. La propriété *mulk* est celle dont le propriétaire a droit de jouir et disposer de la manière la

[1] *Mulk* désigne tout bien libre, aliénable. (Cf. Ducaurroy, *loc. laud.* p. 7.) C'est à la même racine qu'appartiennent tous les dérivés indiquant les rapports existant entre le propriétaire et la chose possédée par lui; ainsi : *melik* « roi »; *mâlik* « possesseur, propriétaire »; *memlouk* « esclave », dénomination qui fut le terme générique désignant deux dynasties célèbres de princes qui régnèrent sur l'Égypte; *memleket* « province, pays, état; *memlékétéïn*, les principautés de Moldavie et de Valachie. » La chose *mulk*, dit Elasnaoui (de mon manuscrit, p. 28), est celle sur laquelle la propriété est établie par la *vente* ou l'*abandon*, تخلية (de la part du vendeur), et, de l'autre, par la *prise de possession* subséquente, قبض, de l'acquéreur, qu'il s'agisse de fonds de terre ou même de substances alimentaires. Le *mulk* est le résultat de l'appropriation faite en faveur de quelqu'un, soit par la vente accomplie par le précédent propriétaire, soit par voie de transmission héréditaire. La prise de possession s'établit par l'*abandon* de la chose vendue aux mains du nouveau propriétaire (l'acheteur). Voy. aussi ci-après, n° 36.

[2] Voy. ci-après, n°s 40 et 63.

[3] Voy. ci-après, n° 62.

plus absolue, selon la définition du Code Napoléon [1], pourvu qu'il n'en soit pas fait un usage contraire aux lois; en un mot, le *mulk*, de même que le *dominium*, donne sur la chose puissance entière, *plenam in re potestatem*, c'est-à-dire pouvoir de l'occuper, d'en retirer tous les fruits, services, produits et accroissements; pouvoir de modifier, diviser, aliéner, détruire même, sauf les restrictions légales; enfin tous les droits compris dans ces termes généraux : *Jus utendi, fruendi et abutendi* [2]. La propriété immobilière désigne les choses dites *res soli, immobiles* [3]; ou غير منقولة *ghaïri-menqoulé*, telles que fonds de terre, maisons, etc. ou, par destination, les instruments aratoires [4], les arbres, et toute chose, en général, tellement inhérente au sol qu'on ne saurait l'en détacher sans détériorer le sol en même temps que la chose.

31. Nous verrons plus bas (n° 133) établir en principe, par la *multeqa*, que la maison d'habitation, appartînt-elle même à un zimmi, n'est sujette à aucun droit. Cependant les exigences budgétaires ont conduit depuis le gouvernement turc à transgresser cette loi, et à frapper la propriété immobilière, consistant même en maisons, de l'impôt dit *vergui* [5],

[1] Art. 544.

[2] Cf. Ortolan, *loc. laud.* t. II, p. 256.

[3] *Idem*, t. I, p. 429. Cheikh-elasnaoui cite comme opposé à منقول «mobiles, bien meuble» le mot عقار, *'aqâr* «immeubles». (Voy. ci-dessus n° 16, note.)

[4] Voy. ci-après, n° 189, *c*.

[5] Voy. ci-après, n° 119, note. Suivant les localités, cet impôt est

impôt établi sur la quotité présumée de la fortune, du revenu d'un particulier, sorte d'*income-tax*, pesant, en un mot, sur tout ce qui compose le chiffre supposé de la fortune, quels qu'en soient la base et les éléments. A Constantinople toutefois, et par exception, la propriété *mulk*, en maisons ou en terres en non-rapport, ne paye jusqu'à présent à l'État aucune redevance annuelle[1]; elle est uniquement soumise aux droits de mutation, payables aux qâdis faisant fonctions de notaire; et encore trouve-t-on le moyen, en traitant avec ces officiers publics, de réduire ces droits à un chiffre relativement très-

désigné sous le nom de *vergui*; *ferdè* فرضه ; *témettuát* تمتعات ; *tourabiïè* ترابيه ; impôt prélevé sur le revenu provenant de la propriété, du commerce ou de l'industrie. Le *vergui* est, d'ailleurs, ainsi défini par la Porte elle-même, dans un mémorandum du 6 septembre 1855 : «Le *vergui* se perçoit directement; il est réparti sur tous les immeubles (maisons et terres, *amlák* et *érázi*); et aussi selon les moyens de chacun, artisans, commerçants et négociants, en raison du profit, *témettuát*, que ceux-ci retirent des métiers ou professions exercés par eux. Dans les villes dont le cadastre a été dressé, la répartition du *vergui* est faite par les soins de la commission du cadastre; ailleurs, par ceux du *medjlis* «conseil communal ou provincial.»

[1] La capitulation accordée à la colonie catholique de Galata, en djemazi-afiher 857, par Mahomet II, stipule «que les membres de cette colonie seront régis par une autorité ottomane, et qu'ils conserveront leurs biens, maisons, magasins, moulins, vignes, navires, barques, ainsi que leurs femmes et leurs enfants, pour en disposer comme ils l'entendront (Hammer, *Hist. de l'Empire ottoman*, t. II, p. 523). Cette capitulation fut l'acte constitutif de la communauté des *sujets latins de la Porte*, laquelle, en vertu des priviléges concédés alors, se gouverne et s'administre encore aujourd'hui elle-même, sans l'immixtion d'agents musulmans.

minime. Dans les provinces, il n'en est pas ainsi : l'immeuble paye annuellement le *vergui*, cet immeuble fût-il même construit sur un terrain *vaqouf*, dont le détenteur acquitterait chaque année la redevance dite *idjârè*[1].

32. Les terres *mulk* payent la dîme sur les produits agricoles.

33. Le nombre des biens *mulk* s'accroît, au moyen d'une déviation de la lettre ainsi que de l'esprit de la loi, par les achats de tels ou tels immeubles *vaqoufs*, dont les particuliers acquièrent la propriété *mulk* en versant au *vaqouf* une somme quelquefois triple de leur valeur réelle. Il en résulte, pour l'administration du *vaqouf*, un certain avantage momentané, qui, pouvant lui faciliter l'achat d'autres immeubles, donne à la vente ainsi faite de biens inaliénables une apparence de légalité, en la faisant considérer dès lors comme une sorte d'échange[2].

34. La propriété mobilière a pour objet les choses qui se meuvent par elles-mêmes (*res mobiles seu moventes*), ou qui sont mues par une force étrangère; on les désigne en termes judiciaires par l'expression *menqoulé* منقوله, ou sous la dénomination de *mâl* مال[3] et *echiâ* اشيا.

35. Ces deux sortes de propriétés peuvent s'accroître par le gain, كسب *kesb*, lequel, en dehors de la guerre sainte, peut dériver de trois autres sources :

[1] Voy. ci-après, n° 207, note.

[2] *Istibdâl.* (Voy. ci-après, n°s 188, 210.)

[3] Voy. n° 22.

l'agriculture, le commerce, les métiers et toute profession quelconque.

TITRE II. — TAXES FRAPPÉES SUR LA TERRE.

Dîme (*uchur*), et tribut (*kharâdj*[1]).

Dispositions légales[2].

36. « L'Arabie est terre *uchriïè;* elle comprend tout le territoire qui s'étend depuis Elodaïb[3] (en descendant jusqu'à l'extrémité de Hadjr[4]), le Yémen et Mahra[5], puis (en remontant) jusqu'aux confins de la Syrie.

« *C.* Odaïb, cours d'eau des Beni-Temîm; c'est-à-dire, en long, depuis Odaïb et Qâdiciïè jusqu'au fond de la presqu'île, par le Yémen et Mahra. Tout ce territoire est *uchriïè*,

[1] Ces deux termes désignent, à un titre différent, une seule et même chose : « l'impôt frappé sur la terre en état de rapport. » (*Siïari-Kébîr*, II, p. 231, et ci-après, n° 42 *c.* et 43 *c.*) D'après la *Hidaïè*, citée par le *Behdjet-ulfétâvi* (de mon manuscrit), « il importait, dès le principe, de fixer la nature de l'impôt de la terre possédée par le musulman; on n'en a pas trouvé de plus équitable que la dîme, puisque cet impôt, acquitté en nature, est basé sur la quotité même de la récolte. » Le *Behdjet-ulfétâvi* est le recueil des décisions juridiques rendues par Abdullah-Efendi, juge du camp (*ordouï-humaïoun-qâzici*), puis élevé au rang de qâzi-asker d'Anatolie, et qui joua un certain rôle lors de la déclaration de guerre faite par la Porte à la Pologne en 1183 (1769 de l'ère vulg.). (Voyez sa biographie dans le *Târîkhi-vâcif*, II, p. 36.)

[2] *Multeqa*, t. I, p. 351.

[3] Odaïb, le premier cours d'eau qu'on trouve dans le désert, en allant de Qâdiciïè, de Koufa à la Mecque. (Cf. *Géogr.* d'Aboulféda, édition de MM. Reinaud et de Slane, p. 79.)

[4] Capitale du Yemama. (*Ibid.* p. 97.)

[5] Mahra est à l'extrémité sud de la presqu'île arabique, entre le territoire d'Oman et Aden. (*Ibid.* p. 77 et 100.)

parce que ni le Prophète ni les premiers khalifes n'ont jamais frappé de *kharâdj*[1] sur les Arabes.

37. « Il en est de même de Basra.

« *C.* Il serait à supposer que Basra dût être aussi une terre *kharâdjiïè*, parce que, ce pays ayant été conquis par la force, les indigènes sont restés en possession de leurs terres; et enfin, parce que Basra fait partie de l'Iraq; mais, de l'avis de tous les compagnons du Prophète (*sahâbè*), Basra a été déclarée terre *uchriïè*.

38. « De même, toute terre dont les habitants ont embrassé l'islamisme, ou qui, après avoir été conquise par la force, a été partagée entre les vainqueurs, est terre *uchriïè*. — Le Séouâd est *kharâdjiïè*.

« *C.* Quand Amr-ibn-Alas fit la conquête de l'Égypte, il déclara ce pays terre *kharâdjiïè;* et lorsque le khalife Omar s'empara du Séouâd, il le déclara aussi terre *kharâdjiïè*, en présence des *sahâbè;* il en fut de même lors de l'occupation de la Syrie : tous les *sahâbè* furent d'accord pour lui imposer le *kharâdj*.

39. « Le Séouâd s'étend (en latitude) depuis Elodaïb jusqu'à Aqabat-elhulvân, et (en longitude) d'Eltha'labïè ou d'El'ales العلث jusqu'à 'Abbâdân[2].

[1] الخراج فهو ما وضع على رقاب الارض من حقوق تودى عنها. « Le *kharâdj* est l'impôt frappé sur la terre; c'est l'un des droits qu'elle doit payer. — *Kharâdj*, en arabe, signifie location, et aussi la récolte qu'on retire de cette location. » اسم للكرا والغلة منه (Cf. Maverdi, cité par M. Worms, *Journal asiatique*, octobre 1842, p. 381.); *kharâdj* peut donc se traduire exactement par « le rendement, le produit, le revenu, la rente de la terre. »

[2] Voy. Aboulféda (*loc. laud.* édition de MM. Reinaud et de Slane,

« *C.* Hulvân est un nom de ville; 'Abbâdân est une petite forteresse sur le bord de la mer.

40. « Est *kharâdjiïè* tout pays conquis par la force et qu'on a laissé aux indigènes, ainsi que tout territoire dont la population a capitulé [1], la Mecque exceptée.

« *C.* Tous ces territoires sont *kharâdjiïè;* celui de la Mecque est *uchriïè;* comme il a été pris par la force, on pourrait supposer qu'il dut être aussi *kharâdjiïè;* mais Mahomet l'a laissé en dehors de la règle, et ne lui a pas imposé le *kharâdj.*

40 *bis.* Le Séouâd, tout en étant une terre *kharâdjiïè*, est cependant la propriété *mulk* des indigènes; ils peuvent le vendre et en jouir de toute façon [2].

« *C.* Pour les indigènes, la terre du Seouâd est *mulk;* elle

p. 308), ainsi que les notes de feu Ét. Quatremère, publiées par M. Mohl, *Journal asiatique*, février-mars 1861, p. 159.

[1] صلحا. Voir ci-dessus, n° 12, et ci-après, 59 et suiv.

[2] « Un musulman peut acquérir la propriété d'une terre *kharâdjiïè*, et il payera le *kharâdj.* — La capitation seule est une humiliation: le *kharâdj* de la terre n'en est pas une. » (Cf. *Siïari-Kébir*, I, p. 18.) Il existait également dans l'origine, en France, des terres dites tributaires; mais, à la différence des terres *kharâdjiïè*, dont le tribut était versé dans le trésor public, celles-ci étaient assujetties, envers un supérieur, à une redevance, à un cens; c'étaient, en un mot, des terres dont le cultivateur ne possédait pas la pleine et entière propriété (*mulk*). Les barbares prenaient les terres pour en vivre, mais non pour les cultiver; et beaucoup de grands propriétaires, indépendamment des concessions qu'ils faisaient à titre de bénéfices, distribuèrent une grande partie de leurs terres à de simples colons, qui les cultivaient et y vivaient, à la charge d'un cens ou d'autres servitudes. (Cf. M. Guizot, *Essais sur l'histoire de France*, p. 154.)

leur appartient en propre; ils peuvent la vendre et en disposer comme de tous leurs autres biens (*emvâl*, pluriel de *mâl*).

41. « Quand il s'agit de la revivification de terres mortes, le classement de celles-ci est fait d'après la nature des terres voisines, selon Abou-Ïoucef; et d'après l'eau qui y coule, suivant Imam-Mohammed.

« *C.* C'est-à-dire que, si la terre voisine est *kharâdjiïè*, la terre à revivifier sera considérée aussi comme *kharâdjiïè*; et que celle-ci sera *uchriïè*, si les terres environnantes sont de cette catégorie. D'après Imam-Mohammed, c'est la nature *uchriïè* ou *kharâdjiïè* de l'eau arrosant la terre qui détermine la classe dans laquelle elle doit être rangée.

42. Le *kharâdj* est de deux sortes :

« 1° *Kharâdji-mouqâcèmè* (proportionnel[1]).

« *C.* Quand l'imam s'empare d'un pays par la force, il frappe les terres d'un *kharâdj*, qu'il fixe au cinquième, au quart ou même à la moitié de leur récolte, comme fit le Prophète à Khaïbar; la quotité ordinaire est le dixième; elle ne peut excéder la moitié.

43. Comme l'*uchur*, ce *kharâdj* dépend du produit de la terre.

« *C.* En d'autres termes, le recouvrement de cette sorte de *kharâdj* dépend, comme l'*uchur*, de la récolte, à la seule

[1] C'est-à-dire : « qui suit les chances de la récolte elle-même. » On lit dans une glose du *Behdjet-ulfétâvi* (p. 15) :

الخراج اذا كان مقاسمة فلا شي عليه بالتعطيل

« Si le *kharâdj* est du genre *mouqâcèmè*, la terre ne doit rien, si elle n'a rien produit; mais elle doit le *kharâdj* (p. 64) sur chaque récolte. »

différence que le premier est une redevance tributaire; mais, en réalité, l'*uchur*, comme le dit fort bien le *Ghâïet-ulbéïân*, n'est pas autre chose que le *kharâdji-mouqâcèmè*.

44. « 2° *Kharâdji-vazîfè*.

« *C.* Celui-ci est obligatoire (dans tous les cas); il est inhérent au séjour et à la jouissance de la terre [1].

45. « Il ne peut excéder la quotité fixée par Omar sur le Seouâd de l'Iraq : pour chaque *djérib* de terrain cultivable, il est d'un *sa'* de blé ou d'orge, et un *dirhem* [2].

« *C.* Le *djérib* est une étendue de terrain de soixante coudées carrées, — coudée khosroéenne, mesurant sept *qabzè;* la coudée ordinaire (*dira* [3]) est de six *qabzè;* celle-ci de vingt-quatre doigts; le doigt de six grains d'orge.

46. « La moitié du produit est la quotité extrême qu'on puisse prélever.

47. « Si la terre ne rend pas la quotité à laquelle elle a été imposée, celle-ci peut être diminuée.

48. « D'après Abou-Ïoucef, la quotité fixée ne saurait être augmentée, lors même que la terre pourrait rendre davantage. Imam-Mohammed est d'un avis contraire.

[1] Le *kharâdji-vazîfè*, dit aussi *muvazzaf*, est obligatoire; mais il n'est dû qu'une fois par an; il ne se renouvelle pas, comme le *kharâdji-mouqâcèmè*, avec le renouvellement de la récolte dans la même année. Il pèse sur la terre, et non sur la récolte. (*Kitâb-elfévâïd el-aliïè*, de mon manuscrit, p. 64 v°.) Ce *kharâdj* est une sorte de *mouqâtea* « louage à forfait, fixe », sur lequel on peut consulter ci-après n° 204, note.

[2] Voy. ci-après, n°s 122 et 91, note, la valeur du *dirhem*.

[3] Voyez ci-après, ch. XI, art. 131, la mesure actuelle du *dira*.

49. « La terre ne doit plus le *kharâdj* si l'eau qui l'arrosait s'est retirée, ou s'il y a eu inondation, ou, enfin, si la récolte a été détruite par les mauvais temps.

50. « Il est dû, au contraire, si le possesseur de la terre la laisse chômer par son fait.

51. « Il est également dû, si le possesseur de la terre se fait musulman, ou si celle-ci est achetée par un musulman[1].

« *C.* Les *sahâbè* qui achetaient une terre *kharâdjiïè* en acquittaient le *kharâdj*.

52. « L'*uchur* n'est pas dû sur la récolte d'une terre *kharâdjiïè*.

« *C.* En d'autres termes, ces deux impôts ne peuvent se trouver réunis sur la même terre.

53. « Le *kharâdji-vazîfè* ne sera pas exigible deux fois, si la terre rend double récolte.

« *C.* Double *kharâdj* ne sera pas dû par la terre qui, dans la même année, donnera double récolte; car Omar n'a pas imposé sur la terre un double *kharâdji-vazîfè*.

54. « Il en est autrement de l'*uchur* et du *kharâdji-mouqâcèmè*.

« *C.* Si la terre donne double récolte, elle doit acquitter double *uchur* et double *mouqâcèmè*. »

TITRE III. — DOMAINE PUBLIC.

55. La *Multéqa* et son commentateur divisent la

[1] Voyez ci-dessus, n° 40 *bis*, note.

terre en deux catégories seulement : la terre possédée à titre libre, l'autre à titre tributaire [1]; il existe pourtant une troisième catégorie, se rattachant, il est vrai, à la seconde de ces deux grandes divisions, et qui a formé la base principale du domaine public. Il est nécessaire d'entrer, à ce sujet, dans quelques détails, et de rechercher dans les auteurs les passages qui fixent la nature de cette terre et en établissent sûrement la classification.

Doctrine exposée par Maverdi [2].

56. « Toute terre, dit cet auteur, appartient à l'une des quatre catégories suivantes :

Terres rendues à la vie.

57. « La *première* comprend les terres défrichées et revivifiées par les musulmans; celles-ci sont terres *uchrïiè*, et ne peuvent être imposées du *kharâdj*.

Terres dont les habitants ont embrassé l'islamisme.

58. « La *seconde*, les terres dont les habitants ont embrassé l'islamisme, et sur lesquelles, pour ce motif, ils ont plus que tous autres droit de possession. D'après Chaféï, ces terres sont *uchrïiè;* selon Abou-Hanifa, l'imam est libre de les déclarer *uchrïiè* ou *kharâdjïiè*. S'il les a déclarées *kharâdjïiè*, elles ne

[1] Voy. nos 36 et suiv.

[2] *Kitâb-elahkiâm-essoultâniïè*, cité en texte et en traduction, par M. Worms, *Journal asiatique*, octobre 1842, p. 381 et suiv. titre du *kharâdj*.

peuvent devenir *uchrïiè;* mais, au contraire, s'il les a dites *uchrïiè*, elles peuvent devenir *kharâdjiïè*[1].

Terres conquises par le sort de la guerre.

59. « La *troisième* comprend les terres possédées en *mulk* par les infidèles, et conquises sur eux par la force. Suivant Chaféï, ces terres sont un butin *partageable* entre les vainqueurs; elles deviennent ainsi *uchrïiè*, et ne peuvent être imposées du *kharâdj*. Mâlik dit qu'elles sont *vaqouf* national, par le fait de la redevance tributaire (*kharâdj*) dont elles sont frappées. Abou-Hanifa dit qu'on peut suivre l'une ou l'autre opinion.

Terres soumises par capitulation.

60. « La *quatrième* comprend les terres pour lesquelles les infidèles ont obtenu *capitulation*[2]. Ce sont là les terres proprement passibles du *kharâdj*[3]. Elles sont de deux sortes : 1° celles d'où les habitants ont émigré, de façon qu'elles sont tombées, sans coup férir, au pouvoir des fidèles : elles deviennent *vaqouf* des musulmans[4], et sont frappées du *kharâdj*, lequel

[1] C'est-à-dire dans le cas où elles seraient achetées par un tributaire.

[2] ما صولحوا عليها المشركون من ارضهم. Le mot *soulihu* est employé ici comme synonyme de *chourita*.

[3] ..... فهى الارض المختصة بوضع الخراج عليها. Les précédentes pouvant être considérées comme *émirïiè* « du domaine public ».

[4] *Vaqouf national*, ou *bien national*, appartenant à la nation conquérante, dont tous les membres, soldats-nés, ont seuls le droit de porter les armes; en d'autres termes : bien dont le revenu appar-

est une sorte de cens ou loyer perpétuel, lors même que, dans un but d'intérêt général, il ne serait pas perçu pendant un certain temps. La quotité de ce *kharâdj* ne peut être modifiée, que le détenteur se fasse musulman ou devienne *zimmi;* par suite du caractère d'*immobilisation* qui leur est attaché, ces terres sont inaliénables (ne peuvent être vendues).

61. « 2° Les terres de la seconde division de cette classe sont celles qu'on a laissées aux indigènes, et pour lesquelles *stipulation*[1] a été faite qu'elles resteraient entre leurs mains, moyennant le payement du *kharâdj*[2].

62. « Celles-ci se subdivisent encore en deux catégories : 1° celles pour lesquelles il a été *stipulé* que les indigènes se dépouilleraient de leurs droits de propriétaires *malk* en faveur des musulmans. Ce genre

tient à l'État, et qui, en cas de déshérence, ne fait pas retour à la communauté raïa, mais bien à la communauté musulmane. (Cf. Perron, *loc. laud.* t. II, p. 294, et ci-dessus, n° 33.)

[1] صلحا. Voy. M. Worms, *Recherches sur la propriété,* 1846, p. 293.

[2] « L'exemple du khalife Omar, dit M. Ducaurroy (*loc. laud.* 1851, juin, 572), prouve que l'imam, au lieu d'exiger rigoureusement et le *djizié* et la soumission à la puissance musulmane en qualité de *raïa,* peut recevoir et regarder, par fiction légale, comme *kharâdj* des têtes, telle somme une fois payée qui lui serait offerte pour prix de la paix; conséquemment, et de même qu'il a été admis d'après ce principe de pardonner aux infidèles, pourvu qu'ils payent le *djizié,* il est permis aussi de leur accorder la paix en prenant une contribution (sans exiger qu'ils se fassent *raïas*). Raguse, ainsi que les principautés de Valachie et de Moldavie, ajoute le savant orientaliste, fournissaient un exemple de l'application de ce principe. »

de terres rentre alors dans la catégorie de celles d'où les habitants ont émigré; elles deviennent *vaqouf* de la nation musulmane, et sont frappées d'un *kharâdj*, cens, ou *udjret* « loyer », qui ne peut cesser d'être dû, même par le fait de la conversion à l'islamisme des habitants. Toutefois, ceux-ci ont plus de droits que quiconque à la *jouissance* (de la terre), tant qu'ils observent les conditions *stipulées;* et, de même qu'on ne peut enlever au locataire la chose louée par lui, on ne peut non plus dépouiller ceux-ci de leur terre, soit qu'ils persistent dans leur infidélité, soit qu'ils se fassent musulmans. Ce *kharâdj*, d'ailleurs, ne les dispense pas du *djizïè*, s'ils sont *zimmis* domiciliés; mais, s'ils ne sont pas devenus *zimmis*, et si, résidant sur notre territoire en vertu d'une convention spéciale (traité), leur séjour se prolonge pendant une année, ils doivent acquitter le *djizïè*.

63. « 2° S'ils ont demandé à conserver la propriété *mulk* de leurs terres et à ne pas en être dépouillés [1]; et si, en échange de cela, il a été *stipulé* que le *kharâdj*, dans telle quotité, sera imposé sur leurs terres, ce *kharâdj* étant alors une sorte de *djizïè*, ils doivent l'acquitter tant qu'ils professeront leur polythéisme; mais il cessera du jour où ils embrasseront l'islamisme, et l'on ne pourra plus exiger d'eux le payement du *djizïè*. Cela posé, il est permis à ces tributaires de vendre leurs terres à qui bon

[1] Voy. ci-dessus, n° 40 *bis*.

leur semble, musulmans ou zimmis[1]. Si la vente est faite à l'un d'eux, la terre continue à supporter le *kharâdj;* si elle est faite à un musulman, elle en est affranchie. Toutefois, si la vente est faite à un *zimmi*, il est encore possible que la terre continue à payer le *kharâdj*, parce qu'elle reste entre des mains infidèles; il se peut aussi qu'elle en soit libérée, parce qu'elle a passé de la condition d'une terre de traité à celle d'une terre zimmi.

64. « Cheïkh elasnâoui[2] exprime, sous forme de *fetva*, l'opinion suivante sur cette matière :

65. « Les terres de butin, c'est-à-dire conquises par la force, dans l'Iraq et en Égypte[3], doivent-elles être partagées entre les vainqueurs ou non?

66. « Réponse. Abouhanifa dit : L'imam a le choix ou de partager ces terres entre les vainqueurs, qui s'y transporteront pour s'y établir, ou de les frapper

[1] Le mufti Abdurrahman-Qouraïchi-elhanefi, dont j'ai donné le *fetva* (*Journal asiatique*, février-mars 1842, p. 117), est d'une opinion différente de celle-ci, qui, d'ailleurs, paraît conforme aux vrais principes de la législation musulmane. « Si un *zimmi*, dit-il, veut acquérir une propriété territoriale, il ne convient pas de la lui vendre; s'il en vend une, il doit être contraint de la vendre à un musulman. » Du reste, ce principe, conduisant forcément à l'expropriation des zimmis, se trouve consigné dans le *Terdjameï-dourer* de Mollah-Khosrev, imprimé à Constantinople en 1258 (1842 ère vulg.), p. 213 : « Lorsque le *zimmi* veut acheter une maison dans une ville, il ne faut pas la lui vendre; et s'il l'a achetée, il doit être forcé à la revendre à un musulman. » (Citation de M. de Hammer, *Journal asiatique*, mars 1844, p. 217.)

[2] De mon manuscrit, titre du Partage du *feï* et du *ghanîmet*, p. 139, v°.

[3] Voy. ci-dessus n° 38, commentaire.

du *kharâdj*. L'imam ne peut les *immobiliser* en *vaqouf*, au bénéfice soit de la nation tout entière, soit seulement des vainqueurs [1].

67. « Mâlik émet deux opinions : 1° non-seulement il est d'avis que l'imam peut les partager (entre les vainqueurs), mais il ajoute que, par le seul fait de la conquête, ces terres deviennent un *vaqouf* national [2]; 2° l'imam est libre d'en faire le partage ou de les constituer en *vaqouf* national.

68. « Chaféï est d'opinion que l'imam peut partager ces terres entre les vainqueurs, comme tout autre bien mobilier, à moins que ceux-ci ne préfèrent [3] qu'elles deviennent un *vaqouf* national, et se priver ainsi des droits qu'ils ont sur elles. Dans ce cas, l'imam ne procède pas au partage, et il immobilise ces terres en les déclarant *vaqouf* national.

69. « Ahmed émet trois avis : 1° l'imam a la faculté de faire ce qu'il juge le plus convenable, soit le partage, soit l'immobilisation en *vaqouf* national; 2° l'opinion émise par Chaféï; 3° l'immobilisation résultant du fait même de la conquête. »

70. D'après Sidi-Khalîl : « Le pays (conquis) est *immobilisé* en *vaqouf*, comme l'Égypte, la Syrie et l'Iraq [4]. »

[1] ليس للامام ان يقفها على المسلمين اجمعين ولا على غانميها

[2] بل تصير بنفس الظهور عليها وقفًا لمصالح المسلمين *national*, c'est-à-dire pour les besoins des musulmans.

[3] تطيب انفسهم

[4] ووقفت الارض كمصر والشام والعراق, texte arabe, p. 74.

71. Il y a pourtant divergence entre les auteurs, au sujet de l'Égypte et de l'Iraq, comme on a pu le remarquer dans la citation d'Asnâoui [1].

72. On lit, de plus, dans Macrizi [2], que « lors de l'invasion musulmane en Égypte, les Coptes sollicitèrent d'Amr une *capitulation*, moyennant le payement du *djiziè;* que ce général accueillit leur demande, et qu'en échange de ce tribut, il confirma en leurs mains la possession des terres et autres biens en leur propriété [3]; après quoi les Coptes lui prêtèrent leur concours contre les Roumi. Si donc l'Égypte a été conquise « de force » عنوة, sur les derniers, elle a été, d'autre part, occupée, par capitulation, *soulhan* [4], quant aux Coptes. »

73. Macrizi ajoute plus bas que « le *djiziè* est de deux sortes : le *djiziè* individuel « capitation », payable par chaque mâle (*vir*); et le *djiziè* collectif, جزية جملة, frappé sur le village, et dont la population entière est responsable. Le bien foncier appartenant à l'un des *imposés*, décédé sans enfants et sans autre héritier, rentrait dans la masse des immeubles du village sur lequel le *djiziè* collectif était frappé. Il n'en était pas de même de l'individu soumis au *djiziè* individuel « capitation »; à son décès, s'il n'avait pas d'héritier, sa terre faisait retour aux musulmans (rentrait dans le *vaqouf* national [5]). »

[1] N°s 64 et suiv.

[2] *Khitat*, t. II, p. 492, édit. de Boulaq.

[3] N°s 40 et 63.

[4] Voy. n°s 60, 61, 62 et 63

[5] « Si la capitation est fixée en masse (à une somme générale) sur

74. Macrizi ajoute encore que « le khalife Omar-ibn-Abdul-Azîz écrivit à Haïân-ibn-Chouraïh, gouverneur de l'Égypte, de reporter sur les Coptes vivants le *djiziè* des Coptes décédés. Ceci prouverait que le khalife considérait l'Égypte comme ayant été conquise par la force, et le *djiziè* comme ayant été imposé à toute la population en général; de sorte que, quel que fût le nombre des décès survenus dans les villages, le chiffre du *djiziè* devait toujours rester le même et ne pas subir la moindre diminution. En d'autres termes, et en admettant même que l'Égypte ait été occupée par *capitulation* (*soulhan*), les conditions établies par cette convention restaient toujours entières pour les Coptes survivants, et elles

la population du pays (non par individu et par propriété individuelle), les terres (c'est-à-dire les propriétés agricoles, les cultures, et avec elles tous les autres biens) appartiennent à leurs propriétaires, et cela en possession possessoire (chacun d'eux dispose librement de tous ses biens, sans nulle exception, et peut vendre ces terres. La valeur totale de la capitation ne doit ni augmenter, ni diminuer, par l'accroissement ou la diminution de la population; car tous les habitants sont solidaires pour le payement général). L'individu, alors, teste à sa volonté, dispose de tous ses biens comme il lui plaît, et la succession se partage conformément aux dispositions du testateur (tous les biens de celui qui meurt sans héritier restent à ses coreligionnaires primitifs; car la capitation reste invariable). Si la capitation est fixée par tête (et comme impôt individuel), et si elle est déterminée en masse, par rapport aux terres (c'est-à-dire aux cultures et propriétés agricoles, ou s'il n'est pas question des cultures dans le traité), les terres (et tous les autres biens) de tel particulier lui appartiennent en possession libre. Il dispose de tous à son gré, lègue ou laisse en héritage, vend comme il lui plaît, etc. mais les terres de celui qui meurt sans héritier appartiennent à la communauté musulmane. (Sidi-Khalil, trad. de M. Perron, t. II, p. 294.)

ne pouvaient être atténuées par la diminution numérique des membres de cette nation. »

75. Imam Mohammed-Cheïbâni expose sa doctrine dans les termes suivants[1] :

76. « L'émir placé par le khalife à la tête de l'armée destinée à envahir les contrées infidèles[2] adresse, au préalable, aux populations l'invitation d'embrasser l'islamisme. Si elles acceptent, elles restent à l'état libre; nul ne peut s'attaquer à leurs personnes, à leurs biens, à leur domaine, à leurs esclaves, et leurs terres deviennent *uchriïè;* mais, si le pays est conquis par la force, le droit de l'armée au partage du sol comme au butin est incontestable[3].

77. « Toutefois, s'il intervient une *capitulation,* stipulant que le pays ne sera pas partagé entre les vainqueurs, ceux-ci renonçant à leur droit, le sol

[1] *Siïari-kébîr,* II, p. 334.

[2] Asnâoui donne dans son *Kitâb-edduouïè,* etc. (de mon manuscrit, p. 163) le texte du diplôme de nomination du général en chef de l'armée égyptienne destinée à une expédition contre Chypre et Constantinople. L'auteur n'indique pas la date de cette expédition, qui est probablement celle de l'an 1426 de J. C. A cette époque, les Égyptiens, ayant fait une descente en Chypre, amenèrent le roi Jean II prisonnier au Caire, et obtinrent ainsi la suzeraineté de l'île. (Voy. *Art de vérifier les dates.*) Ce diplôme contient presque *in extenso* les conditions exposées par Cheïbâni et les autres jurisconsultes.

[3] Lors de l'invasion des Gaules par les Francs, le pays conquis fut pris, occupé ou reçu par eux sous le nom d'*alleu* ou *terres allodiales. Alleu* vient du germain *loos* « sort », en français : « lot, part. » (Voy. ci-dessus, n°s 23 à 25.) C'était donc aussi la portion de butin échéant au vainqueur. (M. Guizot, *loc. laud.* p. 78.) Mais ici le sort paraissait jouer, dans la répartition, un plus grand rôle que chez les Arabes, où la part de chacun était scrupuleusement déterminée par la loi. (Voy. ci-dessus, n°s 15 à 27.)

reste alors entre les mains de ses anciens maîtres, et l'on convient, en outre, que la terre devenant *kharâdjïïè*, la redevance (*kharâdj*) dont elle est frappée sera employée pour les besoins de l'armée et pour ceux de la communauté musulmane. En un mot, la loi dispose que tout territoire ne peut être déclaré *kharâdjïïè* qu'après avoir été conquis par la force; une fois que le droit des vainqueurs au partage est ainsi bien établi, on stipule que ceux-ci renoncent à leur droit et que la terre sera laissée à ses anciens possesseurs; dans ces conditions, elle devient incontestablement *kharâdjïïè*, et le tribut dont elle est frappée est employé au profit des vainqueurs et pour les besoins de la communauté musulmane en général.

78. « Si la population indigène embrasse spontanément l'islamisme, le droit des vainqueurs (au partage) n'est, dès lors, nullement établi; et comme l'imposition du *kharâdj* ne l'est pas davantage, conséquemment la *stipulation* n'existe pas, et la terre est évidemment *uchrïïè*. »

79. Il résulte de ces diverses citations, sur lesquelles je me suis assez longuement étendu, vu leur importance, que la terre dont le partage n'était pas fait entre les vainqueurs après la conquête, devenait tributaire (*kharadjïïè*), avec cette distinction, toutefois, que, suivant les termes de la *capitulation* intervenue lors de la soumission du pays, ou selon la décision rendue alors sur la condition des terres par l'imam, elles devenaient, ou « simplement tri-

butaires, » c'est-à-dire laissées à leurs anciens maîtres en propriété *mulk* [1], avec obligation de payer à perpétuité le *kharâdj*, dont le montant, versé au *beït-elmâl*, devait recevoir la destination ci-dessus indiquée [2]; ou *mevqoufè*, c'est-à-dire « immobilisées en *vaqouf* national, » et formaient ainsi le « domaine public [3], » distinct, d'ailleurs, de celui que les princes se constituèrent dans la suite.

80. A l'appui de ce principe, Macrizi nous offre le texte suivant [4] : « Tout zimmi qui embrasse l'islamisme, dit Omar-ibn-Abdelazîz, met à couvert, par le fait de sa conversion, sa personne et ses biens mobiliers; mais sa terre est un butin (*feï*) que Dieu a donné aux musulmans [5]. Quant à l'individu faisant partie d'une peuplade qui a signé une *capitulation* pour le payement du *djiziè*, et qui, plus tard, embrasse l'islamisme, cet individu transmet à ses héritiers la propriété de sa maison et de sa terre [6]. »

[1] Voyez ci-dessus, n°s 29 et 63, et aussi le texte de la *Hidâïè*, rapporté par M. Worms, *Journal asiatique*, octobre 1842, p. 354.

[2] Voy. ci-dessus, n° 77 et *passim*.

[3] Voy. ci-dessus, n°s 29 et 62. Nahmy fournit aussi le passage suivant rapporté par M. Worms, *loc. laud.* octobre 1842, p. 360 : « La terre, laissée à la population vaincue dans ces conditions, leur est concédée à titre de moyen de subsistance, mais non de propriété, على وجه العون ليس على وجه الملك ; ils ne peuvent la vendre; elle n'entre point dans la succession de ceux qui décèdent, ne reste point à ceux qui se convertissent à la foi musulmane; en un mot, elle est considérée comme un *butin*. »

[4] *Loc. laud.* t. I, p. 77.

[5] Voy. ci-dessus, n° 62.

[6] Voy. n° 63.

81. Chardin nous apprend[1] que les « terres d'état » qui, d'ailleurs, forment en Perse la plus grande partie du territoire, sont désignées sous le nom de *moqoufat;* qu'elles sont en la possession des gouverneurs, qui en retiennent une partie pour en avoir le revenu, et abandonnent l'autre pour les gages de leurs officiers et domestiques, ainsi que pour la solde des troupes. »

82. Les diverses dénominations employées par Chardin, « terres d'état ou *mevqoufè*, » et « terres de particuliers, » sont chacune une variante d'une seule et même catégorie de terres. Les *moqoufât* ont beaucoup d'analogie avec les *ziâmet* et *timârs*, dont il sera parlé ci-après[2], et les « terres des particuliers[3], » qui appartiennent à ceux-ci, dit ce célèbre voyageur, « pour un terme de quatre-vingt-dix-neuf ans, et jamais plus, durant lequel ils les vendent et en disposent comme il leur plaît, et au bout duquel ils prennent un nouveau bail pour le même terme, en payant le revenu d'une année[4], » me paraissent présenter des rapports non moins frappants avec la nature des *érâziè-miriïè*, « domaine public, » et le régime auquel celles-ci sont assujetties[5].

83. Le domaine public se compose donc des terres *mevqoufè* ou *vaqoufs* nationaux, accrus des

[1] *Voyage en Perse*, édit. Langlès, citation de M. Worms, *Journal asiatique*, février 1843, p. 127 et suiv.

[2] Ch. IX.

[3] Chardin, *loc. laud.* p. 130.

[4] Voy. n° 298, note sur le *tapou*, et ch. XI, art. 3.

[5] Voy. ci-après, ch. XI.

biens *mulk*, qui, par suite des cas de déshérence déterminés par la loi, ont fait retour à l'État[1]. Ces terres forment, sous le titre générique *miriïè*, le domaine public, le domaine de l'État, et elles sont gérées et administrées, pour le compte de la communauté musulmane, par l'imam, le souverain. Dans le gouvernement de l'émir Abdelqâder, en Afrique, le *beïlik* désignait «le domaine public,» en un mot, tout ce qui appartient à l'État. Ce mot est, d'ailleurs, employé partout, en Turquie, dans la même acception.

84. Dans l'empire ottoman, l'État est dans l'usage de vendre aux enchères, à certaines époques, une partie des immeubles *miriïè*. Le produit de cette vente a donné, pour l'exercice 1276-1277 (1860), une somme de 1,010 bourses, soit 505,000 piastres.

85. L'adjudication d'un certain nombre d'immeubles de cette catégorie, sis tant en Roumélie qu'en Anatolie, a été faite récemment au ministère des finances (*mâliïè*[2]). Ces immeubles, dont bon nombre ont fait retour à l'État, comme nous l'avons dit, par le fait de déshérence, se composaient de khans, boutiques, filatures de soie, bains, bergeries,

[1] Voy. ci-dessus, nos 13, note, 304, et ch. XI, art. 2.

[2] Voy. le *Djéridéï-havâdis*, numéro du 30 avril 1860 : «Le sultan, comme administrateur du domaine public, peut, lors même que le trésor public n'est pas dans la gêne, vendre et donner à titre *mulk* telle partie de terrain *miri*, sur laquelle personne n'a de droit légal, et ce, pour un prix modique, après avis du mufti.» (*Behdjet-ulfètâvi* de mon manuscrit, p. 85 r°.)

prairies, vignobles, endroits de parcours pour les bestiaux et granges en pierre. Il a été établi, dans les conditions de la vente, que, parmi ces immeubles actuellement à l'État (*emlâki-miriïè*), ceux qui, *ab antiquo*, étaient réellement *mulk*, tels que terrains, bâtiments, arbres, vignobles et vergers, seraient adjugés dans les mêmes conditions; c'est-à-dire que l'adjudicataire en aurait la jouissance et possession pleine et entière, avec droit de transmissibilité héréditaire à ses enfants et à ses collatéraux; et que, de plus, lesdits immeubles pourraient être employés, au besoin, *au payement des dettes du propriétaire*[1]. Un titre, constatant l'état *mulk* de cette propriété, devait être délivré à l'adjudicataire.

86. Quant à celles de ces terres dont le sol serait *vaqouf*, et les bâtisses, arbres et vignobles de la superficie à l'état *mulk*, la vente, selon l'avis publié, devait être *vaqouf* pour le terrain, et *mulk* pour les objets à la superficie. Le titre de vente du terrain devait être délivré par l'administration du *vaqouf*, et celui des objets *mulk* de la superficie par le *mehkèmè*.

87. Enfin, le titre des immeubles dont le terrain et les objets à la superficie sont *vaqoufs* devait être délivré par le *vaqouf* compétent.

88. La jouissance *teçarruf* des *tchâïr* «prairies», terres *miriïè*, *târlâ* «champs» et autres terres destinées à la culture, comme dépendances de fermes, a été donnée aux conditions spécifiées dans les ar-

[1] Ce passage est remarquable. (Voy. ci-après, ch. XI, art. 115.)

ticles 1 à 8 du code de la propriété foncière [1]. Les adjudicataires sont tenus d'acquitter la dîme sur le montant des produits, et la possession (*teçarruf*) leur a été donnée par un titre dit *tapou* [2], que la direction des archives impériales leur a délivré.

CHAPITRE IV.

IMPÔT PERSONNEL.

TITRE I. — CAPITATION (*DJIZIÈ*) SUR LES TRIBUTAIRES. DISPOSITIONS LÉGALES [3].

89. « *C.* Après avoir traité de ce qui concerne le *kharâdj* de la terre, il convient maintenant de passer au *kharâdj* personnel, *djiziè* ou capitation [4]. Le *djiziè* a été ainsi nommé

[1] Voy. ci-après, ch. XI.

[2] Voyez la définition de ce mot, ci-après, n° 298, note.

[3] *Multeqa*, t. I, p. 352.

[4] Un impôt de ce genre, « *census in capite*, » était perçu dans la monarchie des Francs. (Montesquieu, *Esprit des lois*, XXX, ch. XV.) Le mot *djizié* dérive d'une racine arabe dont le sens est : « rémunération, rétribution d'un acte accompli. » Si, dans la législation religieuse, il s'emploie fréquemment avec l'idée de « récompense, » مجازاة الاحسان بالاحسان « La récompense du bienfait se trouve dans un autre bienfait » (*Siïari-kébir*, p. 67), ce mot s'applique, dans la législation civile, à la « pénalité, à la peine encourue par le délit ou par le crime. » بونك خلافنده وقوع بولهجق حركات مجازات شديده ايله منع وزجر اولنهجقدر. « Toute infraction sera blâmée et punie de peines sévères. » مكافاة est l'opposé de مجازاة. Le code pénal ottoman est intitulé جزا قانون نامهسى. *Djizié* est donc « la compensation pénale payée aux musulmans par les juifs et les chrétiens, en échange de l'existence religieuse laissée à ceux-ci en pays d'islam. » M. Perron dit (*loc. laud.* t. II, p. 650), que ce fut dans l'an 8 ou 9 de l'hégire, que, pour la première fois, la capitation fut imposée aux vaincus.

parce que c'est une taxe payée par le *zimmi*, en compensation, en échange de la peine de mort encourue par lui en raison de sa croyance. Dès que le *kiâfir* accepte le payement du *djiziè*, il échappe à la peine capitale. Au reste, cette parole de Dieu, « Combattez ceux qui ne croient pas en Allah... jusqu'à ce qu'ils payent chacun le *djiziè* d'une façon humiliante[1], » prouve que l'acquittement du *djiziè* libère les infidèles de la peine de mort. Si l'on oppose à cela que l'infidélité est un état permanent de révolte contre Dieu, il est facile de répondre « que le *djiziè* n'est pas un impôt acquitté en échange de la profession de l'infidélité, mais bien au lieu et place de la vie et de la liberté laissées aux infidèles, et que, dès lors, cet échange est de même nature que celui au moyen duquel on échappe à la peine du talion, moyennant un équivalent pécuniaire. »

90. « Une fois que le chiffre du *djiziè* est fixé, du consentement des parties ou par une *capitulation*, la quotité ne peut en être changée. Si le pays a été conquis par la force, la quotité du *djiziè* est annuellement, pour les individus réputés riches, de quarante-huit dirhems par an ;

« *C.* Soit quatre dirhems par mois.

91. « Pour les gens de moyenne classe, la moitié de cette somme ; et pour les pauvres, habiles cependant à gagner leur vie, le quart[2].

[1] *Coran*, IX, 29. Le chapitre XXV des constitutions apostoliques, expliqué par le concile de Gangra, tenu sous Constantin en 321, déclarait que les juifs, pour leur impiété envers Jésus-Christ, ont été condamnés, par le Seigneur, à être captifs et à payer le tribut. (Biot, *Abolition de l'esclavage dans l'antiquité*, p. 238, 352 et 374.)

[2] Cette proportion, établie par Omar ibn el-Khattâb en présence des *sahâbè*, et sans nulle réclamation de leur part, a été consignée

« *C.* Soit vingt-quatre dirhems, ou deux dirhems par mois; pour la dernière classe, douze dirhems, soit un dirhem par mois [1].

92. « Le *djiziè* s'impose sur tous les *kitâbis* « chrétiens et juifs, » *madjouci* « guèbres, » et sur les barbares [2] idolâtres, mais non sur les Arabes idolâtres et les apostats; pour ceux-ci il n'y a aucune alternative entre l'islamisme ou le glaive. Leurs femmes et leurs enfants sont faits esclaves.

« *C.* Ainsi que fit Abou-Bekr pour les femmes et les enfants des Benou-Hanîfé; il les partagea entre ses soldats, et fit périr tous les mâles qui n'embrassèrent pas l'islamisme [3].

93. « Ne sont pas soumis au *djiziè*, l'enfant, la femme, l'esclave, l'esclave contractuel, le vieillard

dans une lettre écrite par le khalife à Osman, qui se trouvait alors à Coufa. (Voy. *Sirâdj elmulouk*, de mon manuscrit, ch. LI.) Douze *dirhems* équivalent à un *dinâr* (*idem*). Selon le *Dourer elahkiâm*, manuscrit de la Bibliothèque impériale, cité par M. Worms, *Journal asiatique*, octobre 1842, p. 357, cette classification est établie sur les bases suivantes:

« Première classe : tout individu possédant 10,000 dirhems et plus;

« Deuxième classe : ceux qui possèdent moins de 10,000 dirhems, et plus de 200;

« Troisième classe : ceux qui, tout en n'ayant pas 200 dirhems, ne sont cependant pas complétement dépourvus. »

[1] On lit dans le *Kitâb-elfévâïd* (de mon manuscrit, fol. 65 r°) le fetva suivant: « Le dirhem énoncé ici est-il le dirhem légal; ou bien est-ce l'aspre, au cours usité parmi le peuple? — *Réponse* : C'est le dirhem *chér'i* (légal). »

[2] Voy. ci-dessus, n° 10 *c*, note.

[3] Cette tribu avait pour chef Moçaylama. (Voy. Caussin de Perceval, *Essai sur l'histoire des Arabes*, III, 374.)

chargé d'années, le paralytique, l'aveugle, le boiteux (affecté de la maladie dite *qou'ad*) et le pauvre, impuissant à gagner sa vie. Le moine retiré de la vie commune n'est pas non plus soumis au *djiziè*[1].

« *C.* Le *djiziè* étant un impôt acquitté en échange de la vie, du moment que le moine ne se mêle pas à l'existence commune, il n'est pas permis de le tuer. Imam Mohammed et Abou-Hanifa disent que, s'il est en état de travailler, il est également passible du *djiziè;* car cet homme se trouverait alors dans la situation de l'individu qui laisserait sa terre en non-rapport.

94. « Le *djiziè* est dû au commencement de l'année[2]; il est exigible le premier jour de chaque mois pour la portion y échéant. Il ne peut être abrogé que par la conversion à l'islamisme ou par la mort.

95. « Le *djiziè* se prescrit, au bout de l'année, par la non-perception.

96. « Le *kharâdj* de la terre ne se prescrit pas.

« *C.* Il est dû pour chaque année.

97. « En pays musulman, on ne peut élever d'é-

[1] Parce qu'il est considéré comme retiré de la société de ses coreligionnaires; qu'il est reclus et devient comme une femme. (Perron, *loc. laud.* t. I, p. 249.)

[2] Voyez ci-après, n° 322. C'est-à-dire au commencement de l'année administrative, qui est, à Constantinople, le 1er-13 mars. En Égypte, l'année financière et administrative commence le 1er *touti*, طوت, mois copte, qui tombe le 10 septembre et le 11 dans les années bisextiles. Le 1er septembre (vieux style) tombe le 4 thoth, premier mois de l'année égyptienne. (*Kitâb qavânîn eddévâvîn*, manuscrit arabe de ma collection.)

difices religieux dits *beï'a*, *kénîça* et *soma'a*, là où il n'y en a jamais eu. On restaurera les édifices qui tomberont en ruines [1], mais, toutefois, sur le même emplacement.

« *C.* Ces édifices seront restaurés dans leur état primitif, s'ils sont tombés en ruines; mais on ne les reconstruira pas ailleurs [2].

98. « Le *zimmi* se distinguera (des musulmans) dans le costume, la monture et la selle; il ne montera pas de chevaux, et ne portera point d'armes [3]. Il ne montrera pas le *koustidj* [4].

[1] Selon Sidi-Khalil (texte, p. 78) : وللعنوى احداث كنيسة ان شرط والافلا كرمّ المنهدم وللصلحى الاحداث « La population d'un pays conquis par la force ne peut édifier de nouvelles églises que si cela a été *stipulé;* autrement, non; elle pourra seulement réparer les églises qui tomberaient en ruines. Quant aux pays soumis par *capitulation* (voy. ci-dessus, n°s 60, 61, 62 et 63), on peut y construire de nouvelles églises. »

[2] Le commentateur de Sidi-Khalil ajoute (*loc. laud.* t. II, p. 296) : « qu'il n'est pas permis de construire de nouvelles églises en pays musulman, c'est-à-dire en pays qui a appartenu originairement aux musulmans. Voyez aussi, dans *Les négociations de la France dans le Levant,* t. I, p. XCVII, la lettre du patriarche d'Alexandrie au pape Honoré III. — Le traité conclu entre Philippe le Hardi et le roi de Tunis en 1270 « permettait aux moines et prêtres chrétiens qui résideraient dans les États de l'émir, d'y bâtir des monastères et des églises, sur l'emplacement qui leur serait donné à cet effet. » (S. de Sacy, *Mémoires de l'Académie des inscriptions,* t. IX.)

[3] Voyez mon *Fetva sur la condition des zimmis* (*Journ. asiat.* novembre-décembre 1851, p. 497). Le document juridique dont j'ai donné le texte et la traduction, d'après Abdurrahman ibn Ghoum, comme étant la formule du pacte de *zimmet* souscrit par les chrétiens avec Omar, se trouve reproduit textuellement dans le *Sirâdj elmulouk* (de mon ms. chap. LI).

[4] Le texte porte لا يظهر الكوستيج : c'est sans doute une er-

« C. Le *koustidj* est une corde de la grosseur d'un doigt, faite de laine ou de poils d'animaux, que les zimmis ceignent sur leurs vêtements; elle diffère du *zounnâr;* celui-ci est en soie[1].

99. Les zimmis ne se serviront que de bâts pour selles[2]. Le mieux serait de ne les laisser monter sur des montures[3] qu'en cas d'absolue nécessité; et en-

reur typographique; car le texte arabe du *fetva* que j'ai cité (*Journ. asiat.* février-mars 1852, p. 117), ainsi que le *Sirâdj elmulouk*, prescrivent aux chrétiens l'usage de la ceinture, comme marque distinctive. La définition du *koustidj* par cet auteur (p. 117), d'après Qàzikhan, est d'ailleurs identique à celle de la *Multeqa.*

[1] D'après le *Qâmous* (t. I, p. 434) « le *koustidj* désigne cette grosse corde que les chrétiens ceignent par-dessus leurs vêtements; elle diffère du *zounnâr.* L'auteur du *Dourer* dit que le *koustidj* est une corde de la grosseur d'un doigt, tandis que le *zounnâr* est de soie; quelques auteurs affectent celui-ci aux mages. » Plus loin (p. 879), on lit : « *Zounnâr* est le nom d'une sorte de ceinture particulière aux chrétiens et aux mages; elle est le signe de leur infidélité; le *zounnâr* est différent du *koustidj;* le premier est de soie et se met en dessous; le *koustidj* se ceint par-dessus. Sidi-Khalil (texte, p. 78) dit : وعزز لترك الزنار « il leur sera prescrit de laisser (ne pas porter) le *zounnâr*. » — Il paraît y avoir eu confusion, chez les auteurs, entre le *zounnâr* et le *koustidj;* mais, ce qui ne peut faire l'objet d'un doute, c'est qu'il était défendu aux chrétiens de porter des ceintures (*hizam*) en soie, ce privilége devant être réservé aux musulmans. (V. sur le mot *zounnâr,* Dozy, *Dict. des noms des vêtements arabes,* 196, et sur le *koustidj* (*kosti* du Zend-avesta), M. Gustave Dugat, *Journ. asiat.* avril-mai 1849, p. 404.)

[2] *Siïari-kébîr,* I, 65.

[3] Suivant le rapport du chevalier d'Arvieux (*Mémoires,* t. II, p. 93), « cette obligation s'étendait à tous les chrétiens, même étrangers. » Chabrol, *Description de l'Égypte,* t. XVII, p. 11) dit que « les Européens ne pouvaient avoir d'autre monture que des ânes; et que, s'ils venaient à rencontrer, sur le chemin, un simple mamlouk, ils devaient mettre pied à terre devant lui, en signe de respect. » Benjamin de Tudèle (*Voyageurs anciens et modernes,* édition Charton,

core, quand ils passeront par des localités où des musulmans se trouvent réunis, ils devront mettre pied à terre. Ils ne se couvriront pas des vêtements dont les couleurs sont affectées spécialement aux ulémas, aux religieux et aux schérifs; leurs femmes, tant sur la voie publique que dans les bains, devront être également distinguées des musulmanes. Ils mettront sur leurs habitations un signe distinctif, afin que, par erreur, on n'appelle pas sur elles la miséricorde divine[1].

« *C.* Autrement on pourrait supposer que c'est une maison musulmane.

100. « Ils ne donneront pas le salut les premiers.

p. 141) raconte « qu'il n'est permis à aucun juif, à Constantinople, de monter à cheval, excepté au seul R. Salomon, l'Égyptien, médecin du roi. Les Grecs haïssent, en général, tous les juifs, sans distinction des bons ou des méchants; quand ils rencontrent des juifs dans les rues, ils les battent cruellement et les tiennent sous une dure servitude. Il n'y a point de juifs parmi eux, dans la ville; on les a transportés au delà d'un bras de mer. Le bras de mer de Sainte-Sophie les environne d'un côté, et ils ne peuvent sortir, pour négocier avec les habitants de la ville, que par mer. Le lieu où ils habitent s'appelle *Péra.* » Cette description répond exactement à la localité dite aujourd'hui *khâskeuï*, habitée exclusivement par les juifs. Quant au nom de *Péra*, il était donné, selon Pierre Gilles, à l'époque de son voyage, à Galata, nommé ainsi par les Byzantins, de *pérasma* « vis-à-vis, de l'autre côté; » de la même façon qu'à Rome, la partie au delà du Tibre est dite *transtévère;* plus tard, le prolongement de Galata fut seul désigné sous le nom de *Péra;* en turc *Beï-oglou.* Toutefois cette dénomination ne figure pas parmi les noms des faubourgs de Constantinople, qui sont : Eïoub, Galata et Scutari.

[1] Cette prescription est également consignée dans le *Sirâdj elmoulouk*, chap. LI; voyez aussi Perron, *loc. laud.* t. II, p. 297.

« *C.* Le zimmi ne doit pas donner le salut le premier; il peut seulement le rendre, mais uniquement de la manière suivante, « Sur vous; » et non point : « Sur vous le salut. » S'il dit : « Salut sur celui qui suit la voie droite, » cela peut être toléré.

101. « On le poussera dans l'endroit le plus resserré du chemin.

« *C.* C'est-à-dire que, lorsqu'un musulman et un zimmi se rencontreront, le premier, par marque de mépris pour le second, ne laissera à celui-ci que le moins de place possible. Mais si le zimmi se prépare (à recevoir le salut du musulman) et lui montre du respect, alors le musulman ne lui rétrécira pas autant le chemin.

102. « Le zimmî, debout, payera le *djiziè* au musulman, qui le recevra assis. Il sera saisi par le collet, secoué et apostrophé par ces mots, « Eh ! zimmi ; » ou : « Ennemi de Dieu ! paye le *djiziè!* »

103. « Le pacte du zimmi ne sera pas rompu par son refus d'acquitter le *djiziè*, par le fait d'avoir eu commerce avec une femme musulmane, d'avoir tué un musulman, ou même blasphémé contre le Prophète [1]; ce pacte ne sera rompu que s'il passe en pays *harbi*, ou s'il fait invasion quelque part pour nous combattre. Il se met alors dans la situation de l'apostat (*murted*). Toutefois, s'il est fait prisonnier, on ne le contraindra pas à embrasser l'islamisme; il sera seulement réduit en esclavage; l'apostat sera puni de mort [2].

[1] Cette opinion de la *Multeqa* n'est pas partagée par tous les docteurs. (V. mon *Fetva, loc. laud.* février-mars 1852, p. 112, et le *Sirâdj elmulouk*, chap. LI.)

[2] La surveillance de l'exécution des devoirs imposés aux zimmis

104. « Une double *zekiât* a été imposée aux Beni-Taghlib, hommes et femmes[1].

« *C.* Suivant la capitulation qui leur fut imposée par Omar.

105. « Leurs enfants ne doivent pas la *zekiât;* leurs affranchis, comme ceux des Qoreïchites, doivent le *djiziè* et le *kharâdj.*

106. « Le *kharâdj,* le *djiziè* et tout ce qui a été pris des Beni-Taghlib, ainsi que de toute contrée qui aura été abandonnée par les indigènes; les présents envoyés par les *harbis,* ou ce qui leur aura été pris sans combat, est employé pour les besoins des musulmans; à savoir : réparation des places frontières, constructions de ponts (*qanâtir*) et de passerelles (*djuçour*);

« *C.* La différence entre les premiers et les secondes consiste en ce que les *qanâtir* sont construits avec la pierre et la chaux, tandis que les *djuçour* sont faites en bois.

107. « A la subsistance des ulémas, professeurs, muftis, qâdis, collecteurs, ainsi qu'à celle des militaires (*muqâtelè*) et de leurs enfants.

était du ressort des fonctions du *mouhtécib.* (Voyez *Institutions de police chez les Arabes,* par M. Behrnauer, *Journ. asiat.* septembre 1860, p. 185, et janvier 1861, p. 55.)

[1] Tribu arabe qui professait le christianisme. Ces Arabes firent leur soumission aux musulmans et conservèrent leur foi, moyennant le payement du *djiziè;* mais, comme ce terme humiliait leur fierté, ils supplièrent le khalife Omar de les assimiler, quant à la dénomination, aux musulmans. Le khalife accéda à leur demande, et convertit, pour eux, le *djiziè* en une double *zekiât.* (Caussin de Perceval, *loc. laud.* III, 523; voy. aussi Ducaurroy, *loc. laud.* juin 1851, 573.)

« C. D'après la *Hidâïè* et d'autres auteurs, cela serait réservé exclusivement aux militaires.

108. « Quiconque de ceux-ci décédera à la moitié de l'année ne pourra participer aux gratifications qui seront faites (plus tard) aux militaires. »

TITRE II. — ABOLITION DU DJIZIÈ ; IL EST REMPLACÉ PAR UNE CONTRIBUTION MILITAIRE.

109. Depuis la réforme, une modification importante, résultant des institutions proclamées par le khatti-chérif de Gulkhânè[1], a été introduite dans la condition politique des sujets non musulmans de l'empire ; le *djiziè*, désigné vulgairement sous le nom de *kharâdj*, « n'était plus considéré, en principe, que « comme une compensation du service militaire « auquel les *raïas* (sujets non musulmans) n'avaient « point été astreints jusqu'alors ; et, au lieu de con« fier la perception de cet impôt à des agents qui « n'épargnaient aux raïas ni les humiliations gra« tuites ni les vexations, il fut arrêté qu'en attendant « la modification du caractère même de l'impôt, le « mode de perception en serait changé[2], et que les « patriarches, chefs des diverses communions chré« tiennes, ainsi que le khakhambâchi, chef de la « communauté juive, seraient, dans le payement de « la capitation, les intermédiaires entre leurs core-

[1] Voyez le texte de la traduction que j'ai donnée de ce document *Journ. asiat.* janvier 1840, p. 5 et suiv.

[2] Voyez, sur le mode de perception du *kharâdj* dans les temps modernes, *Constantinople et le Bosphore*, par le comte Andréossy ; et aussi le *Dictionnaire turc-français* de M. Bianchi, au mot *kharâdj*.

« ligionnaires et le fisc [1]. » — Il ressort de ceci que, dès cette époque (1850), l'impôt du *kharâdj* ou *djiziè* était perçu, en bloc, sur la communauté, pour une somme fixe et déterminée, non susceptible de modification dans la quotité, ce qui concorde, d'ailleurs, avec les décrets rendus par Omar ibn Abdelaziz [2].

110. Enfin, le khatti-humâïoun du 18 février 1856, dont nous verrons ci-après la teneur, proclamant l'égalité de tous les sujets ottomans, « quant aux droits et aux devoirs, » imposa aux sujets non musulmans l'obligation du service militaire; mais, comme l'application de ce nouveau principe ne pouvait être immédiate et devait rencontrer, dans la pratique, certaines difficultés, il fut décidé que la prestation militaire serait compensée par une contribution désignée sous le nom d'*iânéï askériïè* اعانهٔ عسكريه [3] « contribution militaire. » Le chiffre de cette contribution, payable également par l'entremise du chef de la communauté, fut calculé sur le

[1] *Renseignements pour servir à l'histoire contemporaine de la Turquie*, par feu M. Cor, premier drogman de l'ambassade de France à Constantinople. (Extrait de la *Revue des Deux-Mondes*, septembre 1850.)

[2] Voyez ci-dessus, n° 74.

[3] *Iânè* désigne aussi la coopération générale de la population aux nécessités de l'État, dans telles circonstances données. C'est ainsi qu'on a désigné sous le nom d'*iânè* « subvention, cotisation » cette sorte d'emprunt forcé qui fut imposé à la population de la capitale en 1859, dans le but de parvenir au retrait du *qaïmè* (papier-monnaie). — Dans le gouvernement d'Abdelqâder (*note précitée*), on nommait *maouna* un impôt extraordinaire frappé par l'émir dans de graves circonstances.

pied de la proportion relative existant entre les populations musulmane et non musulmane; et pour chaque homme que, d'après cette proportion, elle devrait fournir à l'armée, la communauté serait redevable, m'assure-t-on, d'une somme de cinq mille piastres [1], une fois payée comme exonération du service militaire. Le règlement dressé par la Porte à cet effet, dans le courant de l'année 1855, établissait que « tout sujet non musulman qui acquitterait personnellement le service militaire serait exempté « du payement de la contribution *ad hoc*, et qu'une « diminution de même quotité serait faite sur la « somme totale à payer, à ce titre, par la communauté dont il relèverait. » Il est à remarquer, d'ailleurs, que l'*iânè*, de même que le *djiziè*, ne porte ni sur les vieillards, ni sur les femmes, ni sur les enfants [2]. Le même règlement disposait « que les sujets non musulmans peuvent, selon leur mérite, parvenir aux grades supérieurs [3]. »

111. D'après des renseignements que j'ai lieu de croire exacts, l'*iânè* aurait donné, en 1860, une recette de 119,218 bourses, soit : piastres, 59,609,000 [4].

[1] L'ancienne quotité d'un autre genre d'exonération du service militaire (*aqtchè-bèdèli*) aurait-elle servi de base à la fixation de ce chiffre? (Voyez ci-après, n° 313, note 1.)

[2] Voyez ci-dessus, n° 93.

[3] Le grade de *miri-livâ* « général de brigade » a été récemment conféré à deux officiers arméniens, employés l'un au séraskiérat (ministère de la guerre), l'autre à l'amirauté.

[4] Voyez le *Budget général de l'Empire ottoman*, pour l'an 1277 de l'hégire, annexé au rapport de S. A. Fuad-Pacha, grand-vizir, sur la situation de l'Empire. Constantinople, février 1862.

112. Toutefois, cette modification, plus importante et plus grave surtout dans la forme que pour le fond, n'a pas manqué de paraître, aux yeux de certains ulémas, une dérogation capitale aux prescriptions formelles de la loi religieuse; et, lors des derniers événements de Syrie, tel uléma ignorant et animé de l'esprit d'une autre époque a pu être conduit à penser et à déclarer même, suivant ce qui m'a été rapporté, que « la suppression du *djizié* annulait le pacte conclu entre les musulmans et les chrétiens; et que, dès lors, il était permis de leur courir sus [1]. »

TITRE III. — CONDITION DES ÉTRANGERS « MUSTÈEMEN. »

DISPOSITIONS LÉGALES [2].

113. « *C. Mustèemen* [3] se dit de tout *harbi* (*hostis*) qui vient dans notre pays sous la protection de l'*amân;* et, par réci-

[1] Voyez ci-dessus, n° 89.

[2] *Multéqa*, t. I, p. 349.

[3] Conférez Ducaurroy, *loc. laud.* février-mars 1851, p. 215. — مستأمن « qui a demandé l'aman, la sûreté personnelle. » (Voyez Ducaurroy, chap. de l'*amân*, septembre-octobre, p. 290 et suiv.) Ce mot désigne donc « l'étranger qui se trouve en pays musulman, en vertu d'un sauf-conduit individuel ou d'une convention diplomatique. » — Ce terme désigne actuellement encore « les Européens qui vont et viennent en Turquie, pour affaires de commerce, » sous la protection des traités. Cette liberté d'aller et venir, pour le commerce, est consacrée par divers articles des traités conclus avec la Porte ottomane, et improprement nommés *capitulations;* car le mot *ahdnâmè* désigne à la fois l'acte unilatéral des concessions accordées par les sultans et les traités de commerce subséquents résultant de l'intervention synallagmatique des parties contractantes. — Au reste, les ordonnances qui régissaient autrefois les colonies françaises au Le-

procité, de tout musulman qui, dans les mêmes conditions, va en pays *harbi*.

114. « Le *mustèèmen* ne peut résider une année entière en pays musulman; on doit le prévenir que, s'il y passe une année, il sera soumis au *djiziè*[1]. Dès qu'il séjourne une année, il devient zimmi, et ne peut plus retourner dans son pays[2].

115. « Si même, le terme d'un mois de séjour, et plus, trois mois par exemple, lui étant fixé, il dépasse cette limite, reste dans le pays et y achète une terre, il sera passible du *kharâdj* pour la terre, et, pour sa personne, du *djiziè* [3], à partir du

vant s'attachaient à marquer d'un caractère tout temporaire le séjour des Français dans ce pays. On lit dans les ordonnances de 1781, titre II, art. 26 : « Défend Sa Majesté à ses sujets établis dans les « Échelles du Levant et de la Barbarie, d'y acquérir aucuns biens- « fonds et immeubles autres que les maisons, caves, magasins et « autres propriétés nécessaires pour leur logement et pour leurs effets « et marchandises, sous peine d'être renvoyés en France. » — Art. 28 : « Défend Sa Majesté à tous ses sujets de prendre des biens- « fonds et autres objets à ferme, soit du Grand-Seigneur, soit des « princes de Barbarie ou de leurs sujets, ni de faire des associations « avec les fermiers, douaniers et autres, sous peine d'être renvoyés « en France. »

[1] Vulgairement *kharâdj*. Le traité de 1535 conclu avec Sultan Suleïman, stipulait « qu'aucun des subgetz du roy qui n'aurait habité « dix ans entiers et continuelz es-pays dudict G. S., ne doyve, ne « puysse être contrainct à payer tribut, carratch, etc. » (*Négociations de la France dans le Levant*, I, p. 293.)

[2] Voyez ci-dessus, n° 62, et mon *Fetva, loc. laud.* février-mars 1852, p. 118, 119.

[3] Vulgairement *kharâdj*. Les articles 24, 63 et 67 des traités ci-dessus indiqués stipulent la franchise du *kharâdj* pour les Français du Levant. — On lit dans le *Siïari-kébîr* (t. II, p. 281, 354) : « Si un *mustèèmen* achète ou cultive une terre *uchriiè* ou *kharâdjiïè*, il

jour où il sera redevable du tribut de la terre [1].

116. « La femme *mustèèmen* qui épouse un *zimmi* suit la condition de son mari [2].

117. « Il n'en sera pas de même du *mustèèmen* qui épouserait une femme zimmi.

« *C.* Car il peut la répudier, et retourner dans son pays.

CHAPITRE V.

IMPOSITIONS DIVERSES COMPRISES SOUS LE TITRE GÉNÉRIQUE DE « ZEKIÂT » AUMÔNE OU TAXE POUR L'ASSISTANCE PUBLIQUE.

DISPOSITIONS LÉGALES [3].

118. « *C. Zékiât*, en parlant de la fortune d'un individu, désigne le surplus, le surcroît, « ce qui excède le *niçâb* [4], et, par suite, la purification de cette fortune, » c'est-à-dire l'excédant au moyen duquel celui qui en jouit peut obtenir en ce monde la purification de ces biens, et, par l'emploi

doit le *kharâdj* pour la terre, et le *djizié* pour sa personne ; toutefois, il ne devient pas zimmi par le fait de l'achat de la terre, mais uniquement par celui de la culture. Le *kharâdj* de la terre emporte, pour le possesseur, celui de la personne.

[1] Une loi relative à la *colonisation*, et édictée par le gouvernement ottoman le 1er redjeb 1273, dispose : « Art. VI. Les colons seront exemptés du service militaire, ou de son équivalent en argent, ceux de Roumélie pour six mois, ceux d'Asie pour douze. — Art. VII. Après l'expiration de ce terme, les colons seront assujettis aux mêmes rétributions et redevances que *tous les autres sujets de l'empire.* »

[2] زوجته تبعيته

[3] *Multéqa*, t. I, p. 139.

[4] نصاب de la même racine que نصيب, synonyme de *qismet* قسمة « sort, destin, ce qui est départi à l'homme dans les décrets divins, » désigne, dans la fortune d'un individu, établie sur la jouissance de ce qui la compose pendant une année entière, la portion

charitable qu'il en aura fait ici-bas [1], une plus grande béatitude dans l'autre vie. La *zékiât*, nommée aussi *sadâqa*, c'est-à-dire « témoignage de fidélité du serviteur d'Allah envers son créateur, » est de prescription divine ; elle fait partie des cinq actes de culte prescrits par la loi, à savoir : la prière, le jeûne, la guerre sainte, la *zékiât* et le pèlerinage.

119. « La *zékiât*, en un mot, est l'abandon, le don en toute propriété, fait en vue de Dieu, sans nul esprit d'en retirer ni avantage, ni profit, d'une portion de sa fortune, dans la proportion fixée par la loi ; et ce, en faveur des musulmans pauvres [2], hormis les hâchemis et leurs affranchis.

« *C.* Par les Beni-Hâchem, on désigne les familles d'Ali, d'Abbas, d'Oqaïl, de Djafar, de Harith-ibn-elmouttalib, leurs affranchis, et celle du Prophète. Mahomet leur a attribué le cinquième du quint الخمس خمس. — Celui qui acquitte la *zékiât* ne peut en retirer d'utilité, ni directe, ni indirecte, soit dans sa personne, soit dans celle de ses ascendants ou descendants, soit même dans celle de son conjoint. »

120. « La *zékiât* n'est due que dans les conditions

attribuée par la loi au propriétaire, franche de *zékiât*, et à partir de laquelle cette taxe est due (*Multéqa*, t. I, p. 140).

[1] خير الناس من ينفع الناس « le meilleur des hommes est celui qui est utile à ses semblables » (*Siïari-kébîr*, t. I, p. 14). Bokhâri cite (titre *zékiât*) le *hadith* suivant : .... ورجل تصدق بصدقة فأخفاها حتى لا تعلم شماله ما تنفق يمينه « L'œuvre la plus agréable à Dieu est l'aumône (*sadaqâ*) ; mais il faut la tenir tellement secrète que la main gauche ignore le bienfait accompli par la main droite. »

[2] La *zékiât* « ou dîme aumônière, » selon l'expression de d'Ohsson (t. II, p. 94, 103 et suiv.), prend sa source dans des origines bibliques, ainsi qu'on peut le voir au *Lévitique*, XXVII, 30, et dans le *Deutéronome*, XII, 6, 18 et *passim*. « Les premiers chrétiens eux-mêmes, qui avaient étendu le principe de la fraternité, dit M. Biot

suivantes : plénitude des facultés mentales, âge de raison, qualité de musulman libre, jouissance du *niçâb* calculé largement sur la période d'une année lunaire, et dont la propriété pleine et entière, c'est-à-dire franche de toute dette, est en la possession de celui qui en jouit [1].

121. La *zékiât* ou plutôt la quotité à laquelle elle s'élève, sur les diverses espèces de troupeaux dits *séouâïm*, est fixée par la *Multéqa*. Je m'abstiendrai,

(*loc. laud.* p. 114), jusqu'à la communauté des biens terrestres, conservèrent l'usage d'une collecte dont partie était employée aux dépenses des agapes et du culte, et le surplus était le *patrimoine des pauvres*, destiné à soutenir les fidèles dans le besoin. »

L'assistance publique des pauvres, très-ancienne en Europe, figurait, en France, dans la répartition de la dîme royale ou ecclésiastique (voyez Montesquieu, *Esprit des lois*, XXX, chap. XII); de nos jours, on prélève le *droit des pauvres* sur les recettes des théâtres, bals et concerts; le produit est versé dans la caisse des bureaux de bienfaisance. La *taxe des pauvres* fut définitivement réglée, en Angleterre, sous le règne d'Élisabeth, pour mettre un terme à la mendicité et au vagabondage (cf. *Dict. d'économie politique*, de Guillaumin, *Taxe des pauvres*).

Aujourd'hui, la *zékiât*, modifiée dans sa forme primitive et dans son emploi, a été remplacée par le *vergui* (voyez n° 31, note) ou impôt frappé sur le revenu, résultant soit du rendement des immeubles, soit de l'exercice d'un métier ou d'une profession. Cet impôt, qui est une sorte d'*income-tax*, s'est élevé, pour l'exercice 1276-77, à 551,929 bourses, soit 275,964,500 piastres.

[1] ملكا تامًا L'expression *mulki-tâm*, dit l'auteur du *Fétâvi-alemguîri* (de mon ms. titre *zékiât*), indique la réunion de la propriété à la possession de la chose possédée; ainsi, tout en ayant la propriété d'une dot, on n'en a la possession que lorsqu'on l'a touchée. Dès lors, les choses dont on a la possession, mais non la propriété, telles, par exemple, que la possession de l'esclave contractuel ou du débiteur, ne donnent pas lieu à la perception de la *zékiât*.

en renvoyant à ce livre, d'en rapporter ici les détails [1].

« C. La *zékiât* n'est due que sur les troupeaux broutant l'herbe pendant la majeure partie de l'année, et destinés à la reproduction; elle ne l'est pas sur les animaux de charge et de selle.

122. « Sur les *valeurs d'or et d'argent*, la *zékiât* est du quart du dixième [2], à compter du *niçab;* c'est-à-dire à partir de vingt *mithqal* pour l'or, et de deux cents dirhems pour l'argent.

« C. Soit, sur vingt *mithqal* d'or [3], demi-mithqal; sur deux cents dirhems d'argent, cinq dirhems. Le *mithqal* est de vingt qyrats; le *qyrat* de cinq grains d'orge; le *dirhem* est de quatorze qyrats.

123. « Sur le *transit des marchandises* [4], la *sadâqa* perçue, sur la route, par les percepteurs (*'aâchir*), est du quart du dixième pour les musulmans [5]; de la moitié du dixième pour les *zimmis* [6], et du dixième intégralement pour les *harbis* [7].

[1] Voyez *Multéqa*, I, p. 142; et aussi M. Worms, *Journ. asiat.* octobre 1842, p. 324 et suiv.

[2] Les objets de première nécessité, dit M. Worms (*loc. laud.* Paris, 1846, p. 291), ne sont pas soumis à la *zékiât;* cet impôt pèse uniquement sur les objets de luxe et de trafic. Il est de 2 1/2 pour cent sur la valeur estimative, et n'est exigible que lorsque ces sortes de biens dépassent une valeur de 200 dirhems.

[3] Pour le rapport du *mithqal* avec les autres mesures de pesanteur, voyez Behrnauer, *loc. laud.* octobre-novembre 1860, p. 363; et la notice de Samuel Bernard sur les poids et monnaies des Arabes, dans la *Description de l'Égypte*, t. XVI, p. 73 et suiv.

[4] *Multéqa*, I, 149, origine du droit de douane.

[5] Deux et demi pour cent.

[6] Cinq pour cent.

[7] Dix pour cent. Le revenu des douanes, dont partie est donnée en

« *C.* Les *'aâchirs* [1] sont nommés par le prince.

124. « Sur les *rikiâz*, c'est-à-dire sur les *mines* découvertes par des musulmans, ou des *zimmis*, en

affermage, التزام *iltizâm*, et partie en régie, امانت *émânet*, s'est élevé, pour l'exercice 1276-77 (1860), à 352,645 bourses, soit 176,322,500 piastres. — On lit dans les anciens traités conclus avec la Porte que « le droit de douane (art. 8 et 37) payé de tout temps, tant à l'importation qu'à l'exportation, était de cinq pour cent. » C'est lors du renouvellement de ces traités par M. de Nointel, en 1673, que le droit de douane fut abaissé à trois pour cent. D'Ohsson (*loc. laud.* VII, 235) dit que les droits de douane sont de quatre pour cent sur la valeur des marchandises, pour les musulmans ; de cinq pour cent pour les sujets tributaires ; et, pour les Européens, de trois pour cent, en vertu des traités. — Le traité de commerce du 25 novembre 1838 avait porté ces droits à douze pour cent à l'exportation et à cinq pour cent à l'importation. Le nouveau traité, signé le 29 avril 1861, les a réduits au chiffre unique de huit pour cent, tant à l'importation qu'à l'exportation ; lequel chiffre, pour l'exportation, sera même réduit successivement chaque année d'un pour cent, jusqu'à ce qu'il soit abaissé à la taxe fixe et définitive d'un pour cent, destinée à couvrir les frais de bureau.

[1] L'auteur du *Fétâvi-alemguîri* (de mon ms.) dit que « l'*aâchir* (agent nommé par l'imam) prélève ses perceptions en échange de la sûreté des routes assurée au commerce. » Imam Mohammed (*Si-iari-kébîr*, II, 320), qui, d'ailleurs, partage cette opinion que l'*achour* est prélevé sur le commerce des marchandises, en compensation de la protection dont les couvre l'autorité de l'imam, ajoute que Ziad ibn Nadir fut envoyé à Aïn-ettamar, par le khalife Omar, en qualité de *mouçaddiq* (percepteur de la *sadâqa*), c'est-à-dire comme *mouhassil*, collecteur de la *zékiât*, sur les biens extérieurs زكوة اموال ظاهرة (les marchandises) expédiés d'un point sur un autre. — Le même auteur, qui explique les mots *achour* par *gumruk*, « douane, » et *'aâchir* par *gumruktchi*, « douanier, » ajoute que ce principe, posé par Omar, est adopté et suivi par tous les docteurs musulmans. — Toutefois, il est dit (p. 324) que l'*achour* perçu sur le *harbi* ne peut, de même que celui du musulman, être considéré comme *sadâqa*, mais bien comme une sorte de *kharâdj*, et doit être employé pour les besoins des militaires.

terre *uchriïè* ou *kharâdjiïè*, la *zékiât* est du cinquième[1].

« *C. Rikiâz* est un nom collectif, désignant à la fois les mines existant dans le sein de la terre, *maadin*, et les trésors enfouis dans le sol, *kinz*, par les hommes. Si le trésor découvert porte un signe islamite, il est classé au nombre des objets perdus et retrouvés, *loqta;* et, dans ce cas, il n'est soumis qu'aux droits relatifs; mais, s'il porte un emblème d'infidélité, tel que la figure d'une idole ou celle de la croix, il sera soumis au *khoums*[2].

125. « Sur *les biens de la terre*[3] arrosée par l'eau du ciel ou par l'eau courante, et sur les fruits de la montagne, que la récolte soit abondante ou minime, la *zékiât* est du dixième; et l'on ne tient compte ni du *niçâb* ni de la période de temps. Toutefois, et selon le témoignage des deux imams, la *zékiât* est due seulement sur la récolte d'une année, quand cette récolte a atteint cinq *vaçaqs*.

« *C.* Le *vaçaq* est de soixante sa'; le *sa'*, de quatre-vingt

[1] *Multéqa*, II, 150; et ci-après, chap. XI, art. CVII.

[2] Voyez chap. XI, art. CVII, et, dans le *Fétâvi-alemguîri*, les diverses opinions des jurisconsultes sur les droits de l'État et de celui qui a découvert le trésor.

[3] زكاة الخارج « l'aumône sur ce qui sort du sein de la terre. » (*Multéqa*, I, 152.) Sous le régime de l'administration de l'émir Abdelqâder, en Afrique, la perception du dixième sur toutes les céréales était désignée sous le nom d'*achour* (note précitée). — En Turquie, cette branche du revenu public a produit, pour l'exercice 1276-77 (1860), 710,752 bourses, soit, 355,376,000 piastres. La dîme doit être perçue en nature; mais le gouvernement en concède la perception, par affermage aux enchères publiques, à des *multézims*, qui versent seulement au trésor le montant de l'adjudication.

rottles; le rottle, de dix ouaqyiè, et la ouaqyiè de quarante drames [1].

126. «Sur la récolte produite par des moyens d'irrigation artificielle, la *zékiât*, avant tout prélèvement des frais de culture, est du demi-dixième.

«*C.* Tel est le principe posé dans le *hadith* suivant : فيما سقته السما العشر وفيما بالسانية نصف العشر pour tout ce qui est arrosé par l'eau du ciel, la dîme; pour tout ce qui est arrosé artificiellement, demi-dîme.

127. «Double dîme est prélevée sur la terre *uchrïiè* taghlibite [2]. Cependant Imam Mohammed dit que le taghlibite ne doit qu'une seule dîme pour sa terre, si la terre qu'il a achetée provient d'un musulman.

«*C.* On sait que les terres sont de trois sortes: *uchrïiè*, *kharâdjïiè*, *tadifïiè* تضعيفية (double); c'est-à-dire, selon la classification de Mâlik, terre musulmane, zimmi et taghlibite [3].

128. «Mais, si un zimmi l'achète d'un taghlibite, elle restera soumise à la double dîme; il en sera de même, si cette terre est achetée d'un taghlibite par un musulman, ou si le taghlibite embrasse l'islamisme.

«*C.* Parce que la double dîme frappée sur la terre possédée (*mutcçarrif*) par le taghlibite est un *vazîfé* [4] attaché à la

[1] Il faut, sans doute, lire ici 400 au lieu de 40; l'oque se compose de 400 drames.

[2] Voyez ci-dessus, n° 104.

[3] *Multéqa*, I, 153.

[4] Voyez ci-dessus, n°s 44 et 104.

terre, et que, celle-ci étant transférée à un musulman, la charge pesant sur elle passe avec elle à l'acheteur [1].

129. « Le traitement appliqué aux terres des mâles taghlibites le sera également à celles des femmes et des enfants de cette tribu.

« *C.* C'est-à-dire que si leurs terres sont *uchriïè*, elles payeront l'*uchur*; et, si elles sont *kharâdjiïè*, le *kharâdj* [2].

130. « Si un zimmi achète d'un musulman une terre *uchriïè*, il payera, pour cette terre, le *kharâdj*.

« *C.* Attendu que l'*uchur* (la dîme) est un acte de culte, qui ne peut être accompli que par le musulman.

131. Mais si, pour raison de retrait vicinal, ou d'annulation de la vente, la terre fait retour à un musulman, elle redeviendra terre *uchriïè*.

132. La terre de tout jardin créé dans la circonscription d'une maison, appartenant, soit à un zimmi, soit à un musulman, doit le *kharâdj* [3], si ladite terre est arrosée par son eau propre; mais, si l'irrigation a lieu au moyen d'une eau *uchriïè*, la terre ne payera que l'*uchur* [4].

[1] Voyez Ducaurroy, *loc. laud.* 1851, février-mars, p. 231.

[2] Voyez ci-dessus, n° 127.

[3] مؤنة الارض « la taxe de la terre, l'impôt dû par elle, que ce soit l'*uchur* ou le *kharâdj*. (Voy. aussi M. Worms, *Journ. asiat.* janvier-février 1844, p. 87.)

[4] Ce passage est ainsi conçu dans le *Fétâvi-alemguîri* : وان جعل مسلم داره بستانا فمؤنته تدور مع مائه فان سقاه بماء العشر فهو عشرى وان سقاه بماء الخراج فهو خراجى بخلاف ما اذا

133. « L'habitation ne doit rien, fût-elle même à un zimmi [1].

« *C.* Quand Omar établit le *kharâdj*, on lui demanda si on devait aussi l'appliquer sur les maisons : « Non, répondit « le khalife, l'habitation est franche de droit. »

134. « L'eau du ciel, des puits et des sources est *uchriïè* [2]; l'eau des canaux creusés par les 'adjem est *kharâdjiïè*.

« *C.* Tels, par exemple, que les canaux de Nouchirévan et de Iezdedjird; ils sont *kharâdjiïè;* il en est de même de tout puits creusé en terre *kharâdjiïè*, et de toute source qui y jaillirait, parce que ce pays était autrefois au pouvoir des

جعل الذمى داره بستانًا حيث يجب عليه الخراج كيف ما كان كذا فى التبيين ..... ولو ان المسلم او الذمى سقاه مرة بماء العشر ومرة بماء الخراج فالمسلم احق بالعشر والذمى بالخراج كذا فى معراج الدراية « Si un musulman fait de l'emplacement de sa maison un jardin, la redevance à payer suivra le régime de l'eau d'irrigation : si cette eau est *uchriïè*, le jardin paiera l'*uchur;* si elle est *kharâdjiïè*, il payera le *kharâdj*. Au contraire, si le *zimmi* se trouve dans les mêmes conditions, comme il doit déjà acquitter le *kharâdj*, ce sera donc cette taxe qu'il devra acquitter. *Tebiïn.* Si le musulman et le zimmi arrosent leur terrain avec une eau tantôt *uchriïè*, tantôt *kharâdjiïè*, il est naturel que le musulman paye l'*uchur*, et le zimmi le *kharâdj*. *Miradj eddiraïè.*

Le commentateur turc de la *Multéqa* n'a pas exactement rendu le texte arabe de son auteur, qui est ainsi conçu :

وفى دار جعلت بستانًا خراج ان كانت لذمى او لمسلم سقاها بمائه وان سقاها بماء العشر فعشر

[1] Voy. n° 31, et ci-après, n°s 298, note, 325 et 348.

[2] On lit dans le *Fétâvi-alemguiri* : « Est *uchriïè* l'eau des puits creusés en terre *uchriïè*, et celle de source qui sort de la même terre; de

infidèles; il a été pris de force par les musulmans; donc il est *kharâdjiïè*.

135. Sont *kharâdjiïè* les eaux du Sihoun, du Djihoun, du Tigre et de l'Euphrate, selon Abou-Ïoucef;

« *C.* Parce qu'on y a jeté des ponts.

136. « Selon Imam Muhammed, ces fleuves sont *uchriïè;*

« *C.* Parce que leur eau n'appartient à personne.

137. « Il n'est rien dû pour les mines de soufre et de bitume, existant en terre *uchriïè*.

138. « Si elles sont en terre *kharâdjiïè*, elles doivent le *kharâdj* pour la partie environnante, mais non point pour l'orifice de la mine.

139. « L'*uchur* et le *kharâdj* ne peuvent peser concurremment sur la même terre.

« *C.* Ces deux impôts ne peuvent être frappés sur une seule et même terre, propriété musulmane; car le prophète a dit : لا يجتمع على مسلم عشر وخراج « Le musulman ne peut être sujet à payer simultanément *uchur* et *kharâdj*. » D'après Abou-Hanifa, l'époque du payement de l'*uchur* est celle de l'apparition du fruit; suivant Abou-Ïoucef et Imam Mohammed, cette perception aurait lieu à certains degrés de maturité du fruit. »

même aussi l'eau du ciel et des grands fleuves. Est *kharâdjiïè* celle des canaux creusés par les Barbares (*adjem*), et celle des puits creusés en terre *kharâdjiïè*.

CHAPITRE VI.

EMPLOI DES REVENUS PUBLICS.

DISPOSITIONS LÉGALES[1].

140. « Le principe de l'emploi de ces revenus se trouve établi dans les paroles suivantes du texte sacré[2] : « La taxe des pauvres est destinée, 1° aux « pauvres; 2° aux indigents[3]; 3° aux préposés à la « perception de cette taxe; 4° aux donatives; 5° au « rachat des esclaves; 6° aux insolvables; 7° à la cause « de Dieu; 8° aux voyageurs. Cela est de prescrip- « tion divine. Dieu seul est savant et sage. » — Primitivement le Prophète lui-même affectait ce chapitre de la *zekiât* ou de l'*uchur*, abrogé aujourd'hui, et désigné par l'expression *muellifet ulqouloûb* (appât des cœurs), 1° à gagner à l'islamisme certains chefs de tribus; 2° à maintenir dans la nouvelle croyance divers personnages dont la foi chancelante avait besoin d'être soutenue; 3° et enfin, vu la faiblesse de la religion naissante, à acheter la neutralité de plusieurs chefs importants de l'Arabie, dont Mahomet redoutait la puissance[4]. On objectera peut-être

[1] *Multéqa*, tome I, p. 154.

[2] *Coran*, ch. IX, v. 60.

[3] C'est-à-dire : « les musulmans pauvres. » On lit dans le *Fétâvi-alemguîri* : التصدق على الفقير العالم افضل من التصدق على الجاهل « Il vaut mieux secourir le pauvre *éclairé* que le pauvre *ignorant* (le musulman plutôt que l'infidèle). »

[4] Ce genre de dépenses devait figurer, sans doute, au chapitre des *dépenses secrètes* du budget primitif de l'islamisme

que cette nature de dépenses n'était pas licite; toutefois, on sera obligé de convenir que c'était un devoir pour tous, pour les pauvres comme pour les riches, de contribuer à préserver la société naissante du mal que les *infidèles* « polythéistes » pouvaient lui faire; et que si ce but pouvait être atteint par l'appât de minces gratifications prélevées, même sur le bien des pauvres, c'était encore une manière d'employer ces valeurs, en quelque sorte, pour la guerre sainte. — Abou Bekr supprima ces donatives; puis, cédant plus tard aux réclamations de ces divers chefs, il finit par leur remettre une assignation sur Omar; mais à peine cette assignation fut-elle placée sous les yeux d'Omar, que celui-ci la déchira en s'écriant : « Le Prophète, en effet, vous avait accordé autrefois ces donatives; mais aujourd'hui la religion est assez forte, et je ne vous laisse plus d'autre alternative que la foi ou la mort. » Depuis lors, toute espèce de donative a été supprimée.

141. « Par le mot *faqyr*[1], on désigne l'homme dont l'avoir n'atteint pas la quotité constituant le *niçâb.* Le *meskin*[2] désigne celui qui ne possède absolument rien.

« *C.* C'est-à-dire celui qui manque de tout, qui se trouve dans une extrême misère, nu et mourant de faim. Les com-

[1] *Faqyr,* selon le *Fétâvi-alemguîri,* désigne « l'homme qui n'a pas la moindre ressource, ou bien dont les moyens n'atteignent pas le *niçâb;* ou, enfin, celui dont le *niçâb* est insuffisant, ou qui se trouve plongé dans le besoin. »

[2] *Meskin,* selon le même recueil, désigne « l'homme qui ne possède

mentateurs prétendent que la seconde interprétation est applicable au premier mot, et *vice versa*.

142. « Les fonds de la *zékiât* sont employés aussi à rémunérer les services des collecteurs de cet impôt; à faciliter aux esclaves leur propre rachat[1]; à assister les individus dont l'avoir, en dehors de leurs dettes, n'atteint pas le *niçâb;* enfin ceux qui sont hors d'état de participer à la guerre sainte, ou d'entreprendre le pèlerinage.

« *C.* On raconte que quelqu'un ayant présenté au Prophète un chameau qu'il lui offrait *pour la cause de Dieu*[2], Mahomet ordonna que ce chameau servirait au transport des musulmans hors d'état, par leurs moyens, de faire le pèlerinage.

143. « Enfin, aux voyageurs qui, tout en ayant des ressources dans leur pays, en sont privés pendant la durée de leur voyage.

144. « Les fonds de la *zékiât* ne peuvent servir à l'érection des mosquées, à l'ensevelissement des morts[3], ni au payement de leurs dettes;

« *C.* Attendu que la *zékiât* est la propriété de la chose

absolument rien et qui est obligé de demander l'aumône pour obtenir sa nourriture et pour se couvrir. »

[1] فك الرقبة « à briser le joug de leur servitude, » moyennant l'acte contractuel (مكاتبة *mukâtebè*) par lequel le patron s'engage à donner la liberté à son esclave contre paiement de la rançon convenue entre eux et qu'il lui permet d'amasser. (Voyez *Multéqa*, t. II, p. 154, et d'Ohsson, *loc. laud.* VI, p. 35; Ducaurroy, *loc. prælaud.* 1848, juillet, 132.) Cf. sur cette sorte de manumission posthume Biot, *Abolit. de l'escl.* p. 24.

[2] Voyez ci-après, n°s 152 et 154.

[3] Voyez ci-après, n° 150.

donnée à autrui[1]; et que, dans ces derniers cas, cette condition ne serait pas remplie.

145. « Il est permis d'assister les pauvres dans la mesure suffisante pour les empêcher de mendier leur pain quotidien. — Il ne l'est pas de donner au *fagyr* non endetté le *niçâb*, ou plus que le *niçâb*.

« *C.* S'il était endetté, il n'y aurait nul inconvénient à lui donner plus que le *niçâb*.

146. « Il n'est pas permis de faire passer le numéraire de la *zékiât* dans un autre pays, à moins que ce ne soit en faveur d'un proche[2], ou de gens plus nécessiteux que ceux de la localité même. La mendicité est interdite à tout homme qui a son pain quotidien.

« *C.* Les sommes recueillies pour le *Beït-ulmâl*[3] proviennent des quatre sources suivantes :

147. « 1° La *zékiât* des troupeaux et les dîmes;

[1] زكاتده واجب اولان قطع ملكدر غيره تمليك ايله زكاتده تمليك ركندر « La condition indispensable de la *zékiât*, c'est l'abandon, en faveur de quelqu'un, du droit de propriété sur une chose. Ce transport de la propriété sur une autre personne est la base absolue de la *zékiât*. (Voyez ci-dessus, n° 119, et *Siüari-kebir*, tome II, p. 300.)

[2] Voyez ci-dessus, n° 120.

[3] Ministère des finances; Mevqoufati nous donne ici l'organisation primitive de cette administration; actuellement le *Beït-el-mâl* n'est plus qu'une subdivision du ministère des finances, ماليه نظارتى, chargée du recouvrement des successions dévolues aux orphelins et de celles qui n'ont pas d'héritiers légitimes; dans cette dernière attribution, le *Beït-elmâl* correspondrait assez à l'administration du domaine en France. (Voyez plus haut, n° 5.)

puis ce qui est perçu des musulmans voyageant pour affaires de commerce.

« Dépense : emploi, selon les prescriptions de Dieu même, pour huit objets; les donatives étant abolies, restent sept[1]. »

148. « 2° Le *butin* et les *mines;* le cinquième des *rikiaz*.

« Dépense : emploi, conformément aux prescriptions de ce verset[2] : « Sachez que lorsque vous aurez « fait un butin quelconque, le cinquième en revient à « Dieu, à son prophète et à ses parents, aux orphe- « lins, aux pauvres et aux voyageurs. » La part de Dieu et celle du Prophète ne sont qu'une seule et même chose; le nom de Dieu est placé ici pour attirer les bénédictions divines sur cette répartition, et pour rappeler à qui revient la prééminence; quant à la part du Prophète, elle n'a plus été prélevée depuis sa mort; celle de ses proches est également supprimée dans notre rite; mais elle est maintenue dans le rite chaféite. Aujourd'hui, le partage se réduit à trois lots : celui des orphelins, celui des pauvres, et enfin celui des voyageurs.

149. « 3° Le *kharâdj* et le *djiziè*, qui se perçoivent des *mustèèmen* et des *zimmis*[3].

« Dépense : construction des caravanseraï et des ponts; réparation des forteresses et autres localités

[1] Voyez ci-dessus, n° 140.

[2] *Coran*, chap. VIII, v. 42.

[3] Le *Fétâvi-alemguîri*, d'après le *Sirâdj*, dit seulement : « ce que « l'*âchir* a perçu des musulmans et des négociants zimmis. »

du même genre[1]; — et aussi, les émoluments[2] des qâdi, vàli, «gouverneurs généraux,» mufti, *muhtecib*, *hâfiz*, *mufessirs*, professeurs, étudiants et militaires, «مقاتلة» les hommes aptes au service militaire. — En un mot les sommes provenant de cette source doivent être employées en vue de la défense de la foi, de l'amélioration du pays d'islam et du sort des fidèles.

150. «4° *Successions* d'individus décédés sans héritiers, et qui font retour au *Beit-ulmal*[3].

«Dépense : entretien et frais de traitement des malades, de sépulture des indigents pauvres; payement des amendes; entretien des enfants trouvés, ainsi que des infirmes hors d'état de gagner leur vie. C'est un devoir impérieux pour les princes et les gouverneurs généraux de mettre tous leurs soins à faire parvenir ces diverses sources de revenus à qui de droit. (Extrait du *Ghâïet-elbéïân*[4].)

[1] C'est-à-dire, selon le *Fétâvi-alemguiri*, «les postes d'observation destinés à assurer la sécurité des routes contre le brigandage.»

[2] رزقة *rizqà*, au pl. ارزاق, désignait, en Égypte, l'effet étant pris pour la cause, «les fondations pieuses en terres, en numéraire, ou en grains, maisons, etc. affectées principalement à l'entretien des mosquées.» (*Mémoire sur les finances de l'Égypte*, par Estève, *Description de l'Égypte*, XII, p. 31.) Dans notre texte, *erzâq* est l'équivalent de «rentes payées, sur le fonds du *kharâdj* et du *djiziè*, «aux qâdis, etc.» — M. de Sacy (*Chrest. ar.* II, p. 237) dit que *erzâq* désigne «les attributions (ou mieux rations en nature) que re«cevaient les officiers et employés de la cour des khalifes, en blé, «viande, habits, etc. pensions.»

[3] Voyez ci-dessus, n° 82, note.

[4] L'auteur du *Fétâvi-alemguiri* (de mon ms.) rappelle aussi que «l'imam doit instituer, dans le *Beït-ulmâl*, quatre bureaux qui,

CHAPITRE VIII.

VAQOUFS [1].

TITRE Ier. — ORIGINE DES BIENS DE MAINMORTE DANS L'ISLAMISME.

151. Avant de passer à l'exposé de la législation des *vaqoufs*, il me paraît utile de rechercher l'ori-

chacun, recevront ces différents fonds et en feront l'application, sans confusion d'un chapitre avec l'autre, dans les conditions suivantes :

« 1er bureau : *zékiât* des *sévâïm*, de l'*achour* « dîme, » et perceptions douanières de l'*aâchir* sur les musulmans.

« 2e bureau : cinquième du butin, des mines et des *rikiâz*.

« 3e bureau : *kharâdj* et *djizié* ; produit des *capitulations* des Beni-Nadjrân, des Beni-Taghlib : droits de douane perçus par l'*aâchir* sur les *mustèèmen* et les *zimmis*.

« 4e bureau : objets perdus (*loqta*), et successions en déshérence (c'est actuellement à ce bureau qu'est conservée la dénomination de *Beït-elmâl* ; voyez plus haut, n° 147, et Ducaurroy, *loc. laud.* février-mars 1851, p. 246).

« L'imam ou ses agents ne peuvent retenir nulle partie de ces fonds, au delà de ce qui est nécessaire à leurs propres besoins ; ils ne doivent point en accroître leur fortune ; tout ce qui reste en sus doit être partagé entre les musulmans ; l'imam ne doit jamais prélever son *rizq* par anticipation de deux mois, mais seulement au commencement de chaque mois.

« Le *zimmi* n'a droit à aucun fonds sur le *Beït-elmâl* ; à moins, toutefois, que l'imam ne le voie mourant de faim ; dans ce cas, c'est un devoir pour lui de le secourir avec les ressources du *Beït-elmâl* ; car, après tout, c'est un membre du *dâr-ulislam* auquel il doit sauver la vie. »

[1] La prononciation régulière et grammaticale de ce mot serait *ouaqf* ; mais, pour ne pas m'écarter de la dénomination vulgaire, amenée, d'ailleurs, par les règles d'euphonie particulières à la langue ottomane, j'ai adopté, par exception, la forme *vaqouf*, généralement usitée.

gine de cette institution : elle se révèle à l'ouverture du Coran, non pas d'une manière précise et formelle, puisque les mots *vaqouf* et *habous* ne s'y trouvent point, mais en principe, chaque sourate contenant un ou plusieurs versets qui exhortent le musulman à consacrer partie ou totalité de sa fortune, et même sa personne, « dans les voies de Dieu [1]. » Imam Mohammed dit que par les mots *fi sébilillâh* on doit entendre « l'obéissance طاعة aux préceptes divins, les œuvres agréables à Dieu قربة, et, plus

[1] في سبيل الله (V. *Siïari-kébîr*, t. II, p. 299), *sébîl*, « chemin, œuvre pieuse qui conduit à Dieu, dans ses voies. » Par suite, ce mot désigne aussi, en Égypte, les fontaines monumentales, placées le long des murs, le plus souvent à l'angle de deux rues, et décorées d'arabesques, d'inscriptions élégamment tracées, et de sculptures en bois, du genre de celles des *machrabiïè* (grillages en bois des fenêtres orientales). Ces fontaines, où les passants peuvent se désaltérer gratuitement, sont, pour la plupart, des fondations pieuses; il s'y trouve assez souvent aussi un *mekteb*, « école primaire », placé sous la direction d'un cheïkh, qui enseigne aux enfants la lecture du Coran. Il est assez curieux d'entendre ceux-ci lire ou plutôt crier tous ensemble leur leçon, et de voir le cheïkh distinguer, au milieu de ce vacarme, les erreurs commises par tel ou tel de ses élèves. Selon le témoignage de l'abbé Huc (*Empire chinois*, t. I, p. 124), les écoles primaires du Céleste empire présenteraient exactement le même tableau.

On pratique encore, au Caire, une œuvre pie, qui se signale aux passants par le cri : *sébîl Allâh! sébîl Allâh!* Des hammals, « portefaix, » chargés chacun d'une outre (*ghirba*) remplie d'eau, se tiennent au milieu de la rue, pendant le mois de ramazan, à l'approche du coucher du soleil; et, aussitôt après le coup de canon qui annonce la rupture du jeûne, ils offrent à boire aux passants, au cri de *sébîl Allâh!* — Cette œuvre (*in via Domini*) est faite aux frais de pieux musulmans; elle s'accomplit aussi le vendredi, devant la porte de certaines mosquées, à l'époque des grandes chaleurs, en mémoire de l'âme des personnes défuntes.

particulièrement, les incursions[1] sur le territoire infidèle, la guerre sainte entreprise pour la propagation de la foi. » C'est ainsi que Mahomet convie les fidèles à défendre de leur personne les boulevards de l'islamisme; qu'il leur accorde en quelque sorte des *indulgences* pour l'accomplissement de cette œuvre méritoire, en promettant, à celui-ci, qu'un jour de combat lui sera compté pour autant que le jeûne du Ramazan, et à cet autre, mort les armes à la main, et qui, de la sorte, aura gagné la palme du *martyre* (qui aura été *chehîd*, témoin de sa foi), l'exemption de la pénible attente, dans le tombeau, du jour de la résurrection, et la récompense immédiate de son sacrifice. — En résumé, l'expression *fi sébilillâh* « offrande, sacrifice *dans les voies de Dieu,* » c'est-à-dire « toute œuvre pie, telle que le pèlerinage, l'assistance des pauvres, » emporte surtout l'idée de la propagation de la foi, au moyen de la guerre et de l'assistance donnée, à cette fin, soit personnellement, soit indirectement, à ceux qui, vu l'insuffisance de leurs propres ressources, seraient dans l'impuissance d'y prendre part[2]. C'est encore, et en d'autres termes, une sorte de *sadâqa*, d'aumône appliquée à l'œuvre réputée la plus agréable à Dieu, par le don que le musulman fait[3] de telle ou telle partie de son bien en faveur

[1] *Ghâzia*, qui, aujourd'hui et par une bizarrerie du sort, désigne, en Afrique, les expéditions des Français contre les Arabes de l'intérieur.

[2] Voy. ci-dessus, n° 142, C.

[3] Voy. ci-dessus, n° 144, note.

d'une certaine catégorie de nécessiteux qui, dès lors, en deviennent les maîtres absolus.

152. Toutefois, certaines choses données de la sorte, *fi sébilillâh*, n'avaient pas, ne pouvaient avoir, par leur nature, le caractère d'*immobilisation* (*vaqouf*) attribué à telles autres [1]. Les premières sont celles dont la propriété pleine et entière (*temlîk*) était abandonnée à des individus pauvres, pour s'en servir et en disposer, à leur gré, *dans les voies de Dieu;* et il est même rapporté dans le *Siïari-kébîr* que certains animaux, donnés de cette façon, en vue de la guerre sainte, avaient été vendus plus tard par les donataires [2].

153. Les secondes étaient nommées *hobous*, « retenues [3], » et *vaqouf*, « immobilisées, » c'est-à-dire consacrées à perpétuité et d'une manière exclusive à l'objet déterminé par les intentions du fondateur.

154. Selon Imam Mohammed [4], les immeubles ne sont pas les seuls objets susceptibles d'*immobilisation ;* les chevaux « koura [5] » les armes, peuvent également y être soumis; mais, dans ce cas, le donateur doit spécifier clairement l'objet et le but de sa donation, et faire remise, à l'administrateur com-

[1] *Siïari-kébîr*, t. II, p. 301.

[2] Conf. aussi *Sahîh* de Bokhâri, titre *Oueçâïa*.

[3] Ou *ahbâs* أحباس (V. de Sacy, *Chrest. ar.* t. I, 189; Macrizi, *Khitat*, II, 294; et, ci-après, n° 171.)

[4] *Siïari-kébîr*, II, 302.

[5] On lit dans le *Nacéri*, Traité d'hippologie et d'hippiatrique arabes, par M. Perron, Paris 1852, tome I, p. 95 : « *Koura* désigne, collectivement, toute espèce de cheval, quelles qu'en soient l'origine et la valeur. »

pétent, des choses données par lui. — Les *sahâbé* ont fait un grand nombre de *vaqoufs* de ce genre, tant en montures qu'en armes ; et, selon l'exemple donné par le Prophète lui-même, ces montures étaient marquées d'une empreinte[1] indiquant qu'elles étaient *vaqouf* de tel ou tel, afin qu'en cas de perte ou de vol on pût facilement les retrouver. Si les chevaux faits *vaqoufs* tombaient malades, on pouvait les échanger contre d'autres plus sains.

155. Si la pratique du *vaqouf* n'est pas de prescription *divine*, c'est-à-dire imposée par le Coran, elle est recommandée par la tradition. Ainsi Mahomet, suivant le rapport de Bokhâri[2], laissa en mourant une terre qu'il constitua *sadâqa* « ou aumône » *fi sébilillâh ;* et, d'après le même auteur, il conseilla à Saad ibn abi ouaqqas d'employer le tiers الثلث de sa fortune à des œuvres de ce genre.

156. Par suite de leur destination pieuse ou religieuse, et surtout vu le mode de législation qui les régit, les *vaqoufs* peuvent être rangés parmi les choses dénommées *res sacræ* chez les Romains, lesquelles « étaient retirées du commerce des hommes, n'étaient susceptibles d'aucune estimation, ne pouvaient être ni vendues, ni engagées, ni acquises par

[1] M. Perron (*loc. laud.* II, 267) dit que les chevaux faits *vaqouf* portaient, sur la croupe, l'empreinte du mot *lissébil* « pour la cause de Dieu. » Voyez aussi, sur l'emploi, l'entretien et l'utilisation du cheval *vaqouf*, le même auteur, *Nacéri*, I, p. 120.

[2] *Sahih*, titre *Kitâb elouçâïa*.

l'usage, et ne pouvaient enfin faire l'objet d'aucune spéculation [1].

157. Cependant, et malgré leur caractère constitutif, quant aux principes, les *vaqoufs* sont de trois sortes : 1° Ceux destinés à la religion, les *biens d'église*, *res sacræ*, proprement dits ; 2° les dotations de bienfaisance destinées au soulagement de la misère publique ; 3° les *vaqoufs* coutumiers.

158. Le premier acte constitutif de *vaqouf* religieux est mentionné comme suit, par Bokhâri [2], d'après Anas ibn mâlik : « A l'époque où le Prophète vint à Médine, il ordonna l'édification d'une mosquée, et demanda aux ouvriers combien ils voulaient pour ce travail : Rien, répondirent ceux-ci ; c'est de Dieu que nous réclamerons notre salaire [3]. »

159. D'autre part, le premier *vaqouf* établi en vue de l'assistance publique fut institué, selon Soïouti [4], par Omar ibn elkhattâb, qui fit don, pour cet objet, de son domaine dit *Chama'*. C'était, suivant Bokhâri [5], un endroit nommé Chama', où se

[1] Ortolan, *loc. laud.* II, p. 250, 251. VII. Nullius autem sunt res sacræ et religiosæ et sanctæ ; quod enim divini juris est, id nullius in bonis est. — VIII. Sacræ sunt quæ rite per pontifices Deo consecratæ sunt veluti ædes sacræ. (*De rerum divisione.*) Cf. aussi *Lévitique*, XXVII, 28.

[2] Titre du *Vaqouf*.

[3] Selon M. Caussin (*loc. laud.* t. III, p. 20 et suiv.), Mahomet aurait acheté le terrain de cette mosquée et aurait travaillé lui-même à l'érection des murailles.

[4] *Kitâb elaouâïl* (de mon ms.).

[5] *Sahîh*, titre *Oueçâïa*.

trouvaient des palmiers [1]. — Omar étant venu communiquer au Prophète ses vues généreuses au sujet de ce domaine, Mahomet lui répondit : « Fais-en une fondation pieuse qui ne puisse être ni vendue, ni donnée, ni acquise par héritage, et dont le revenu soit employé en bonnes œuvres. » — Omar suivit ce conseil, et il fit de cette propriété une fondation pieuse dont il constitua l'état par la formule suivante : « Je donne ces biens, *dans les voies de « Dieu*, en faveur des pauvres, des voyageurs et de « mes proches; quiconque en sera l'administrateur « pourra, avec son ami, vivre légalement du revenu « de ce *vaqouf*, sans toutefois que ce soit pour lui « un moyen de s'enrichir. »

160. Chez la plupart des peuples, la piété a porté les fidèles à se dépouiller, en *vue de Dieu*, d'une partie de leur fortune, et à la consacrer surtout à l'exercice et à l'entretien du culte. « Lors du triomphe définitif du christianisme, dit M. Guizot [2], les empereurs dépouillèrent les communes d'une partie de leurs biens pour les donner aux églises; ce ne fut plus à la ville, mais à son église, que le citoyen voulut donner ou léguer ses biens. » — « A Ceylan, dit Robert Knox [3], l'immensité des terres sacerdotales et la richesse des couvents bouddhistes

[1] Probablement la localité indiquée plus bas, par le même auteur, comme étant échue au futur khalife, après l'affaire de Khaïbar.

[2] *Essais sur l'hist. de France*, p. 19. (Voy. aussi Montesquieu, *Esprit des lois*, XXX, chap. XII.) La constitution des biens de mainmorte fut abolie en France par le décret du 18-29 décembre 1790.

[3] Cf. *Le Bouddha*, par M. Barthélemy Saint-Hilaire, p. 370.

frappent l'attention de l'observateur curieux.» Ce zèle fut le même dans l'islamisme; et princes et particuliers semblèrent rivaliser, à l'envi les uns des autres, dans l'accomplissement de ce pieux devoir[1].

161. Nous avons déjà dit que ces biens de mainmorte se divisaient en trois grandes catégories[2]: 1° biens d'église[3]; 2° dotations de bienfaisance ou d'utilité publique; 3° *vaqoufs* coutumiers.

I. 162. Les *biens d'église* sont : 1° les édifices destinés au culte, tels que les *djâmi* «paroisses ou basiliques,» les *mesdjids* «temples de moins grande étendue,» les *zâouïè*, *khâniqa* ou *tekiè*, et les chapelles sépulcrales[4] des souverains et illustres particuliers, ainsi que les terres et autres immeubles formant, au moment de la constitution du *vaqouf*, un revenu plus que suffisant à l'entretien de l'œuvre[5]. Il faut ajouter à ces recettes le revenu, tout éventuel, il est vrai, qui, dans le butin fait à la guerre, et sous le titre de «part de Dieu», était

[1] Voy. le *Tableau des fondations pieuses sous le règne du sultan Melik-elachraf*, n° 471, suppl. des mss. arabes de la Bibliothèque impériale, catalogué par M. Reinaud.

[2] Voy. ci-dessus, n° 157.

[3] V. Chardin, cité par M. Worms, *loc. laud.* février 1842, p. 129.

[4] Les voyageurs qui ont visité le Caire ont remarqué dans les deux vastes nécropoles de cette ville les magnifiques *maqâm* et *turbè* consacrés à la sépulture des sultans aïoubites et mamlouks, celui de l'imam Chafeï, et aussi les restes des *turbè* attribués à certains khalifes fatimites. Les sépultures des sultans ottomans, à Constantinople, ne sont pas moins remarquables à un autre point de vue.

[5] Voyez mon mémoire sur les biens de mainmorte, *Journal asiat.* novembre-décembre 1853, p. 385-406, et ci-après, n° 270.

attribué aux mosquées, et affecté à leur entretien[1].

163. Le relevé cadastral de la ville du Caire, fait pendant l'occupation française[2], donne un total de 408 mosquées *djâmi*, *medrècè* et *zâouïè*. Macrizi[3] compte, au Caire, 89 *djâmi*, 52 *mesdjids*, et 75 *medrècè* = 216. — El Motaouadj, cité par le même auteur[4], rapporte que, de son temps, les *mesdjids* du Caire s'élevaient au chiffre de 480. — Constantinople, d'après la liste historique fournie par M. de Hammer[5], compterait 499 *djâmi* et *mesdjids*.

164. 2° Les *medrècè* «colléges,» et les *mekteb* «écoles[6],» rattachés, par le mode d'enseignement qu'on y pratique, plutôt à la religion qu'à l'instruction publique proprement dite[7]. Il en est de même des bibliothèques, qui, soit en Égypte, soit en Turquie, sont confiées à la garde du clergé et forment souvent une annexe du temple lui-même[8].

[1] Voy. ci-dessus, n° 24 *C*.

[2] Cf. M. Jomard, *Descript. de l'Egypte*, État moderne, t. XVIII.

[3] *Khitat*, t. II.

[4] *Ibid.* p. 408.

[5] *Hist. de l'Empire ottoman*, t. XVIII.

[6] Voy. ci-dessus, n° 151, note.

[7] Voy. D'Ohsson, *Tabl. gén. de l'Empire ottoman*, t. III, p. 464 et suiv.

[8] Le ministre actuel de l'*evqaf*, S. E. Ahmed Véfyq Efendi, ancien ambassadeur ottoman à Paris, a récemment ordonné (13 janvier 1862) de procéder à la rédaction du catalogue des bibliothèques relevant de son ministère. Il est à désirer que, sous la direction de ce ministre, non moins instruit qu'éclairé, le plan de ce travail important soit conçu et exécuté d'une façon utile à la fois aux savants de Constantinople et à ceux du monde entier, en général.

165. La ville du Caire, au temps de Macrizi, comptait soixante et quinze *medrècè*[1]; celle de Constantinople, d'après M. de Hammer[2], en renferme deux cent soixante et quinze.

166. 3° Les *livres*, Corans et autres objets, donnés en *vaqouf* à ces divers établissements, pour l'exercice du culte ou les besoins de l'étude et de l'enseignement.

167. Je placerai ici, comme spécimens, diverses formules de *vaqoufs* que j'ai relevées sur plusieurs livres affectés à cette destination[3].

168. Un fragment du Coran[4] porte, sur la première page, l'inscription suivante :

وقف وقفه المقام الشريف الملك الناصر فرج ابن السلطان
الشهيد برقوق عز نصره بالتربة التى انشاها بالصحرا

Très-haut et très-puissant prince Elmelik en-Nâcer Faradj, fils de feu Sultan Barqouq, le *Martyr*, que Dieu lui accorde toujours la victoire, a fait (ce Coran) *vaqouf*, pour l'usage du *turbè* « tombeau » qu'il s'est érigé dans le désert (le qarafa).

[1] *Khitat*, t. II, p. 363 et suiv.

[2] *Loc. laud.* t. XVIII, p. 100 et suiv. D'après l'*Annuaire ottoman* (*Sâl-nâmè*) de 1278 (juillet 1861), Constantinople et ses faubourgs, Galata, Scutari, Eïoub, contiendraient deux cent soixante et dix-neuf *mekteb* « écoles » musulmanes, où neuf mille neuf cent soixante et quinze garçons et six mille sept cent quatre-vingt-deux filles recevraient l'instruction.

[3] Voy. le *Voyage dans le Haouran*, par M. Guillaume Rey, p. 197 et suiv. avec les remarques de M. Reinaud.

[4] De ma collection.

169. Sur un autre exemplaire du même livre de ma collection :

وقف هذه الربعة الشريفة مولانا السلطان الملك الظاهر
ابو سعيد برقوق اعز الله انصاره على خانقاه التى انشاها
بين القصرين وشرط ان لا يخرج منها فمن بدله بعد ما
سمعه فانه اثمه على الذين يبدلون ان الله سميع عليم

Mevlana Essoultân Elmelik eddâher Abou Saïd Barqouq, que Dieu lui accorde son assistance! a fait cette boîte[1] *vaqouf* du *khâniqa* « couvent » qu'il a construit à Beïn-elqasreïn; il est stipulé qu'elle n'en sortira jamais; quiconque en ferait la permutation, après ce qu'il vient d'entendre, sera puni par Dieu, qui entend tout, qui sait tout.

170. Les Chrétiens ont employé aussi la forme *vaqouf* pour les livres dont ils faisaient présent aux églises, et j'ai lu une formule de ce genre presque identique à celle des musulmans, sur un Pentateuque copte, rapporté du Caire par M. Delaporte, consul de France en cette ville. Ce manuscrit, ou plutôt sa mise en *vaqouf*, était de l'année copte 1238 (1522 de J. C.); j'en ai également lu une semblable sur un autre livre *vaqouf* de l'église de la Vierge بيعة العذرى, sise dans le quartier grec du Caire.

171. Je me bornerai, quant à ces formes de *va-*

[1] *Rab'a* désigne la caisse ou l'armoire dans laquelle se trouve déposé le Coran; elle est ordinairement fixée au sol, ou dans la muraille de la mosquée. C'est dans une armoire de ce genre qu'est placé, dans la mosquée d'Elghoury, au Caire, le Coran dont j'ai parlé dans ce recueil, décembre 1854, p. 492.

qoufs chrétiens, à rapporter la formule suivante, curieuse à plus d'un titre, et qui se trouve sur un autre manuscrit de la même collection.

بسم الله الرؤوف الرحيم الله احد وقفًا مؤبدًا وحبسًا
مخلدًا على القلاية البطريركية القبطية وذلك لا يباع ولا
يرهن ولا يوهب ولا يخرج عن وقفيته بوجه من وجوه
التلاف وكلمن بعد ذلك يكون مدان من الله ومحروم من
نعمه والذى يحفظه على وقفيته يكون محلل مبارك ولله
الشكر دائمًا امين فى شهر كيهك سنة للشهدا

Au nom du Dieu très-clément, très-miséricordieux! Dieu unique[1]! *Vaqouf* perpétuel, *Habous* éternel de l'église patriarcale copte. Ce livre ne sera ni vendu, ni engagé, ni donné[2], ni sorti, en aucune manière, du local dont il est le *vaqouf.* Quiconque transgresserait ceci en serait responsable devant Dieu, et serait excommunié et privé de ses grâces. Au contraire, quiconque respectera ceci, sera absous et béni. Louanges à Dieu à jamais! *amin! Keïhak,* de l'an........ des martyrs.

II. 172. Les établissements de bienfaisance sont: 1° les *imârè*, où l'on distribue gratuitement des aliments aux pauvres et aux nécessiteux; 2° les hôpitaux, *mâristânât* en Égypte, *timâr-khânè* ou *khasta-khânè* en Turquie, destinés au traitement des malades et des aliénés; les fontaines monumentales, *sébîl*[3] en

[1] Cette formule, quasi musulmane, est digne d'être remarquée.
[2] Voyez ci-dessus, n° 159.
[3] Voyez ci-dessus, n° 151, note.

Égypte, *tchechmè* en Turquie; les ponts, puits, cimetières[1].

III. 173. *Vaqoufs coutumiers;* immeubles acquis par les mosquées à un prix au-dessous de leur valeur réelle; par une vente de ce genre, le propriétaire fait cession de son immeuble à la mosquée, moyennant un prix convenu, et il continue à en jouir, contre le payement fait par lui d'une redevance ou location annuelle (*idjarè*) réglée sur le montant du prix de vente[2]. Ces sortes de conventions sont libres et soumises absolument à la volonté des parties. De cette façon, le cédant reste maître de son immeuble, qu'il occupe ou loue à son gré; en cas de dettes, la propriété, étant *vaqouf*, se trouvera à l'abri des poursuites judiciaires; il la transmet à ses enfants de l'un et de l'autre sexe, qui partagent également son héritage; il peut disposer librement de son *vaqouf*, en le cédant ou en en transportant les droits sur une autre tête; enfin, il soustrait sa propriété au retrait vicinal qu'exerce tout propriétaire sur l'immeuble contigu au sien, pour avoir, en cas de vente, la préférence sur tout autre acquéreur. D'autre part, la mosquée trouve ainsi : 1° le placement solide de ses fonds, dont l'immeuble est garant; 2° la décharge des réparations, qui sont au compte

[1] Bibars Bondoqdari avait fondé un cimetière pour la sépulture des étrangers. (Soïouti, *Husn elmouhâdèra*, de mon manuscrit, p. 186 verso.)

[2] Voyez ci-après, n° 204; cf. *Description de l'Égypte*, t. XI, p. 472. Une sorte de *vaqoufs* de ce genre paraît exister aussi chez les Singhalais. (Barthélemy Saint-Hilaire, *Le Bouddha*, p. 380.)

du tenancier; 3° le bénéfice de toutes les réparations et embellissements faits dans l'immeuble; 4° les droits qui reviennent à la mosquée, lorsque le propriétaire dispose de l'immeuble en faveur d'un tiers[1]; 5° le droit d'hériter desdits immeubles, entièrement dévolu à la mosquée, si ce tenancier décède sans enfant[2].

173 *bis*. Le journal turc dit *Djérideï-havâdis*, du 24 chaoual 1277 (4 mai 1861), a annoncé la vente d'une série d'immeubles *vaqoufs* assez considérables, appartenant soit à cet ordre de *vaqoufs* coutumiers, soit à la catégorie des immeubles constitués propriété des établissements religieux (biens d'église) tombés en déshérence; l'administration des *vaqoufs* en reprend la possession, pour les adjuger au plus offrant et dernier enchérisseur, qui en jouira, lui et les siens, aux mêmes conditions que le détenteur précédent. Une première enchère est faite sur les lieux mêmes où se trouve l'immeuble, sur une mise à prix, *mouaddjèlè*, ou somme une fois payée, et à verser à l'administration du *vaqouf*, à l'entrée en jouissance, sans préjudice de la redevance annuelle, *idjârèï mueddjèlè*. Cette forme d'adjudication est dite *idjarètèïn*[3]. L'acquéreur doit être accompagné d'un garant, *mutéahhiel*. Cette enchère terminée, on accorde un délai pour présenter au ministère de l'*evqâf*, à Constantinople, une surenchère; au bout de

[1] Droits de *mouqatea*. (Voyez ci-après, n° 204, note.)

[2] Voyez d'Ohsson, *loc. laud.* t. II, p. 555 et suiv.

[3] Voyez ci-après, n° 204, note.

ce délai, s'il n'y a pas de surenchère, le premier adjudicataire est déclaré adjudicataire définitif, et il est mis en possession de l'immeuble.

TITRE II. — LÉGISLATION DES BIENS CIVILS DE MAIN-MORTE [1].

174. « Le *vaqouf* est une disposition par laquelle la propriété d'une chose, quant à sa nature, est retenue entre les mains du disposant [2], et celle du revenu (*menfaat*), donnée en aumône (*teçadduq*), comme l'*ariè* [3].

C. Selon Abou-Hanifa, cette aumône est faite en faveur des pauvres ou d'une œuvre de bienfaisance.

175. « Le *vaqouf* ne prend la forme *luzoum* [4], et

[1] *Multéqa*, t. I, p. 367.

[2] D'une manière fictive, puisque le donataire fait consignation de son *vaqouf* à l'administrateur.

[3] عارية « don fait en toute propriété et sans rémunération monétaire, d'un revenu quelconque. » (Voy. *Multéqa*, t. II, p. 134; voyez aussi n° 118, note.)

[4] *Luzoum* désigne, d'après le *Qamous*, t. III, p. 557, « une chose qui, ne pouvant être détachée d'une autre, y reste attachée à titre permanent et perpétuel. » En parlant des *vaqoufs*, cette expression indique que « le donateur ne peut plus revenir sur sa donation première, et qu'aucun magistrat ne peut la casser. » (*Tarifat*, cité dans le Dictionnaire de Freytag.) Selon une note marginale du *Behdjet ul-fétâvi* (de mon manuscrit), « la déclaration *luzoum* d'un *vaqouf* ne peut exister que par jugement du qâdi; c'est-à-dire que le donateur, après avoir fait remise de son *vaqouf* au *mutevelli*, simule le désir de le reprendre, et plaide dans ce sens devant le qâdi, lequel, après avoir entendu la réplique du *mutevelli*, rend un arrêt déclarant le *vaqouf* irrévocable. (Voy. aussi mon *Mémoire sur les biens de mainmorte*, déjà

ne cesse d'être la propriété du donateur que lorsque le juge a prononcé son arrêt dans ce sens;

C. C'est-à-dire que si quelqu'un, ayant fait consignation au *mutevelli* « administrateur » de la chose faite *vaqouf* par lui, veut ensuite la reprendre, sous le prétexte qu'il ne l'a pas constituée *luzoum*, la cause est portée devant le qâdi; et si ce magistrat déclare qu'il y a *luzoum*, le *vaqouf* revêt alors cette qualité, et cesse d'appartenir au donateur.

176. « Ou bien, suivant d'autres juristes, si le donateur subordonne sa donation à son décès par ces paroles : « je constitue telle chose en *vaqouf* à ma « mort.

177. « Selon les deux imams, le *vaqouf* est une disposition légale par laquelle la propriété d'une chose est retenue en la possession de Dieu, de telle façon que le profit en résultant soit donné aux créatures. Selon Abou-Ioucef, le *vaqouf* prend la qualité *luzoum*, et sort de la propriété du disposant, par le fait seul de l'énoncé de la formule : « j'ai fait *vaqouf*... » prononcée par lui.

178. « D'après Imam Muhammed, le *vaqouf* ne peut prendre cette forme avant d'avoir été consigné au *mutevelli*.

179. « Mais si le *vaqouf* est constitué en faveur des pauvres, ou si quelqu'un a bâti une fontaine, un *khân* ou un *ribât* pour les voyageurs;

C. Le *khân* est destiné aux marchands, et le *ribât*[1] aux voyageurs.

cité, *Journal asiatique*, cahier de novembre-décembre 1853, p. 392 et 409; et M. de Tornauw, *loc. laud.* p. 197.)

[1] D'après le passage suivant du *Siïari-kebir* (t. I, p. 14), où Ma-

180. « Ou s'il a donné un champ, sa propriété, pour en faire un cimetière, il ne peut cesser d'en être propriétaire *mulk*, que par jugement.

181. « Abou-Ioucef dit que l'énoncé seul de la formule de constitution de *vaqouf* suffit sans l'intervention d'un jugement.

182. « Selon Imam Muhammed, la propriété *mulk* du donateur cesse du jour de la consignation du *vaqouf* au *mutevelli;* de celui où l'on s'est abreuvé à la fontaine, où le *khân* et le *ribât* ont été occupés; de celui enfin où l'on a enterré dans le cimetière.

183. « L'énoncé d'un emploi perpétuel complète les dispositions du *vaqouf*.

C. Pour que le *vaqouf* soit complet, c'est-à-dire pour qu'il ne puisse faire retour au donateur, on doit stipuler la mention d'un emploi perpétuel; en d'autres termes, que cette donation sera consacrée à tel ou tel objet; puis, ensuite, aux musulmans pauvres [1].

184. « Abou-Ioucef dit que le *vaqouf* est complet, même sans cette mention; dès que la destination primitive a cessé d'exister, le *vaqouf* est naturellement employé en faveur des pauvres.

homet dit : من رابط يوماً في سبيل الله « quiconque aura gardé, pendant un jour, la frontière musulmane, en vue de Dieu, etc..... » (Voy. ci-dessus, n° 151), et plus bas : من قبض مرابطاً في سبيل الله « ...... celui qui sera mort en gardant les frontières, en vue de Dieu, etc., » *ribât* semblerait indiquer, dans l'origine, « un avant-poste, un fortin placé sur la frontière musulmane, en avant, vers l'ennemi. »

[1] Voyez mon *Mémoire sur les vaqoufs*, *loc. laud.* p. 391 et 408.

C. A cette époque, le *vaqouf* fait retour aux pauvres, jamais au donateur ou à ses héritiers. Il résulte de là, que la condition de pérennité est inhérente à l'état de *vaqouf*. D'après Abou-Ioucef, la mention de pérennité est inutile; selon Imam Muhammed, elle est nécessaire.

185. « Abou-Ioucef dit que la mise en *vaqouf* d'un bien indivis (*moucha'* مشاع) est valide juridiquement.

C. C'est-à-dire la mise en *vaqouf* d'un bien indivis, dont le partage n'aurait pas encore été fait entre les ayants droit. D'après ce jurisconsulte, qui dit *vaqouf,* dit « déchéance du disposant de sa propriété *mulk;* » la formalité de la prise de possession n'est pas une condition obligatoire. Si le bien fait *vaqouf* est indivis, cela n'est pas un obstacle à son *immobilisation.*

186. « Le disposant peut aussi, selon le même jurisconsulte, s'appliquer le revenu [1], ou l'administration *vilâïet* de son *vaqouf* [2].

C. Cela est licite, puisque le Prophète tirait, pour sa subsistance, un revenu de son *vaqouf*. Quoi qu'il en soit, cela ne peut avoir lieu qu'au moyen d'une stipulation spéciale. En conséquence, le disposant peut légalement stipuler en faveur de lui-même. Les ulémas de Balkh sont de l'opinion d'Abou-Ioucef; des *fetvas,* établis sur cette opinion, partagée d'ailleurs par Qazi-Khan, ont été également rendus dans le même sens, pour engager les fidèles à pratiquer l'œuvre pie des *vaqoufs.* Toutefois, si le disposant est un malversateur auquel on ne puisse se fier, le qâdi, en vue de sauvegarder les intérêts des pauvres, a la faculté de le dépouiller de la gestion de sondit *vaqouf,* sans tenir compte de la condition expresse que celui-ci aurait pu stipuler « qu'aucun

[1] Voyez ci-dessus, n° 159.

[2] Voyez mon Mémoire précité, *loc. laud.* p. 407.

autre que lui-même ne pourrait administrer son *vaqouf.* » Une fois déposé de ses fonctions, le mauvais administrateur, aussi bien que le tuteur infidèle, ne peut plus en être investi de nouveau.

187. « Tout disposant peut attribuer tout ou partie du revenu de son *vaqouf* aux mères de ses enfants, à ses esclaves *mudebber* [1], leur vie durant, sauf, après eux, retour dudit revenu aux pauvres.

188. « Il peut également stipuler qu'il se réserve la faculté d'échanger son *vaqouf* même en totalité, quand bon lui semblera [2]; Imam Muhammed n'est pas de cette opinion.

C. « C'est-à-dire qu'il pourra échanger contre une autre terre, et quand il lui plaira, celle qu'il a constituée en *vaqouf.* Imam Muhammed dit que cela ne peut avoir lieu pour la totalité du *vaqouf.*

189. « La mise en *vaqouf* des *aqâr* [3] est permise.

C. « L'exemple en a été donné par bon nombre de *sahâbè.*

190. « Il est également permis, d'après Imam Muhammed, de constituer en *vaqouf* des biens *moventes*, « منقول *menqoul;* » tels que hache, bêche, scie [4], civière (*djinâzè*) pour le transport des morts; ainsi que les étoffes (ثياب) destinées à les recouvrir;

[1] Esclave de l'un ou de l'autre sexe, auquel son maître a promis la liberté à sa mort. (Ducaurroy, *loc. laud.* juillet 1848, p. 32.)

[2] Voy. mon Mémoire précité, *loc. laud.* p. 391, 407; et ci-après, num. 210, 219.

[3] Voy. ci-dessus, n° 16, note.

[4] Voy. ci-dessus, n° 30.

herminettes, chaudrons; enfin le Coran et d'autres livres [1].

C. « *Djinâzè* désigne le brancard sur lequel on lave les morts; *thiâb*, le voile de la Caaba avec lequel on les couvre.

191. « Abou-Ioucef et Imam Muhammed considèrent tous deux comme licite le *vaqouf* des armes et des montures, c'est-à-dire des chevaux et des chameaux, *pour la cause de Dieu* [2]; ces jurisconsultes ont rendu des *fetvas* dans ce sens.

C. On pourrait penser que, ces choses étant *moventes*, le *vaqouf* n'en est pas licite, puisqu'elles n'ont pas le caractère de pérennité; cette question a été résolue négativement par le Prophète lui-même. Omar étant venu se plaindre à lui de ce que Khâlid ne payait pas la *zékiât*, Mahomet lui répondit : « Ne tourmente pas Khâlid; car il a fait *vaqouf* « (*ahbas*), pour *la cause de Dieu*, ses cuirasses et ses chevaux. »

192. « La mise en *vaqouf* des choses *moventes* est également valide, d'après Abou-Ioucef, par voie d'*accession* [3], de la même façon qu'un champ est fait

[1] Voy. ci-dessus, n° 166. Je lis aussi dans le *Djéridè* du 27 châoual 1278, que feu sultan Abdul-Medjid avait constitué en *vaqouf* la dîme et les *ruçoumât* de certaines localités du qaza de Silivri. — Sultan Ahmed III avait fait également *vaqouf* le droit de *tchéki* « pesage » du bois à brûler de l'échelle de Bebek; la mère d'Abdul-Medjid, la fauchée de la prairie de la vallée de Gueuk-sous, dans le Bosphore, etc. (*Djéridè* du 4 ramazan 1278.)

[2] Voy. ci-dessus, n° 154.

[3] On lit dans Ortolan, *loc. laud.* t. II, p. 266 : « *Accessio* est fréquemment employé, dans les lois romaines, comme signifiant « l'*accessoire*, l'objet réuni accessoirement, c'est-à-dire comme dépendance, appendice et partie subséquente à une chose principale. Ce mot désigne donc la chose *réunie* et non le fait de la réunion, c'est-à-dire « la chose accessoire. » (Cf. *Code Napol.* art. 546 et suiv.)

vaqouf avec son matériel, c'est-à-dire les esclaves, ainsi que les bœufs et les instruments de labour.

193. « Lorsque le *vaqouf* est valide, il ne peut plus devenir la propriété *mulk* de personne; seulement, il est permis, d'après Abou-Ioucef, de répartir le *vaqouf* indivis [1].

194. « Les dépenses nécessaires à l'entretien du *vaqouf* seront prélevées sur le revenu dudit *vaqouf*, quand même cela n'aurait pas été stipulé par le disposant, si le *vaqouf* est constitué en faveur des musulmans pauvres.

195. Si le *vaqouf* est fait en faveur d'une personne spécialement désignée, celle-ci doit pourvoir aux frais d'entretien; mais si elle s'y refuse, ou se trouve en état de pauvreté, le *hâkim* « juge » met alors le *vaqouf* en location, le fait réparer sur les fonds provenant de cette location et rend ensuite le *vaqouf* au destinataire.

196. « Les matériaux provenant des démolitions du *vaqouf* seront employés aux réparations, si cela est nécessaire, ou bien, ils seront mis de côté pour servir en cas de besoin. S'ils ne peuvent plus être utilisés, on en fera la vente, et le produit sera employé aux frais de réparation. Cette valeur ne pourra être répartie entre les individus jouissant du *vaqouf*.

C. « En effet, ces matériaux font partie du fonds même du *vaqouf*, sur lequel les usufruitiers n'ont aucun droit; ils ne peuvent jouir que du revenu : le fonds appartient à Dieu seul.

[1] Voy. ci-dessus, n° 185.

TITRE III. LÉGISLATION DES BIENS RELIGIEUX DE MAINMORTE[1].

197. « Tout homme qui bâtit un *mesdjid*[2], conserve sur cet édifice son droit de propriété *mulk*, jusqu'à ce qu'il ait séparé totalement le temple de son domaine *mulk*, par une voie publique ; qu'il ait permis d'y faire la prière, et que cette pratique religieuse y ait été accomplie ; ou bien, suivant une tradition, jusqu'à ce que le fondateur ait stipulé que la prière du vendredi y sera faite.

C. « A défaut de l'existence de l'une de ces conditions, le droit *mulk* du fondateur sur l'édifice n'est pas abrogé.

198. « Il en sera de même si le fondateur a fait un *serdâb*[3] sous le sol du temple.

199. « Mais s'il a destiné ce *serdâb* à un autre usage, s'il a construit des chambres au-dessus du *mesdjid* ; s'il en a condamné la porte ouvrant d'abord sur la voie publique ; ou enfin, s'il a élevé un *mesdjid* au milieu de son habitation et permet d'y faire la prière, il conservera alors, sur ce *mesdjid*, son droit de propriété *mulk* ; et il peut vendre ce temple, qui reste soumis aux lois régissant l'hérédité.

200. « Selon Abou-Ioucef, le droit de propriété *mulk* cesse absolument, par le fait seul de l'énonciation de la formule[4] ;

[1] *Multéqa*, t. II, p. 368.

[2] Voyez dans M. Peyron, *loc. laud.* I, 248 et 546, les conditions établissant la différence entre la *djâmi* et le *mesdjid*.

[3] سرداب, cave où l'on conserve l'eau ; souterrain où, dans certains pays, on se retire pendant les grandes chaleurs.

[4] C'est-à-dire par la manifestation verbale de la destination affectée à l'édifice par la volonté du fondateur.

C. « Qu'il s'agisse d'un *mesdjid* ou de tout autre édifice; attendu, d'après ce jurisconsulte, que la consignation de l'édifice n'est pas une condition indispensable.

201. « Si le *mesdjid* est trop étroit, on pourra l'élargir, en prenant sur la voie publique, s'il est bordé par celle-ci; *et vice versa.*

202. « Le revenu de tout *ribât*[1] inutile passe au *ribât* le plus voisin.

203. « Constituer un *vaqouf*, en état de maladie, est une œuvre recommandée par le Prophète.

C. « Le Prophète recommande au fidèle de mettre en *vaqouf* le tiers de sa fortune[2].

204. « Les conditions posées par le fondateur sont observées dans la mise en location du *vaqouf*[3].

[1] Voy. ci-dessus, n° 179.

[2] Voy. *Siïari-kebir*, t. II, p. 299, 303.

[3] Le bail, dans sa forme simple et primitive, se dit *idjarè.* — « Certains immeubles *vaqoufs*, dit le *Behdjet-ul fétâvi* (de mon ms. p. 119, v°), sont passibles d'une double redevance dite *idjârèteïn.* Ce système des deux redevances qui, au reste, se complètent l'une par l'autre, n'a sans doute été établi qu'en vue de mettre immédiatement une somme plus considérable à la disposition du *vaqouf.* Ainsi, par exemple, le *mutevelli* d'un *vaqouf* dont l'*idjârè* est de vingt aspres par jour, donne cet immeuble en location, pour un certain nombre de mille piastres payées à l'avance, sous le nom d'*idjârèï mouaddjèlè*, c'est-à-dire à l'entrée en jouissance, et formant l'équivalent de quinze aspres par jour pour le temps de la durée du bail ; les cinq autres aspres restant pour la location de chaque jour, ne sont payées qu'après l'échéance *mueddjèlè.* » Je lis dans un acte de location de *vaqouf* du 26 chaban 1259 : « Je loue au *zimmi* N la localité N, sous la forme *idjârètèïn*, c'est-à-dire 15,000 piastres *mouaddjèlè*, معجله « en anticipation, » et 185 aspres par chaque mois, à titre *mueddjèlè*, موجله « redevance à échoir. » — La forme *idjârè-*

205. « S'il n'en a fixé aucune, le mieux à faire alors est de ne pas donner ces terres en location pour un bail au delà de trois années [1].

C. « Il s'agit ici des terres labourables.

206. « La location de tout autre immeuble ne sera pas donnée pour un bail de plus d'une année.

207. « Le bail sera toujours donné pour le même prix [2]; la quotité ne pourra en être modifiée, lors même que, par l'effet de la concurrence, on trouverait un taux plus élevé.

208. « La location de l'immeuble *vaqouf* ne peut être donnée que par le représentant du fondateur, ou par l'administrateur « *mutévelli* » du *vaqouf*.

209. « *Le vaqouf* ne peut être donné ni en prêt ni en hypothèque.

210. « Si les immeubles d'un *vaqouf* sont saisis arbitrairement, il y a lieu à indemnité.

C. « C'est-à-dire que la valeur doit être reprise de qui de

tèïn s'emploie aussi pour convertir l'*idjarè* en *mouqâtéa*, c'est-à-dire en un prix à forfait, une fois payé, après lequel le locataire ne doit plus au *vaqouf* que le montant de l'*idjarè* annuel « *mueddjèlè*, » lequel est invariable et s'acquitte à la fin de l'année. Le locataire apparent du *vaqouf* s'affranchit ainsi de toute ingérance de l'administration du *vaqouf* sur l'immeuble loué de cette façon; il peut en disposer, le vendre même, à son gré, à qui bon lui semble, sans que l'administration du *vaqouf* puisse s'y opposer; c'est donc un certain mode d'acquérir la propriété réelle, tout en n'en ayant, en apparence, que la jouissance momentanée.

[1] Je ferai remarquer cette période de trois années, qui paraît être fixée, dans la législation musulmane, d'après un principe fondamental. (Voy. ci-après, n° 263, et chap. XI, art. XXV.)

[2] اجر المثل.

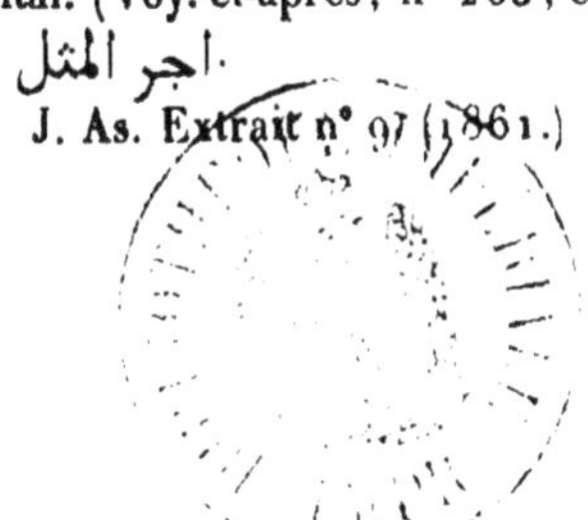

droit, pour servir à l'achat d'un autre champ, lequel deviendra *vaqouf*, en échange de celui qui aura été saisi.

211. « Si le fondateur, ayant stipulé en sa faveur l'administration de son *vaqouf*, est ensuite reconnu coupable de malversations, il sera dépouillé de sa qualité d'administrateur, lors même qu'il aurait stipulé qu'elle ne pourrait lui être enlevée[1]. »

212. Il semblerait, d'après l'esprit qui, dans la pensée du législateur, a présidé à la constitution des *vaqoufs*, que cette institution était environnée de toutes les garanties qui pouvaient en assurer la perpétuité; ce but fut pourtant loin d'être atteint; car Macrizi[2] nous offre lui-même de curieux détails sur l'état de décadence où les *vaqoufs* étaient déjà tombés de son temps[3].

213. « Par le mot *ahbas*[4], dit Macrizi, on désignait uniquement, dans le principe, les *riba*[5], les

[1] Voy. ci-dessus, n° 186, C.

[2] *Khitat*, t. II, p. 294.

[3] Macrizi naquit au Caire, peu d'années après l'an 760; il mourut dans la même ville, au mois de ramazan 845 (vers le commencement de l'an 1442 de J. C.). — Cf. de Sacy, *Chrest. arabe*, 2ᵉ éd. t. I, p. 117 et suiv.

[4] Synonyme de *vaqouf*. Voy. plus haut, n° 152.

[5] Selon le *Qâmous*, ce mot désigne « une maison au milieu de laquelle se trouve une cour. » Michel Sabbâgh, cité par M. de Sacy (*Relation de l'Égypte d'*Abdellatif, p. 402), dit que « les *rebas* sont situés dans les grandes rues, entre les bazars; qu'ils sont loués à plusieurs locataires, parce qu'on y trouve dix ou quinze appartements, dont chacun renferme assez de pièces pour loger cinq ou dix personnes, et forme comme une petite maison; enfin, qu'ils n'ont pas de cour, étant construits au-dessus des boutiques et des magasins des marchands. »

fontaines et les autres constructions du même genre. Ces *ahbas* étaient consacrés à des œuvres pies. » Et plus bas : « une dotation de cinquante dirhems par mois était affectée aux *mechhed* « chapelles des saints ou martyrs, » pour l'eau destinée à étancher la soif des pèlerins; on tirait cette eau des fontaines « *sébil*[1] » du Qarafa, qui la fournissaient jusqu'à une certaine hauteur, de façon que les citernes et les piscines ne se vidaient jamais. Sous la domination des Fatimites, et principalement sous le règne de Hâkim-biemrillah, une réforme fut opérée dans la répartition du revenu des *vaqoufs;* une rente mensuelle de dix dirhems fut affectée à chaque mosquée, et le khalife ordonna la mise en *vaqouf* d'un grand nombre de terrains, afin de subvenir à l'entretien des ministres du culte, aux frais d'hôpitaux et d'ensevelissement des morts.

214. « Sous les Aïoubites, l'administration des *vaqoufs* était confiée au qâdi; sous les sultans mamlouks, elle fut divisée en trois sections comme suit, et ce système s'est prolongé jusqu'à ce jour :

215. « 1° *Ahbas*, placés sous la direction d'un émir, investi de l'une des grandes charges de la couronne, porte-encrier du sultan, lequel était assisté d'un *nâzir* « ministre », choisi parmi les personnages les plus considérables. — Ce ministère occupait un grand nombre d'employés; il tirait son revenu du terrain sis dans les différentes provinces de l'Égypte, affecté aux *mesdjids*, *zevâïa*, et autres établisse-

[1] Voy. ci-dessus, n° 151, note.

ments religieux. Dans l'année 740, sous le règne de Sultan Elmelik Elnâcer-Mohammed ibn Qalâoun, l'étendue de ces terres s'élevait au chiffre de 130,000 *feddâns*[1]. Ce prince voulut tenter de spolier, à son profit, les mosquées de la moitié de leurs revenus; mais il mourut, et les choses restèrent sur l'ancien pied.

216. « 2° *Evqâfi-hukmiïè*. Cette classe de *vaqoufs* était placée sous la direction et la surveillance du grand juge chafeïte; elle comprenait les dotations assignées à la Mecque et à Médine, aux aumônes, aux prisonniers, etc. Ces *vaqoufs* formaient une seule administration pour toute l'Égypte; quelquefois, cependant, elle était scindée en deux branches, l'une pour le Caire seulement, l'autre pour le reste de l'Égypte. Cette administration possédait un revenu annuel considérable, sur lequel on prélevait les *surrè* « groups » destinés aux villes saintes, ainsi que les secours à donner aux étudiants et aux pauvres. » — Macrizi se plaint que, de son temps, l'institution périclitait, et il ajoute que « si l'ordre de choses qu'il déplore se prolongeait encore quelque temps, il ne resterait plus trace des bonnes œuvres accomplies dans le passé! » — Il dénonce à la réprobation publique la conduite vénale et coupable du qâdi hanéfite, administrateur des *vaqoufs* sous le règne de

[1] Superficie de terrain qu'une paire de bœufs peut labourer depuis le matin jusqu'à midi (Hammer, *loc. laud.* t. VI, p. 273). Voy. sur cette mesure agraire M. Jomard, *Descript. de l'Égypte*, t. VII, 173, 378; XVII, 29, 85.

Sultan Faradj; et il réprouve l'immoralité de ce magistrat qui, se prêtant à la cupidité de l'émir Djemâl-eddîn Ioucef, vendait et troquait les *vaqoufs*, au gré de l'émir, sur la simple déclaration de faux témoins, ne s'appliquant ainsi, comme bien d'autres qâdis prévaricateurs, qu'à fausser la loi de la façon la plus odieuse, à ce point que, dans les deux Qarafas, il ne restait plus rien des magnifiques dotations qu'on y avait créées.

217. « 3° *Evqâfi-ehlüè. Vaqoufs* particuliers, administrés par un directeur choisi, soit parmi les enfants du donateur, soit parmi les agents du pouvoir civil ou judiciaire. Cette administration, dont relevaient les *khaniqa* « couvents, » *medrècè, djâmi* et *turbè*, possédait un revenu considérable, un grand nombre d'édifices de ce genre ayant été élevés sous la dynastie des Mamlouks. Ce revenu reposait sur des terres sises en Égypte et en Syrie. — L'émir Barqouq, avant son avénement au trône, songea à s'emparer de ces immenses possessions; mais il rencontra, auprès des chefs religieux, une si vive résistance, qu'il dut abandonner son projet. Toutefois, à peine avait-il ceint le diadème, que ses émirs louèrent ces terres de l'*evqâf;* puis les sous-louèrent aux fellahs à un taux beaucoup plus élevé; et enfin, à la mort du prince, mettant de côté toute pudeur, ils s'emparèrent ouvertement de toutes les terres *vaqoufs* d'Égypte et de Syrie; et ceux qui payaient au *vaqouf* la dixième partie seulement de ce qu'ils lui devaient, se considéraient comme très-généreux;

car bon nombre d'entre eux s'abstenaient totalement de toute redevance. »

218. Tel est le tableau tracé par Macrizi, sur l'état des *vaqoufs* à cette époque; on peut voir ce qu'en a dit plus tard Estève [1]; et nous lisons ce qui suit dans d'Ohsson [2] : « Il n'y a pas de mosquée impériale qui ne jouisse d'un revenu de 80, 100 ou 120,000 piastres. Ce chiffre est même dépassé pour certaines mosquées, telles, par exemple, que celle de Sultan Ahmed, qui a 200,000 piastres; Sultan Suleïman, 250,000 piastres; Sultan Baïezid, 300,000 piastres; et Sainte-Sophie, 1,000,000 de piastres. Les dépenses annuelles ne montent jamais qu'à la moitié. »

219. Ces ressources, constituées, dans l'origine, avec une si généreuse et si pieuse libéralité, sont loin d'être aussi considérables aujourd'hui; mais le principe posé au n° 207 ci-dessus, la mauvaise gestion des administrateurs, la dépréciation constante des monnaies, et enfin l'aliénation ou mieux la conversion de ces *vaqoufs* en *mulk*, au moyen du rachat qui en est fait par les particuliers [3] sont des faits qui expliquent suffisamment l'amoindrissement successif de ces revenus. L'État, en outre des frais du *surrè* [4], envoyé chaque année aux *lieux saints*, four-

[1] *Mémoires sur les finances de l'Égypte*, dans la *Description de l'Égypte*, t. XII.

[2] *Loc. laud.* t. II, p. 538.

[3] Voy. n° 33, et ci-après, n° 272.

[4] La subvention de l'État pour ce chapitre a été, en 1860, de 100,479 bourses, ou 50,239,500 piastres.

nissait, en 1850, à l'administration des *vaqoufs*, pour l'entretien de ses établissements, une somme de 12,500,000 piastres [3]; l'année dernière, cette subvention s'est élevée à 37,963 bourses, soit 18,971,500 piastres.

220. Il ne faudrait pourtant pas inférer de ce qui précède, et surtout de l'absence au budget de toute indication relative aux recettes des *vaqoufs*, qu'elles sont tout-à-fait nulles, et laissent l'état à découvert de la totalité de la somme indiquée plus haut. Cela ne serait pas entièrement exact. En effet, à l'époque où sultan Mahmoud fit, au profit de la liste civile, la *confiscation* de certains *vaqoufs*, contemporainement à la réforme des *guédiks*, dont il sera parlé ci-après, *confiscation* qui avait pour objet de faire passer l'administration de ces *vaqoufs* au ministère de la maison impériale, il assigna, sur le trésor public, une *subvention* affectée à l'entretien de ces *vaqoufs*, et il décida, en outre, que l'excédant sur les dépenses resterait à sa disposition, dans la caisse du ministère de la maison du sultan [4]. — Plus

[3] *Renseignements pour servir à l'hist. contemp. de l'Emp. Ottoman.*

[4] Dépenses de réparations, de matériel et de personnel. Le personnel se compose des desservants, *khèdèmè*, et d'un certain nombre de pensionnés, *douâgouïan*, chargés de prier pour l'auteur de la fondation. Ceux des *vaqoufs* impériaux sont munis d'un *bérat* ou firman, émané du souverain, et revêtu de son chiffre (*toughra*), énonçant le nom, la qualité du porteur et la quotité de sa pension, laquelle ne lui est payée que sur la présentation de cette pièce, par le caissier de l'*evqâf*. Ces titres doivent être renouvelés, à l'avénement de chaque souverain, afin d'en constater la validité. (*Djèridè*, 14 djemazi akher et 3 redjeb 1278.)

tard, Abdul Medjid, son successeur, ayant affecté sur le budget général de l'État une somme fixe et annuelle destinée aux dépenses de sa liste civile, il sépara les *vaqoufs* de cette dernière administration et créa un ministère spécial, sous le nom de *ministère de l'evqaf*, qui fut chargé de l'administration des *vaqoufs*, de la rédaction des actes de mutation, de l'emploi des dépenses et de l'encaissement des recettes. Dès lors, les chiffres ci-dessus représentent seulement le montant de la *subvention* payée par l'État aux *vaqoufs*, précédemment *confisqués;* et l'on m'assure que, pour des raisons particulières au mode de comptabilité suivi en Orient, les recettes de ces *vaqoufs* sont passées au budget, mais dans d'autres chapitres que ceux où elles devaient figurer, et se trouvent souvent confondues avec celles des terres *miriïè*, sous les titres *vergui* et *uchur*. — Les *vaqoufs* institués depuis la *confiscation* sont régis directement par les fondateurs ou leurs représentants. Toutefois, l'administration des *vaqoufs* de feu sultan Abdul Medjid a été donnée, par ordre de son successeur, au ministère de l'*evqâf*[1].

CHAPITRE VII.

REVIVIFICATION DES TERRES MORTES (*MÉVÂT*).

TITRE Ier. — EXPOSÉ GÉNÉRAL.

221. Un grand principe, qui tire son origine de la condition même des peuples au milieu desquels l'islamisme a pris naissance, c'est-à-dire « l'encoura-

[1] *Djèridè*, du 6 rebi ewel 1278 (11 septembre 1861).

gement à l'agriculture, » paraît avoir présidé à la rédaction de la législation musulmane, née, d'ailleurs, dans des contrées où la base de la richesse reposait principalement sur la culture du sol et sur la possession d'un plus ou moins grand nombre de troupeaux. Aussi le territoire musulman est-il divisé, au point de vue agricole, en deux grandes catégories : « la terre cultivée et celle qui ne l'est pas; » classification générale qui se retrouve encore dans le nouveau code sur la propriété foncière [1].

222. C'est dans le but d'encourager l'agriculture que toute terre morte, dite par assimilation *aadiïè* [2], c'est-à-dire « vague, abandonnée, et sans maître connu, » appartient à quiconque la met en état de rapport.

Mahomet a dit :

Quiconque revivifie une terre morte, en devient, par le fait, propriétaire.

223. *Mévât*, selon la définition de la *Hidaïa* [3], désigne toute pièce de terre improductive, soit par

[1] Chap. XI ci-après, *passim*, et particulièrement art. 76.

[2] Dérivé de *'Ad*, nom d'une tribu de l'Arabie qui fut détruite, selon la légende, parce qu'elle avait refusé d'entendre la parole divine que lui transmettait le prophète Houd. (*Coran*, chap. VII, v. 63 et suiv.) Cf. sur les Adites et leur expulsion de l'Arabie, environ sept siècles avant l'ère chrétienne, M. Caussin de Perceval (*loc. laud.* t. I, p. 11 et 49). Conséquemment, le qualificatif *aadiïè* se dit d'une terre habitée autrefois, mais qui, ayant été abandonnée ou laissée en non-rapport par ses habitants, devient disponible (*mubâh*), et dont l'imam a droit de disposer. (Cf. Macrizi.)

[3] Citée par M. Worms, *Journal asiatique*, octobre 1842, p. 363.

manque d'eau, soit par le fait d'inondation ou par toute autre cause qui en empêche la culture; elle est dite *mévât* « morte », parce que, de même que la chose frappée de mort, elle n'est d'aucun usage.

224. « Toute pièce de terre qui depuis longtemps est restée inculte, sans appartenir à personne, ou qui a été auparavant propriété d'un musulman actuellement inconnu, et qui, en même temps, est assez éloignée du village pour que, de là, la voix humaine ne puisse être entendue, est dite *mévât*[1].

225. « Quiconque cultive une terre vague, avec la permission de l'imam, en obtient la propriété. Abou Hanifa fait de la permission du souverain une condition *sine qua non*[2], tandis que ses disciples pensent que, même sans cette autorisation, la propriété est acquise, de plein droit, à celui qui la cultive.

226. « Un terrain mort, mis en culture, ne doit que la dîme, à moins qu'il ne soit arrosé par une eau tributaire[3].

227. « Quand après avoir défriché un terrain de ce genre, le cultivateur l'ayant abandonné, il sur-

[1] Voy. ci-après, n° 243, et chap. XI, art. 103. « *Mévât*, dit Sidi Khalil, est la terre dont la propriété n'est indiquée ni par l'état de culture ou d'habitation, ni par la forme de concession. » (Texte arabe, p. 183.)

[2] On lit, dans le *Behdjet ulfétâvi*, le *fetva* suivant : « Zeïd a revivifié une terre morte, sans la permission préalable de l'imam; est-il propriétaire *mulk* de cette terre? Réponse : non. »

[3] Voy. ci-dessus, n° 132, note.

vient un tiers qui le cultive, c'est le survenant, selon l'opinion de quelques légistes, qui a le plus de titres à la propriété[1]; mais il est également reconnu aussi, qu'à son retour, celui qui a abandonné le terrain a droit de le reprendre, puisque c'est lui qui l'a ramené à la vie.....

228. «Si un zimmi met en rapport une terre vague, il en devient propriétaire, tout comme un musulman.

229. «Si un individu délimite une pièce de terre, et, après y avoir placé des indices avec des pierres ou autrement, la laisse dans l'abandon pendant trois ans, sans la cultiver[2], l'imam peut, dans ce cas, la lui reprendre et l'assigner à un autre; car ce terrain avait été donné dans le but d'être rendu productif, et afin qu'il en résultât un bénéfice pour la communauté musulmane, par la levée des dîmes ou des tributs; le motif de la concession ayant été méconnu, il convient que l'imam donne le terrain à un autre concessionnaire, afin que le but de la concession soit atteint.

230. «On ne doit pas permettre la culture d'une pièce de terre vague, contiguë à des terrains en rapport, attendu qu'il faut laisser un espace suffisant pour l'usage des troupeaux et le dépôt des récoltes[3]. — Les docteurs ont déclaré, en outre, que l'imam n'avait pas le droit de laisser à un individu la dispo-

[1] Voy. ci-après, n° 264.
[2] Voy. ci-après, n° 248.
[3] Voy. ci-après, n° 334, note.

sition exclusive d'un objet nécessaire à la communauté musulmane, tel qu'une saline, un puits banal, etc. »

231. Un autre auteur, Ibn-Djema'a [1], s'exprime comme suit, sur le même sujet :

232. « Les imams s'accordent tous, à cet égard, qu'il est licite au musulman de ramener à la vie la terre morte, et même la terre morte d'islâm (ayant appartenu à un musulman); il y a divergence entre eux sur les questions suivantes :

233. « Les trois imams [2] prétendent que le *zimmi* n'a pas le droit de revivifier la terre morte d'islâm ; Hanifa soutient que cela lui est permis.

234. « Le premier avis a prévalu; sur le second, il y a partage : c'est la doctrine adoptée qui fait loi.

235. « La première considération qui se présente à l'esprit, c'est que la permission accordée au *zimmi* de revivifier la terre morte d'islâm a pour conséquence de le faire sortir de l'état d'abjection; et la seconde, qu'il n'y aurait pas de différence entre lui permettre ceci, ou l'établissement d'une maison au milieu des lieux fréquentés, à titre d'égalité avec les musulmans.

236. « Abou-Hanifa ne reconnaît l'acte de revivification valide qu'autant que l'imam a *permis*

[1] *Kitab mizân cheriat el-koubra*, ou « Résumé des décisions rendues par les fondateurs des quatre rites orthodoxes (chap. *mevât*). » (Citation de M. Worms, *Journal asiatique*, octobre 1842, p. 366.)

[2] Malik, Chafeï et Hanbal.

cette revivification; Mâlik prétend que cette *permission* n'est pas nécessaire pour défricher un champ éloigné et inhabité, que personne ne revendique, et qu'elle n'est rigoureusement nécessaire que dans le voisinage des lieux cultivés et habités, et pour les endroits sujets à revendication. — Chafeï et Hanbal jugent la *permission* du souverain inutile dans tous les cas.

237. « De ces trois opinions, la première a prévalu chez les peuples qui professent le respect pour le souverain[1]; la seconde a peu de poids; la troisième, enfin, a des partisans, parce qu'elle se fonde sur cette parole positive du Prophète : « Quiconque « revivifie une terre morte, en devient propriétaire; » et parce que cette sentence s'applique au musulman comme au zimmi; à celui qui est *autorisé* par l'imam, comme à celui qui ne l'est pas.

238. « Selon Mâlik, dans le cas où l'eau du ruisseau ou du puits appartenant à un individu y serait en quantité plus que suffisante pour ses besoins, pour ses troupeaux et pour ses semailles (le puits et le ruisseau étant situés en lieu ouvert), le possesseur, après avoir usé de son droit d'y puiser avant qui que ce soit, est tenu de céder ce qui lui est superflu; et si cette eau se trouve dans un lieu fermé, il faut encore qu'il permette au voisin d'en user, jusqu'au moment où celui-ci aura pu établir un puits ou découvrir une source pour son propre usage; une fois ce moment arrivé, il n'est plus tenu envers lui à aucune obligation. »

[1] Les adhérents au rite hanéfite.

239. Selon Abou-Hanifa, dont la doctrine est plus généralement adoptée par la cour ottomane, la possession de la terre *mévât* n'est complète que lorsqu'elle est sanctionnée par la *permission* de l'imam [1]; elle devient alors « la concession d'une fraction du territoire, » en faveur d'un individu qui doit en jouir selon les prescriptions de la loi.

TITRE II. — DISPOSITIONS LÉGALES [2].

240. « *C. Mévât*, suivant le dictionnaire, désigne un terrain ruiné, en mauvais état, et sans maître; selon la *Hidaïè*, *mévât* indique une terre en non-rapport [3]. Le mot « revivification » est une expression figurée. La légalité de la revivification de la terre morte est basée sur ce *hadis* : من احيى ارضا ميتة فهى له. « Quiconque a revivifié une terre morte en est le propriétaire. »

241. « La terre *mévât* est celle dont on ne tire nul profit; en un mot, une terre *aadüè* [4];

« *C.* C'est-à-dire une terre ruinée, *ab antiquo*, semblable à celle d'Ad; et qui, de ce fait historique, a été nommée terre semblable à celle d'Ad. »

242. « Ou bien, celle qui, ayant été *mulk* dans l'islam, n'a plus de propriétaire connu, soit musulman, soit *zimmi*.

[1] Voy. ci-après, chap. XI, art. CIII.
[2] *Multéqa*, t. II, p. 217.
[3] Voy. ci-dessus, n° 223.
[4] Voy. ci-dessus, n° 222, note.

243. « Imam Muhammed est d'opinion que toute terre qui a été *mulk*, en islam, ne peut devenir *mévât*, même si elle n'a plus de propriétaire connu.

244. « Abou-Ioucef dit que la terre *mévât* doit se trouver éloignée de la partie habitée (*aâmir*) à une distance d'où l'on ne puisse entendre un cri poussé de la partie extrême de celle-là[1].

« *C.* Une tradition rapporte, d'après Abou-Ioucef, que cette distance doit être de la portée d'une flèche; suivant d'autres, elle est de 400 *dira'*[2]. En résumé, d'après Abou-Ioucef, la condition de la terre morte s'établit par l'éloignement et l'absence de tout propriétaire connu. »

245. « Selon Imam Muhammed est *mévât* la terre voisine d'un lieu habité, si la population de celui-ci n'en tire ni profit ni utilité. Quiconque, fût-il même *zimmi*, revivifie cette terre avec permission de l'imam[3], en devient propriétaire *mulk;* sans cette permission, il ne l'est pas; les deux autres imams sont d'un avis contraire.

246. « Il n'est pas permis de revivifier les terrains vagues, voisins des lieux habités (*aâmir*); on doit les laisser à la disposition des paysans, soit pour le pacage de leurs troupeaux, soit pour le dépôt de leurs moissons[4].

247. « Il en est de même des terres que l'Euphrate et tout autre cours d'eau auront abandonnées, si

[1] Voy. ci-dessus, n° 224.
[2] Voy. ci-dessus, n° 45.
[3] Voy. ci-dessus, n° 225.
[4] Voy. ci-dessus, n° 230.

l'on suppose que les eaux peuvent y revenir; hormis cette hypothèse, la revivification est licite.

248. «Quiconque, après avoir enclos de murs un terrain, l'a laissé inculte pendant trois années, en sera dépossédé. Ce terrain sera donné à un autre concessionnaire[1];

« *C.* C'est-à-dire un terrain vacant, entouré d'une enceinte en pierres, ou simplement d'une haie.

249. «Quiconque, avec la permission de l'imam, aura creusé un puits dans une terre *mévât*, sera possesseur du *harîm*[2] de cette terre.

250. «Il en sera ainsi, même sans la permission de l'imam, selon l'opinion d'Imam Muhammed et d'Abou-Ioucef.

251. «L'étendue de terrain désignée par le mot *harîm* est de 40 *dira'*[3] en tous sens.

« *C.* Soit, l'espace autour d'un puits dont l'eau est tirée à main d'homme, et autour duquel les chameaux s'accroupissent pour s'abreuver.

252. «Le *harîm* du puits dit *nadih* est de la même étendue, selon Abou-Hanifa; il est de 60 *dirá* selon les deux imams.

« *C.* *Nadih* se dit d'un puits dont l'eau est tirée par le moyen d'animaux.

253. «Le *harîm* d'une source est de 500 *dira'* en tous sens;

[1] Voy. ci-dessus, n° 229.

[2] *Sacrum*, «endroit, localité, dont la jouissance est interdite à tout autre qu'au propriétaire.»

[3] Voy. ci-dessus, n° 45.

« *C.* Attendu que l'eau de source étant destinée à l'agriculture, il faut un certain emplacement pour ramasser l'eau et la conduire aux champs qu'elle doit arroser.

254. « Personne autre que le concessionnaire ne peut creuser de puits dans l'étendue de ce *harîm*[1].

255. « Quiconque contreviendrait à ce principe, serait redevable d'une indemnité envers le propriétaire du *harîm*, et son puits serait comblé.

256. « Mais s'il creuse un puits dans l'espace qui est en dehors de celui réservé au premier, il ne doit aucune indemnité, et, comme son voisin, il a droit à un *harîm*.

CHAPITRE IX.

CONCESSIONS SOUVERAINES.

TITRE Ier. — BÉNÉFICES.

257. Les terres mortes, en tout temps et dans tous pays, ont fait partie du « domaine public[2]; » conséquemment, l'acquisition de ces sortes de terres n'a pu avoir lieu que moyennant la permission de l'autorité souveraine, si même cette acquisition n'entraînait pas avec elle l'acquittement préalable d'une certaine redevance au trésor[3].

[1] Voy. ci-dessus, n° 238.

[2] Tous les biens vacants et sans maître... appartiennent au domaine public. (*Code Nap.* art. 539.) M. de Ploeuc m'apprend qu'un chapitre du budget français, ayant pour titre « Biens sans maîtres connus, » se compose d'un certain nombre d'immeubles, dont les propriétaires ont disparu, lors de l'invasion du territoire, en 1815, et que l'État fait valoir depuis cette époque.

[3] Cela résulte d'un passage de Maverdi, cité par M. Worms (*Journ. as.* avril 1843, p. 309).

258. « Chez les Romains [1], les terres soumises à l'impôt foncier, et abandonnées par les possesseurs, étaient dévolues à la curie, laquelle était tenue d'en payer l'impôt jusqu'à ce qu'on eût trouvé quelqu'un qui voulût s'en charger; s'il ne se présentait personne, l'impôt de la terre abandonnée était réparti sur les autres propriétés. »

259. « Sous la seconde race des rois de France, le nombre des terres désertes et incultes, ajoute M. Guizot [2], était immense; les cultivateurs, les propriétaires mêmes manquaient au sol; plus d'un bénéficier, en s'établissant sur le domaine qu'il avait reçu, regarda comme sa propriété les solitudes qui l'entouraient; et le roi accordait facilement à ces bénéficiers la concession des terres qu'ils avaient exploitées ou simplement occupées. »

260. Deux principes dominent le fait, dans ces citations : la protection de l'impôt, d'une part; de l'autre, le respect du droit de l'autorité souveraine. Ces mêmes principes existent aussi dans la législation musulmane; et de plus, vu les instincts primordiaux de la race, à côté de ces deux principes vient encore s'en placer un troisième, non moins remarquable et non moins important, je veux dire le maintien de l'agriculture, et, par suite, l'encouragement qui lui est donné, principe que nous verrons nettement consacré dans la loi sur la propriété foncière [3].

[1] M. Guizot, *Essais sur l'histoire de France*, p. 28.
[2] *Loc. laud.* p. 140.
[3] Chap. XI, art. LXXVI.

261. En effet, Mahomet a dit, selon une tradition rapportée par Macrizi[1] : عادية الارض لله ولرسوله ثم هي لكم مني « Toute terre morte, *aâdiïè*, appartient d'abord à Dieu, puis à son Prophète, de qui vous la tenez ; » c'est-à-dire, ajoute le commentateur, « qui vous la donne à titre de concession » (*iqta'*[2]).

262. Mahomet fit lui-même, par écrit, diverses concessions de terres situées, soit en Arabie, soit même dans les contrées qui n'étaient pas encore soumises à la domination arabe, telles, par exemple, que la concession accordée en Syrie à Temim-Eddari, avant la conquête, pour le récompenser de sa foi dans le succès des armes musulmanes[3]. Toutefois, ce dernier genre de concession doit être considéré plutôt comme un butin privilégié et exceptionnel[4], que comme une concession proprement dite ; butin qui était donné, il est vrai, par anticipation, avant la conquête, mais dont la jouissance et la possession étaient subordonnées à la loi régissant les *iqta'*.

[1] *Khitat*, t. I, p. 97 ; et Maverdi, cité par M. Worms (*Journ. as.* avril 1843, p. 294).

[2] Macrizi (*loc. laud.* p. 95) définit comme suit le mot *iqta* اقطاع « coupure, fraction détachée du sol de l'État en faveur d'un particulier. » Le terrain objet de cette concession est dit قطيعة au pl. اقطاعات. De là, les dérivés مقطع « concessionnaire ; » مقاطعة « acte de la concession ; fermage ; » مقطوع « à forfait ; » افراز s'emploie aujourd'hui dans le même sens que اقطاع. (Voy. ci-après ch. XI, art. IV.)

[3] Macrizi, *loc. laud.* p. 96.

[4] Voyez ci-dessus, n° 13, note.

263. Voilà pour le principe d'autorité; quant au second, il peut se trouver combiné avec celui que je considère surtout comme établi en vue de l'agriculture, c'est-à-dire l'obligation imposée au concessionnaire de mettre en rapport la terre, objet de la concession, faute de quoi il en sera dépossédé; l'un est la conséquence naturelle de l'autre : la terre en état de rapport doit l'impôt. Ce principe repose également sur une tradition de Mahomet ainsi conçue : من كانت له ارض ثم تركها ثلاث سنين لا يعمرها فعمرها قوم آخر فهم احق بها. « Tout individu qui, pendant trois années, laissera en non-rapport la terre en sa possession, perdra ses droits sur cette terre; et s'il survient un tiers qui la cultive, celui-ci aura plus de droits à la posséder que l'ancien détenteur[1]. » Ce principe, qui s'est maintenu dans l'islamisme, se retrouvera ci-après[2] dans la loi sur la propriété foncière.

264. L'application en fut faite, d'ailleurs, par le khalife Omar ibn el-Khattâb lui-même[3]; et c'est en le proclamant qu'il trancha la contestation survenue entre les Benou-Mozaïna, les Djohaïna et une autre tribu. Les premiers avaient reçu de Mahomet la concession d'un terrain qu'ils ne mirent pas en rapport; une autre tribu survint, l'occupa, et le mit en culture. Les concessionnaires, se croyant lésés, portèrent plainte au khalife; mais Omar les dé-

[1] Macrizi, *loc. laud.* t. I, p. 96.
[2] Chap. XI *passim.*
[3] Macrizi, *loc. laud.* t. I, p. 95.

bouta de leur action en basant son jugement sur la parole du Prophète citée plus haut[1].

265. Au rapport de Macrizi [2], Abou-Bekr n'aurait pas donné de concessions; Omar en avait concédé quelques-unes, mais seulement à titre de *nefl* (butin privilégié et exceptionnel); et Osman serait le premier khalife qui aurait réellement disposé de ces concessions dans le but d'augmenter le rendement de la terre, et d'accroître, par suite, les revenus du trésor public. A l'appui de ce dire, notre auteur cite la mesure prise par ce khalife au sujet des terres du Séouâd; Omar les avait déclarées *mevqoufé;* Osman, en vue d'un intérêt fiscal, les divisa en *iqta'*, afin d'en tirer un revenu plus considérable; en effet, ces terres, qui, sous le régime précédent, avaient rendu 9,000,000 de dirhems, en produisirent 50,000,000 sous le nouveau[3]. Cet état de choses, toutefois, ne se prolongea pas au delà de l'an 82 de l'hégire; à la suite d'une guerre civile, les archives du ministère compétent disparurent dans un incendie, et chacun s'appropria, selon son gré, les terres qui se trouvaient à sa convenance.

266. « Les khalifes ommiades et abbacides donnèrent les terres d'Égypte, ajoute Macrizi[4], en concessions, aux officiers et personnages employés à

[1] Voy. n° 263.
[2] *Loc. supra laud.*
[3] Macrizi, *loc. laud* t. I, p. 96; Maverdi, *Journ. as.* avril 1843, p. 297.
[4] Macrizi, *loc. laud.*

leur service. Le montant du *kharâdj* imposé sur le sol égyptien était employé à la solde des troupes[1], et le surplus versé au *beït-ulmal*. La terre concédée restait aux mains du concessionnaire.

267. « Depuis l'époque de Salah-eddin jusqu'à nos jours, le sol égyptien a été classé en sept catégories :

268. « La première relève du ministère de la maison du sultan;

269. « La seconde comprend les terres concédées aux émirs et aux soldats[2];

270. « La troisième, les terres *mevqoufé*, pour les mosquées, colléges, couvents, œuvres pies, entretien des donateurs de ces fondations[3] et de leurs affranchis;

271. « La quatrième, les *ahbas*, c'est-à-dire les terres dont jouissent certains individus, en rémunération du service rempli par eux dans les mosquées, ou pour tout autre service;

272. « La cinquième, les terres *mulk*, c'est-à-dire « libres, » pouvant être l'objet de mutations et de donations, parce qu'elles ont été achetées du *beït-ulmâl*[4];

273. « La sixième, celles qu'on ne peut mettre

[1] Voy. ci-dessus, n° 149.

[2] Voy. ci-dessus, n°s 149, 266.

[3] Voy. ci-dessus, n° 162.

[4] Ou peut-être mieux « rachetées. » Ces terres devaient être *vaqouf*, dans l'origine; mais, au moyen de l'interprétation du principe de l'*istibdâl*, inscrit dans la loi, elles ont pu devenir « propriétés libres. » (Voy. ci-dessus n° 219.)

en état de culture, et qui servent de lieu de parcours et d'affouage;

274. « La septième enfin, celles qui restent désertes et stériles, l'eau du Nil ne parvenant pas jusqu'à elles. »

275. « L'*iqta'* « concession » faite par le prince, dit Maverdi[1], ne peut s'exercer que sur le fonds de la terre, ou sur les produits dont il a la libre disposition, mais non sur la terre ou les produits dont le propriétaire ou l'ayant droit sont connus. »

276. Ibn-Djemaa[2] considère l'*iqta'* comme pouvant revêtir trois formes : le *temlîk*, « propriété libre; » l'*istighlâl*, « usufruit; » et enfin l'*istirfâq*, « en participation. »

277. « L'*iqta'* à titre *mulk* est de trois sortes; il s'applique :

278. « 1° Aux terrains morts, c'est-à-dire que personne ne cultive et ne détient, et que le sultan peut concéder à quiconque les ramène à la vie; cette forme de concession est basée sur le *hadis :* « La terre appartient à quiconque la ramène à la vie[3]; »

279. « 2° Aux terrains morts, sur lesquels on re-

[1] Texte rapporté par M. Worms, *Journ. as.* avril 1843, p. 293.

[2] Cité par M. Worms, *loc. laud.* octobre 1842, p. 371.

[3] Voy. ci-dessus, n° 239. Cheïkh Elasnaoui (de mon ms. p. 100) donne la formule suivante d'une concession délivrée au nom du prince, pour la revivification d'une terre morte:

« Par ces présentes, mevlânâ N....., *nâïb* « lieutenant » de sa très-haute majesté, etc..... donne au sieur N... la permission de revivifier le terrain mort et en non-rapport, de propriétaire inconnu, dépourvu de toute culture et d'habitation, sis à....., à la

trouve des traces d'habitation et de culture, antérieures à l'islam, mais qui, après avoir été en état de rapport, ont été abandonnés; ceux-ci appartiennent au trésor public (*miriïè*), et l'imam peut en faire la concession[1];

280. « 3° Aux terres en bon état, situées en pays ennemi (*harbi*), que le sultan peut concéder par anticipation, pour être à la disposition du concessionnaire après la conquête[2].

281. « La terre *kharâdjiïè* ne peut être concédée à titre *mulk;* c'est une sorte de fondation perpétuelle (*vaqouf*), constituée en faveur de la communauté musulmane[3]; mais le sultan peut disposer du

condition que ledit sieur le défrichera entièrement, le mettra en culture; le concessionnaire y fera telles constructions qu'il jugera convenables; il fera de ce terrain, et à sa convenance, un champ ou un jardin; il y fera des étables pour des bestiaux, une maison, des boutiques, quoi que ce soit, enfin, selon son gré; en un mot, il y bâtira telles constructions et murailles qu'il voudra; il y fera des chemins, mettra la terre en rapport, soit par des plantations d'arbres ou autrement, comme il lui plaira.

« A tout quoi ledit sieur ayant donné son acceptation légale, consignation lui a été faite dudit terrain, ce..... aux conditions ci-dessus stipulées. « N. N. témoins à ce que dessus ».

Le même formulaire contient aussi l'acte d'abandon d'un *iqtâï soultâni*, fait par le premier concessionnaire en faveur d'un tiers.

[1] Voy. ci-dessus, n° 225.

[2] Voy. ci-dessus, n° 262.

[3] Le commentateur de Sidi-Khalil dit aussi (*Journ. as.* octobre 1842, p. 369), que « la terre et tous immeubles existants dans un pays conquis par la force, comme la Mecque, la Syrie, l'Iraq et l'Égypte, ne peuvent être donnés en *iqta'* à titre *mulk*, parce que ces contrées sont *vaqouf*, par le fait seul de l'occupation militaire; l'imam ne peut donner que l'*iqta'* d'*imtitâ'* إمتاع « jouissance, usufruit. »

revenu, selon le mode qui lui paraîtra le plus avantageux pour le trésor. Le cultivateur de cette terre en doit le *kharâdj*[1].

282. « La deuxième classe de l'*iqta'* est celle d'*istighlâl* « revenu. » Celle-ci est de deux sortes : le sultan peut, à son gré, abandonner le revenu à un tiers, en rémunération d'un service, ou assigner à l'entretien des troupes telle part du tribut foncier (*kharâdj*), suivant les besoins et le mérite de ceux qui couvrent l'islamisme de leur corps.

283. « Si le souverain n'accorde cette assignation que pour un temps déterminé, la chose qui fait l'objet de cette concession reste au concessionnaire, jusqu'à l'expiration du terme fixé. S'il meurt avant cette époque, l'*iqta'* est résilié par le fait de son décès et fait retour au trésor public.

284. « Les héritiers ne jouissent que de ce qui est acquis au moment de la mort; et s'il n'y a aucun reliquat de cette espèce, on accorde néanmoins le nécessaire, à titre de don, à la famille, en vue d'encouragement à l'armée[2]. *Il n'est pas permis de concéder une partie du territoire musulman à perpétuité* à un individu et à ses enfants; l'*iqta'* ne peut être que *viager*.

285. « Il est défendu de concéder les dîmes légales (*zékiât*)[3], ou d'en disposer par assignation.

[1] Voy. ci-dessus, n°s 62 et 128.

[2] Voy. ci-après, n°s 306, 307.

[3] On lit, à ce sujet, dans Maverdi (texte cité, p. 300) : « L'*uchur* ne peut être donné en *iqta'* : 1° parce que l'*uchur* est une aumône

286. « La troisième classe de l'*iqta'* est l'*istirfâq* « en participation. » Celle-ci a pour objet les mines cachées (d'or et d'argent), dont on peut laisser l'exploitation à celui qui les a découvertes; les mines apparentes, dont on peut jouir sans travail, telles que les sources de bitume, les salines, etc. enfin les moulins, places et marchés[1]. Le sultan peut mettre en réserve telle ou telle partie des terres incultes pour le service alimentaire des chevaux appartenant aux combattants pour la foi, ou pour la paisson des troupeaux provenant de la *zékiât*[2]. »

287. Cet extrait d'Ibn-Djema'a résume d'une manière claire, précise et succincte la doctrine ou mieux la législation relative aux concessions royales (*iqta'*). Le chapitre étendu que Maverdi a consacré

(*zékiât*) en faveur d'individus dont les droits à cette aumône ne peuvent être établis qu'au moment même du payement, et qu'il se pourrait, à cette époque, que le concessionnaire ne fût pas dans cette catégorie; 2° parce que cette aumône exige des conditions qui pourraient ne pas exister alors, auquel cas l'aumône ne serait pas due au concessionnaire; 3° parce que, enfin, si même l'aumône était due au concessionnaire, à l'époque du payement, ce serait lui donner une sorte d'assignation (*havâlè*) sur la dîme, due seulement aux ayants droit; qu'en admettant même que le concessionnaire dût légalement la recevoir, cela ne constituerait cependant pas, en sa faveur, un *droit de propriété* sur cette dîme, le *mulk* n'en étant acquis qu'après l'encaissement; qu'enfin, si le montant ne lui en était pas compté, il ne serait pas fondé à se porter demandeur, attendu que le préposé à cette perception a seul qualité pour en exiger le payement de qui de droit.

[1] Ces terrains sont du domaine public, ou plutôt, rangés, dans la nouvelle loi (chap. XI), parmi les terres *metroukè*, « laissées pour l'usage public. »

[2] Voy. ci-dessus, n° 121.

au même sujet[1] n'ajoute presque rien à ce qui précède, et ne fait que développer plus longuement les principes établis par notre auteur. Je me bornerai donc à extraire de Maverdi les passages qui me semblent compléter la législation de la matière.

288. « Le concessionnaire[2] peut être dépossédé de sa concession pour fait de paralysie (inhabileté au service militaire), si le cas n'a été prévu au préalable.

289. « S'il meurt avant le terme de la concession, cette clause n'existant pas, la concession est annulée de fait, et retourne au *beït-ulmâl*[3].

290. « Si les enfants laissés par le défunt ne sont pas en âge de fournir la prestation militaire, ils sont admis à recevoir un secours, mais non le *stipendium* du soldat (comme leur père[4]); ce n'est donc pas un *iqta'*. »

291. De plus, Maverdi est d'opinion que les concessions à vie, avec reversibilité sur les héritiers du concessionnaire, ne sont pas légales, parce que les objets sur lesquels portent ces concessions *n'appartiennent à personne, mais* À TOUS[5]; et que cette concession, avec hérédité, les fait sortir du domaine public (*Beït-ulmâl*), pour entrer en quelque façon dans celui d'un particulier, et les convertit en une sorte de *mulk*.

[1] Voy. texte et traduction par M. Worms, *Journ. as.* avril 1843, p. 293 et suiv.

[2] Texte arabe, *Journ. as.* avril 1843, p. 303.

[3] Voy. ci-dessus, n° 283.

[4] Voy. ci-dessus, n° 284.

[5] Voy. ci-dessus, n°s 59 et 67.

292. Pour ce qui est de la simple *concession viagère,* Maverdi[1] la considère comme valide, moyennant les stipulations indiquées plus haut[2]; mais il ajoute, toutefois, que le sultan peut, selon son gré, retirer la concession, après une année de jouissance[3].

293. « Quant aux *erzaq* « rations[4] » des employés et fonctionnaires civils et religieux, elles sont prélevées, continue le même auteur, sur le montant du *kharâdj,* à titre d'assignation (*havâlè*) sur ce fonds, c'est-à-dire sur le produit recueilli après l'échéance du tribut; mais cette rémunération n'est pas donnée sous forme d'*iqta'*. »

294. De tout ce qui précède, il résulte que les concessions (*iqta'*) faites dans les temps anciens de l'islamisme sont de deux sortes:

1° Concession de terres en toute propriété (*mulk*) au concessionnaire, avec la condition *sine qua non* de mettre la terre en état de rapport;

2° Concession *à temps,* ou *viagère,* de l'impôt frappé sur la terre tributaire (*kharâdjïiè*) en faveur de la caste militaire[5], de la partie de la nation habile à porter les armes, et à courir à la défense du pays au premier appel.

[1] *Loc. laud.* p. 304.

[2] N° 288.

[3] Voy. ci-après, n° 309, note.

[4] Le mot *erzâq* me paraît répondre assez exactement à l'expression « pain quotidien, » ce qui suffit à la nourriture de chaque jour. On voit fréquemment dans les salles à manger turques un tableau (*qyth'a*) sur lequel est tracé simplement cette invocation à Dieu : *ia rezzâq!* « ô souverain dispensateur de notre pain quotidien ! »

[5] *Muqâtèlé.* (Voy. Ducaurroy, *loc. laud.* p. 159.)

TITRE II. — CONSTITUTION DES ANCIENS BÉNÉFICES MILITAIRES EN TURQUIE.

295. Nous avons vu quelle était la législation des bénéfices militaires sous la domination arabe; maintenue et conservée par les diverses dynasties qui s'établirent successivement dans les différentes parties du monde oriental-musulman, cette législation fut adoptée, à son tour, par la monarchie ottomane, qui l'appliqua sur une échelle plus vaste peut-être que les autres États ses devanciers, en raison de l'étendue considérable des contrées soumises à sa loi. Avant d'aller plus loin, rappelons, en passant, et d'après le mufti Ali-Nichâdi [1], le principe constitutif de l'état des terres dans l'islamisme.

296. «La terre occupée ou conquise par l'imam sur un peuple infidèle doit être partagée entre les *ghânimîn* «ayants droit au butin.» L'imam donne à chacun d'eux la portion de terre lui échéant; elle devient alors sa propriété *mulk* [2], et peut recevoir toutes les formes de mutation, telles que la vente, le prêt, etc. Cette catégorie est dite *uchriïè* [3].

297. «Si l'imam fait grâce aux vaincus, il frappe

[1] *Kitâb elfévâïd elaliïè,* collection de fetvas d'Ali-Ennichâdi, mufti à Qaïçariïè (de mon ms. p. 64, écrit en 1159 de l'hégire, 1746 de l'ère vulg.).

[2] Cons. Ortolan, *loc. laud.* t. I, p. 163.

[3] Le territoire d'un village *harbi* (*hostis*), dont les habitants embrassent de bon gré l'islamisme, devient, par ce fait, terre *uchriïè.* (*Behdjet-ulfétâvi,* de mon ms. p. 85 r°.) Cheïkh ulislam Abous-sooud, dans son *Qânoun-nâmè,* dont je dois la communication à l'obligeance de M. Henri Cayol, nomme ce genre de terre *erzi saduqa.*

le *djiziè* sur leur personne et le *kharâdj* sur leurs terres; puis, mettant le comble à ses bienfaits, il leur confirme la propriété *mulk* de ces terres, lesquelles, de même que les précédentes, peuvent devenir l'objet de mutations[1]. Cette seconde catégorie est dite *kharâdjiïè*.

298. « Mais si l'imam veut que ces terres ne soient la propriété *mulk* de personne, on les considère alors comme un *vaqouf* affecté aux besoins des militaires et de la communauté musulmane[2], après, toutefois, la fixation du *kharâdj*[3]; sur le montant de ce tribut, le *beït-ulmâl* paye à tout militaire la part lui échéant. Si l'imam confère à l'un d'eux l'administration d'une partie de ces terres, celui-ci les

[1] « Quand le sultan a fait, par la force des armes, la conquête d'un pays *harbi*, il impose le *djiziè* sur la personne des habitants. S'il leur laisse leurs terres devenues *kharâdjiïè*, en conservent-ils la propriété *mulk?* Réponse : oui. (*Behdjet-ulfetâvi*, p. 84.) Voy. ci-dessus, n°s 16, 56 et suiv.

[2] « Chez les Romains, les *possessiones* désignaient, en principe, l'*ager publicus*, la propriété du peuple romain, même lorsqu'elles avaient été laissées à la disposition des personnes privées. Ces détenteurs particuliers, en droit rigoureux, ne sont pas propriétaires; ils sont considérés comme n'ayant, en quelque sorte, que la possession et la jouissance de la terre, moyennant le *vectigal* « tribut » payé par elle. » (Ortolan, *loc. laud.* t. I, p. 190, 428.) Ceci répond assez exactement au *teçarruf*. (Voy. ci-après, n° 302, note.)

[3] Le *kharâdj* perçu en Anatolie et en Roumélie, dit Ennichâdi (p. 65 r°), est *mouqâcèmè* (voy. n° 42); sa quotité étant, le plus souvent, du dixième, on le désigne sous le nom d'*uchur* « dîme. » Il peut être de la moitié, du tiers ou du quart de la récolte. Comme la dîme, il ne se prélève que sur la récolte, et non sur le séjour; ainsi, si la terre n'est plus cultivée, par suite de l'habitation qu'on y aura bâtie, et qui la recouvre, elle ne devra rien. Le *kharâdj*, dit Haddâdi, ne peut excéder la moitié, ni être moindre du cinquième.

donne à des tiers, sous la forme *idjârèï-mu'addjèlè*[1], dite *tapou*[2], et il perçoit le *kharâdj* imposé sur la terre. Cette troisième catégorie est dite *miriïè*. L'étendue et la contenance de ces terres est cadastrée dans les archives impériales. Le sultan seul peut en donner la propriété *mulk;* tout acte de mutation y relatif, tel que vente, achat, hypothèque, ne peut être valable, sans le concours du délégué de l'autorité souveraine[3]. »

299. Dès l'époque de la conquête, le territoire

[1] Voy. d'Ohsson, *loc. laud.* t. VII, p. 243, et ci-dessus, n° 204, note.

[2] *Tapou* dérive de *tapmaq* « rendre un hommage, un culte; » et, de là, il se prend dans le sens « d'acte de servitude, de vassalité. » En effet, c'est le titre possessoire qui constate l'état tributaire de la terre, titre dont le renouvellement obligé, dans certaines conditions que le texte fera connaître plus tard, établit la permanence du droit de conquête. On verra ci-après (chap. XI) que l'État, qui s'est aujourd'hui substitué au sipahi, continue à délivrer le *tapou* dans les mêmes conditions qu'autrefois. — Dans la pratique, *tapou* est un titre possessoire délivré contre le payement *muaddjelè* (voy. ci-dessus, n° 204, note), c'est-à-dire anticipé, d'une certaine somme, au moyen de laquelle le droit de jouissance et de transmission est acquis à l'acquéreur et à ses héritiers, dans les conditions déterminées par la loi. — Le *Qânoun nâmèï livaï-Bosna* (de mon ms. p. 7), dressé en 973 de l'hég. (1565 de l'ère vulg.), d'après l'ordre de sultan Suleïman le législateur, par Moustafa Ahmed, *kiâtib* de la direction des archives impériales, sous la direction du *zaïm* Bechâret, dit que la quotité du droit de *tapou* à payer au « seigneur de la terre صاحبنه طپراق était fixée sur l'évaluation de musulmans impartiaux. — Les renseignements officiels me font connaître que le montant des droits de *tapou* encaissés par l'État s'élevait, pour l'exercice 1276-1277 (1860), à la somme de 28,849 bourses, soit 14,424,500 piastres.

[3] Voy. ci-après, chap. XI, art. III, XXXVI *et passim*.

ottoman fut partagé, presque en totalité, entre les membres de la partie militaire de la nation, d'après un système qui faisait de l'empire un vaste camp dont chaque homme était prêt à monter à cheval au premier son de trompette. Par cette organisation, qui se retrouve, d'ailleurs, dans les institutes de Timour, d'Akbar et d'Aureng-Zeb[1], l'état de la propriété fut profondément modifié dans les provinces soumises au sceptre de la nouvelle monarchie; l'indigène perdant, dans la plupart de ces contrées, la possession du fonds de la terre, en devint simplement le détenteur usufruitier, cultivant la terre pour le conquérant, chargé uniquement de la défense du pays. Ce fut, au reste, un nouveau témoignage de cet esprit de décentralisation qui existe chez les gouvernements asiatiques, de ce besoin qu'éprouve l'autorité supérieure, en Orient, de se décharger des soucis du contrôle, en un mot, de la véritable administration. Ce caractère s'est constamment manifesté depuis Osman jusqu'à nos jours; c'est lui qui a donné naissance au régime d'affermage temporaire, viager, ou même héréditaire des impôts[2], dont la concession était accordée

[1] Voy. Worms, *Journ. as.* février 1843, *passim.*

[2] مقاطعه *mouqâtéa* ou التزام *iltizâm.* Les revenus publics, administrés, dans le principe, en régie, امانت *émânet,* furent donnés à ferme par Mahomet II; ces fermes, d'abord annuelles, furent converties, par édit de Moustafa II, en date du 30 janvier 1695, en fermes à vie, مالكانه *malikiânè,* par imitation du système suivi en Égypte sous le gouvernement des sultans mamlouks. (D'Ohsson, *loc. laud.* VII, p. 243.)

pour un terme plus ou moins long, en raison du numéraire plus ou moins considérable versé au Trésor, par le concessionnaire, soit en avance de rentrée d'impôts, soit même à titre de prêt, d'emprunt. Ce système a conduit le gouvernement jusqu'à l'aliénation de ses droits souverains dans certaines provinces[1].

300. Quant à la constitution, en elle-même, des *fiefs* « concessions militaires, » désignés sous les noms de *timâr*[2] et *ziâmet*[3], elle pouvait avoir ce double but de pourvoir à la défense du pays, en même temps qu'à la récompense des services militaires; le *sipâhi* « cavalier[4] » était le prototype de

[1] « Vingt-deux livas ou sandjaqs étaient autrefois affermés *à vie*, à des gouverneurs généraux, qui les sous-affermaient et les faisaient régir pour leur compte. Ces vingt-deux provinces étaient désignées sous le nom de مالكانهٔ ميرى « fermes fiscales. » (D'Ohsson, *loc. laud.* t. VII, p. 250, 279.)

[2] تيمار *timâr* signifie, en persan, donner des soins, montrer de la sollicitude à une personne frappée de maladie, d'un malheur, se mettre à son service, dans ses affaires, la nourrir. (*Bourhâni-qâti*, p. 197.)

[3] Nom d'agent. *zâîm*, possesseur d'un *ziâmet;* synonyme de *kéfîl* « garant, chef, administrateur d'une tribu, orateur, celui qui prend la parole, au nom de tous, dans les affaires publiques. *Ziâmet* indique la portion de butin mise à part pour les chefs militaires. » (*Qâmous*, III, p. 473.)

[4] Le géographe Yaqout (*Dict. géographique de la Perse*, par M. Barbier de Meynard, Paris, 1861, p. 43 et 301) dit que « les mots *espah* et *seg* ont tous deux une signification double et identique: « soldat, chien; » l'un comme l'autre étant chargés de la garde et de la défense du sol et du logis. C'est de là qu'Ispahân et le Séguistan ont reçu leur nom, parce que c'était dans ces contrées que se réunissaient les troupes chargées de veiller à la défense du sol. »

ces feudataires militaires, les cavaliers ayant seuls reçu ces sortes de fiefs dans le principe; au-dessus du *sipâhi* venaient successivement se grouper, en un réseau dont toutes les parties se reliaient entre elles, le *soubâchi* (officier), l'*alâï-beï* (chef de colonne), le *sandjaq-beï* (officier général), et enfin le *beïlerbeï* (commandant en chef). Il n'y avait primitivement que deux beïlerbeï, l'un pour la Roumélie, l'autre pour l'Anatolie[1]. D'après les renseignements que Djevdet Efendi a bien voulu me donner, l'organisation primitive ne comportait que deux commandements militaires: le *sandjaq-beï*, autour duquel se réunissaient les sipahis du *sandjaq* (district), et le *beïlerbeï* sous les drapeaux duquel les sandjaq-beï venaient ranger leurs contingents. Le *sou-bâchi*. nommé par la Porte, remplissait l'office de prévôt, chargé de la répression des crimes et délits; l'*âlâï-émîni* (major) avait pour attributions le recrutement et l'approvisionnement du corps.

301. Suivant l'importance du *fief* qui lui était concédé, le *sipâhi* était feudataire d'un *timâr* ou d'un *ziâmet*, le premier donnant un revenu annuel au-dessous de 20,000 piastres, le second au-dessus de cette somme.

L'une des quatre grandes divisions de la milice des janissaires, la troisième, portait le nom de *segbân*, par altération *seïmen*; elle se composait de trente-quatre ortas. (Voy. d'Ohsson, *loc. laud.* VII, p. 313, et Hammer, *loc. cit.* I, 337.)

[1] Voy. Hammer, *Hist. de l'Emp. Ott.* I, 217, et d'Ohsson, *loc. laud.* t. VII, p. 276. Ce titre n'a plus actuellement qu'une valeur honorifique: il se donne aux pachas de second rang.

302. « Le *sipâhi*, tenu de résider dans son *fief*, où il exerçait les droits seigneuriaux, comme nous le verrons ci-après, devait marcher en personne, lorsqu'il en était requis, avec un nombre de soldats (*djèbèli*), déterminé par l'importance du revenu de son *fief*. Il devait fournir un homme par chaque 3,000 aspres de revenu, quotité désignée sous le nom de *qylydj*[1]. »

303. En échange de ces devoirs, le *sipâhi* avait le droit de percevoir tout ou partie[2] des droits *houqouqy-cher'ïiè* « de prescription divine, » aussi bien que des impositions décrétées par le souverain « *ruçoumi urfïiè*[3], sur les terres comprises dans l'étendue du *fief* dont l'investiture lui était donnée par firman impérial. Il exerçait une juridiction, en quelque sorte seigneuriale, sur les *raïas* « paysans musulmans ou chrétiens » de ce domaine, dont le recensement avait été fait par les soins de l'autorité. Au reste, ainsi que nous le verrons plus bas, les terres *kharâdjïiè* n'entraient pas seules dans la composition de ces *fiefs ;* toutes sortes de terres en faisaient partie ; et les feudataires remettaient à qui de droit, suivant les prescriptions du cadastre impérial, tout ou partie des diverses impositions[4]. Si

[1] D'Ohsson, *loc. laud.* VII, p. 373.

[2] Voy. ci-après, n° 347.

[3] Voy. *Qânoun-nâmèï-livaï-Bosna. Urfïiè* désigne les impôts établis par la volonté arbitraire du prince. (Voy. d'Ohsson, *loc. laud.* VII, p. 150 ; Perron, *loc. laud.* I, 292 ; et ci-après chap. XI, art. IV.)

[4] Le *Behdjet-ulfétâvi* (de mon manuscrit, p. 15 r°) donne les *fetvas* suivants, relatifs à des terres *vaqoufs* comprises dans un *sipâhilik*.

les paysans, cultivateurs de la terre, ne la possédaient qu'à titre de *teçarruf*[1], ils la transmettaient,

1° Un village *vaqouf*, pourvu d'un *mutévelli*, est en même temps *timâr*. La terre est frappée par le sultan du *kharâdji-mouqâcèmè*; ce *kharâdj*, qui s'élève au quart de la récolte, se divise en dix parts, réparties comme il suit : six pour le *vaqouf*, payables au *mutévelli*, et quatre pour le *sipâhi*. Cela est réglé *ab antiquo*, par firman; mais le *sipâhi* ne s'en contente pas; peut-il exiger davantage? Non. (On voit qu'il s'agit ici de terres plutôt *miriïè* que *vaqouf* en réalité. Voy. ch. XI, art. IV, § 2). 2° Les terres d'un village sis à Damas, et faisant partie du *vaqouf* impérial, forment un *tchiftlik* de plusieurs *feddans*, pour chacun desquels le détenteur usufruitier (*mutéçarrif*) donne un nombre déterminé de mesures de blé et d'orge, plus une somme fixée en piastres, pour le *mutévelli* du *vaqouf*; et, d'autre part, la dîme pour le titulaire du *mâlikiânè* ou *zâïm*. Cela est établi par les documents consignés aux archives impériales; mais ce dernier ne s'en contente pas; a-t-il le droit d'exiger la même quantité de blé et d'orge que le *mutévelli*? Non.

[1] Le mode de propriété indiqué par l'expression *téçarruf* désigne celui d'un immeuble dont le détenteur a la propriété réelle, puisqu'il en recueille les fruits, en dispose même par la vente, dans certains cas; mais dont pourtant il n'a pas la propriété civile. En un mot, il ne jouit de cette propriété et des droits qu'il exerce sur elle qu'à la condition de payer une redevance annuelle au *vaqouf* ou à l'État, suivant que cette terre est *mevqoufè* ou *miriïè*; dans certains cas, elle doit faire acte de vassalité, le détenteur ayant à se pourvoir d'un nouveau titre possessoire qui établit la nature, et, par suite, l'origine de cette terre (voy. n° 298, note). Il y a ici quelque analogie, non complète, toutefois, avec le *dominium bonitarium* des Romains. (Ortolan, *loc. laud.* I, p. 473; II, p. 238.) Le *teçarruf* présente aussi, sous certains rapports, de l'affinité avec l'emphytéose et le droit de superficie de la législation romaine, en ce sens que « l'État, ne pouvant cultiver lui-même ces terres par mandataire, cherche, comme meilleur mode d'exploitation, à les donner à long bail, et à s'en faire un revenu fixe et périodique. De plus, ces terres, étant en grande partie incultes, ont besoin, pour être mises en valeur, que le cultivateur s'y attache, les remue, les améliore comme sa propre chose, comme un patrimoine de famille, d'où résulte le

lors de leur décès, à leurs enfants seulement; tous autres héritiers ou acquéreurs ne pouvaient en acquérir la *possession* qu'en payant au sipâhi du lieu la redevance anticipée (*mou'addjelè*) dite *tapou* : à défaut absolu d'héritiers, la terre était adjugée à un nouvel acquéreur, également par *tapou*, et dans les conditions fixées par le règlement *ad hoc*.

304. « Selon les règlements de Mourad Ier, les fiefs se perpétuaient de mâle en mâle; après l'extinction des familles, ils revenaient à l'État, qui en disposait en faveur d'un autre titulaire, *sipâhi*, de la même province, ou de tout autre membre de la caste militaire « *mouqâtèlè* [1]. » Le crime commis par un feudataire pouvait lui enlever la jouissance de son fief; mais cette sorte de confiscation ne pouvait jamais s'étendre à ses enfants. Plusieurs *timârs*, réunis sur une seule tête, pouvaient être convertis en *ziâmet;* mais il n'était jamais permis de diviser un *ziâmet* en plusieurs *timars*. Aucun *ziâmet* ne devait avoir une valeur moindre de vingt mille aspres. Les vizirs et les gouverneurs de province avaient seuls le droit de conférer ces *fiefs*.

305. « Dans la dixième année de son règne, Sultan Suleïman décréta, par un firman du 1er redjeb 937 (1530), qu'à l'avenir les gouverneurs ne

droit d'emphytéose, provenant des soins, du travail de greffe ou de plantation qu'il a exercé sur la terre ainsi possédée par lui. » (Ortolan, *loc. laud.* t. III, p. 291.) Ceci pourrait s'appliquer également à l'*iqta* des *mévât* (voy. n° 279), et au *mouqâtéa* (voy. n° 299).

[1] Voy. d'Ohsson, *loc. laud.* t. VII, p. 374, et Hammer, *loc. laud.* t. VI, p. 264 et suiv.

pourraient concéder que de petits *fiefs*, sans l'autorisation de la Porte; de là, leur dénomination de *tezkèrèsiz*, c'est-à-dire « sans certificat. » Quant aux autres *fiefs*, ils étaient d'abord octroyés provisoirement par un firman de nomination dit *tevdjih-fermâni*, adressé au gouverneur de la province où se trouvait le *fief*, et lui enjoignant de constater si le demandeur était réellement fils de *sipâhi*, et quel était le revenu de son père, au moment de sa mort. Si ces renseignements concordaient avec le dire du solliciteur, celui-ci recevait du pacha un certificat (*tezkèrè*), sur le vu duquel la Porte délivrait le diplôme définitif d'investiture (*bérat* [1]); par opposition aux précédents, ces fiefs étaient dits *tezkèrèli*.

306. « Si le *soubâchi* [2], titulaire d'un *fief* de vingt à cinquante mille aspres, mourait sur le champ de bataille, laissant trois fils, la loi permettait de concéder à chacun d'eux un *timâr* de quatre à six mille aspres [3].

307. « Si le titulaire ne laissait que deux fils mineurs, ils ne pouvaient prétendre, collectivement, qu'à un *timâr* de cinq mille aspres, avec l'obligation de fournir un soldat (*djèbèli*). Si leur père était mort dans son lit, le *timâr* auquel ils avaient droit n'était que de quatre mille aspres.

[1] Diplôme émané du souverain, constituant, en faveur de la personne à laquelle il est accordé, une situation privilégiée, sociale, politique ou honorifique.

[2] *Qânoun-nâmè*, cité par M. Worms, *Journal asiat.* de janvier-février 1844, p. 84; Hammer, *loc. laud.* t. VI, p. 265.

[3] Voy. ci-dessus, n° 284.

308. « Au contraire, si, pendant la vie de leur père, les fils se trouvaient déjà investis de *timârs*, ils recevaient, à sa mort, une augmentation de deux cents à deux mille aspres, suivant une proportion basée sur la valeur de leurs *fiefs*.

309. Tout feudataire déposé (*ma'zoul*[1]) qui suivait le *beïlerbeï* à la guerre, et s'y était signalé, ne pouvait obtenir de nouveau *fief* qu'au bout de sept ans. Ce terme était également fixé pour les fils mineurs, et âgés de douze ans, au décès de leur père, comme délai accordé pour solliciter un *fief*; s'ils laissaient passer cette période sans formuler de demande de ce genre, ils étaient déchus de leurs droits, à moins qu'ils ne se fussent distingués dans une expédition militaire. »

310. Le même *Qânoun-nâmè*[2] déclare et tient pour valides les *fiefs* possédés, à cette époque, par les titulaires, quand même ceux-ci seraient des *raïas* ou fils de *raïas* « paysans, cultivateurs [3]. »

[1] On lit dans le *Kitâb elfévâïd* (de mon manuscrit, p. 65) le *fetva* suivant : « Zeïd, commandant d'une forteresse, et *muteçarrif* d'un *guedikli timâr* « fiefs donnés aux employés civils, aux lieu et place de traitement » (voy. Hammer, *loc. laud.* t. XIII, p. 283, et ci-après n° 353), en a été dépossédé le 1er mouharrem 1096, en faveur d'Amr, qui en est devenu titulaire depuis cette date. Si le *bérat* de ce dernier n'a été enregistré que le 1er rebi-ulewel suivant, le produit du *timâr* sera-t-il partagé, par moitié, entre Zeïd et Amr ? Réponse : Amr n'entrera en jouissance qu'à partir de rebi premier. »

[2] Cité par M. Worms, *loc. laud.* p. 83.

[3] On remarquera ici une violation apparente du principe ; mais il est bien entendu qu'il ne s'agit, dans le texte, que de musulmans ; le *Qânoun-nâmeï-Bosna* désigne toujours les musulmans cultivateurs par cette expression, et les autres, par celle de *zimmi* ou même de *kiâfir*.

311. « Un *fief* pouvait bien être divisé en plusieurs fractions (*hissa*) réparties entre divers titulaires; mais elles ne cessaient pas, pour cela, d'être considérées comme faisant partie de la même circonscription; tout morcellement non autorisé par la Porte était sévèrement interdit [1].

312. « En outre du *fief*, ou mieux des terres (*mâli-muqâtèlè*), sur lesquelles le *sipâhi* avait la jouissance des droits régaliens, il y avait encore une autre sorte de terres faisant partie du domaine de l'État, et désignées sous le nom de *khas* ou *qylydj ïèri* [2] « biens du sabre, » qui étaient inaliénables [3], attachées spécialement à certains emplois, et dont la jouissance était attribuée aux titulaires de ces emplois, pour tout le temps qu'ils restaient en exercice.

313. « Les domaines *khâs*, dit d'Ohsson [4], sont

[1] Voy. Hammer, *loc. laud.* t. VII, p. 266.

[2] Worms, *loc. laud.* février 1843, p. 162.

[3] Le *tchiftlik khâssè*, ou le terrain *khâssè*, dit le *Qânoun-nâméï-Bosna* (de mon manuscrit, p. 17 v°) ne peut être donné à *tapou*. Si le *sipâhi* faisait semblable chose, cette aliénation ne serait valable que pour le temps de sa propre concession; et encore pourrait-il l'annuler lui-même quand il lui plairait; en tous cas, elle serait annulée de droit, à la nomination d'un nouveau titulaire. En un mot, « terrain de sabre ne peut être donné à *tapou*, ne peut faire acte de vassalité » قليج يرى طاپويه ويرلمز. *Qylydj* désignait aussi un corps de douze mille hommes, formant la maison militaire du sultan (d'Ohsson, *loc. laud.* t. VII, p. 61). « Le *sipâhi* ne peut non plus déclarer *khâssè* la terre *raïa* tombée en déshérence; cela ne peut se faire qu'avec le temps, si la terre est inscrite au nom du *sipâhi*, et lorsqu'on aura perdu tout souvenir qu'elle a appartenu à un raïa; alors seulement elle pourra devenir *khâssè* (*Qânoun-nâmèï-Bosna*).

[4] D'Ohsson, *loc. laud.* t. VII, p. 379 et suiv.

assignés, dans chaque province, à l'emploi de gouverneur général, pour tenir lieu d'appointements à ce fonctionnaire; les revenus sont de la même nature que ceux des *ziâmets* et des *timârs*, sauf, toutefois, cette différence qu'ils sont attachés à la place et non à la personne [1]. Autrefois, un simple sandjaq-beï tirait de son *khâs* un revenu de 2,000 à 5,000 aspres. Celui d'un gouverneur-général (aujourd'hui *vâli*), pacha ou beïlerbeï, s'élevait au double; et même, dans plusieurs gouvernements, tels que ceux de Roumili, d'Erzeroum, de Diarbekir, de Van, de Chehrizor, ces fiefs rendaient jusqu'à 1,200,000 aspres. Les titulaires devaient fournir un *djèbèli* «cavalier,» par chaque somme de 5,000 aspres [2]; ils différaient encore en cela des *timârs* et des *ziâmet*. En temps de guerre, ces gouverneurs recevaient, à la fin de la campagne, une gratification montant au dixième du revenu de leurs *khâs* respectifs. Les sandjaq-beï étaient inamovibles, ne payaient point de *finance* [3] pour leur place, et vivaient avec simplicité. Cette institution commença

[1] Certaines charges pesaient aussi sur ces sortes d'apanage, telles, par exemple, que l'obligation d'en laisser cultiver une partie par les gens désignés, chaque année, pour mettre au vert les chevaux du sultan (voy. chap. XI, art. CXXXIX), la récolte leur étant laissée nette de tout impôt, en rémunération de ce service (*Behdjet-ulfétâri*, de mon manuscrit, p. 85 r°).

[2] N'y aurait-il pas quelque analogie entre ce chiffre et celui qui a été fixé pour l'exonération des chrétiens du service militaire? (Voy. ci-dessus, n° 110.)

[3] *Mou'addjèlè*, versement anticipé d'une certaine somme. (Voy. ci-dessus, n°s 207 et 298, notes.)

à s'altérer sous Mourad III, lorsqu'au lieu de simples sandjaq-beï, les provinces eurent pour gouverneurs des pachas à deux ou trois *toughs* (queues), amovibles, soumis à de fortes redevances, et se croyant obligés d'étaler un faste ruineux [1]. »

314. « Les *ziâmet* et les *timârs* fournirent jusqu'à deux cent mille hommes de cavalerie, au temps de Sultan Suleïman le Législateur [2]. »

315. Nous avons dit plus haut que les *fiefs* concédés aux *sipâhis* se composaient d'un territoire plus ou moins étendu, plus ou moins productif, sur lequel ils percevaient certains droits seigneuriaux [3]. Le *Qânoun-namèï-livâi-Bosna* [4], ou loi régissant le *livâ* de Bosnie, fournit, à cet égard, de curieux renseignements auxquels je ferai quelques emprunts, pour donner une idée des rapports établis entre ces sortes de seigneurs et leurs vassaux, dans cette province, et, par analogie, dans le reste de l'empire. On y remarquera, en outre, que la condition du cultivateur (*raïa*) et son immobilisation, en quelque sorte, pour assurer la fixité de l'impôt territorial, offrent, sous certains rapports, quelque analogie avec le *colonat* romain [5].

316. « Les terres possédées à titre héréditaire, par les indigènes, sont désignées sous le nom de

[1] D'Ohsson, *loc. laud.* t. VII, p. 379 et suiv.
[2] *Idem*, p. 375.
[3] Voy. ci-dessus, n° 303, et ci-après, n° 326 et suiv.
[4] Voy. ci-dessus, n° 298, note 5.
[5] Comp. Biot, *loc. laud.* 163 et suiv. *Constantinople et le Bosphore*, par le gén. Andréossy, p. 250.

bâchtènè[1]; elles ont été cadastrées; le montant des taxes frappées sur chacune d'elles[2] est déterminé sur l'original de ce travail. Ce document, ainsi que le recensement des personnes, est conservé à Constantinople, dans le dépôt des archives impériales.

317. «La quotité du droit payable par la terre était établie sur le *tchift*, ou étendue de terre qu'une paire de bœufs peut labourer en un jour[3].

318. «Le *tchift bâchtènè* «patrimonial» d'un musulman était passible d'un droit de 22 aspres, soit 11 pour un demi-tchift. Ce droit était prélevé sous le nom de *resmi-tchift*, ou *tchift aqtchèci* «droit de labour;» c'était un impôt fixe, du genre du *kharâdji-mouvazzaf*[4].

319. «Le *tchiftlik* d'une terre de première qua-

[1] باشتنه *bâchtènè;* cette expression, que nous retrouverons ch. XI, art. CXXXIX, est bulgare; dérivé de *bachta* «père,» *bâchtènè* désigne «le bien patrimonial, celui qu'on tient du père.» Par suite, le contribuable est souvent pris, dans le *Qânoun-nâmè ï-Bosna,* pour l'objet de la contribution, et désigné lui-même sous le nom de *bâchtènè,* c'est-à dire l'individu qui, de père en fils, est soumis, pour sa terre, au payement de cette taxe.

[2] «La quotité de la somme fixée par le *defteri-khaqâni* pour chaque *deunum* دونم باشتنه, comme équivalent de la dîme, due pour les vergers sis dans le territoire *timâri* du *sipâhi* Zeïd, ne peut être augmentée par le *sipâhi*. Celui-ci ne peut, sans un firman impérial, procéder à une nouvelle appréciation de la récolte et de l'impôt qu'elle doit payer à titre de dîme.» (*Behdjet-ulfétâvi,* de mon manuscrit, fol. 14 v°.)

[3] Cf. Worms, *Journal asiatique,* mars 1844, p. 161, et n° 215, note.

[4] Voy. d'Ohsson, *loc. laud.* t. VII, p. 234, et ci-après, chap. XI art. CXXXI.

lité est d'une contenance de soixante à quatre-vingts *deunums* [1];

« Celui de seconde, de quatre-vingt-dix à cent;

« Celui de troisième, de cent trente à cent cinquante.

« Le *deunum* est de quarante pas communs (*muteârifè*), en long et en large.

320. « Tout homme marié ne possédant rien, ou moins d'un demi-tchift, devait le même droit : 22 aspres.

321. « Le *mudjerred* مجرد ou « célibataire, » individu mâle, parvenu à l'âge de raison, habile à gagner sa vie, et restant auprès de son père, devait 12 aspres. Le *mudjerred* hors d'état de gagner sa vie ne devait rien.

322. « Ces droits étaient exigibles le 1er-13 mars de chaque année [2]. Dans certaines *nahiè*, un *resmi fulouri*, dû par chaque feu de cultivateur valaque, se payait en deux termes annuels, et par moitié; l'une à l'époque de Khizir Elias (23 avril v. s.), l'autre à celle de Qâcim (23 octobre v. s. [3]).

323. « Pour les *zimmis*, le *tchift bâchtènè* « patri-

[1] Le *deunum*, dit Ami Boué (*La Turquie d'Europe*, t. III, p. 121), « est l'espace carré qu'une paire de bœufs peut labourer en un jour, soit un espace carré de quarante *archin*. » On sait, du reste, que les mesures géométriques varient, en Turquie, selon les provinces; à Constantinople, le *deunum* est compté, ordinairement, comme équivalant à neuf cents mètres carrés ou neuf dixièmes d'hectare. » Je dois ce renseignement à l'obligeance de M. Deleffe, ingénieur en chef, en mission en Turquie.

[2] Voy. ci-dessus, n° 94, note.

[3] Époque de la sortie et de la rentrée de la flotte.

monial » était de 25 aspres, c'est-à-dire 3 aspres de plus que celui des musulmans; on avait eu soin de le qualifier, en outre, d'une désignation humiliante, à savoir : *ispindjè* اسپنجه [1]. Le même droit était prélevé sur les fils du *zimmi*, mariés et habiles à gagner leur vie.

324. « L'impôt *bâchtènè* étant attaché à l'origine du possesseur primitif[2], si le *bâchtènè* musulman passait dans les mains d'un coreligionnaire, il payait le même droit, 22 aspres; mais si la terre *bâchtènè* d'un *zimmi* passait à un musulman, elle devait payer l'*ispindjè* imposé originairement à la terre[3].

325. « La maison que le *raïa* « paysan » aura bâtie sur un terrain acquis par lui, par *tapou*, n'entraîne pas, à sa charge, le payement d'un nouveau droit de *tapou* pour cette construction[4].

326. « Tout *raïa* « paysan » qui exercera l'agriculture, non sur le territoire du *sipâhi* où il est inscrit, mais sur un autre, payera à son *sipâhi* 6 aspres à titre de *resmi-doukhân* « droit de feu; » la dîme sur les produits au *sipâhi* du lieu où il se trouve; et toutes les autres redevances de *raïet* à son ancien *sipâhi;* celui-ci ne perdra ses droits qu'a-

[1] « Taxe des esclaves, ou plutôt des prisonniers. » Sultan Murad Ier décida que le cinquième du prix de chaque prisonnier (125 aspres, soit 25 aspres) serait versé dans le trésor public. (Hammer, *loc. laud.* t. I, p. 223.)

[2] Voy. ci-dessus, n° 128 C.

[3] Voy. ci-dessus, n° 60.

[4] Voy. ci-dessus, n° 133.

près dix ans de séjour de son *raïet* sur un territoire autre que le sien.

327. «Le *raïet* qui, en dehors de l'initiative de son *sipâhi*, quitte son habitation (*ïourt*[1]) et laisse sa terre inculte pendant une année, «perd ses droits sur l'une et sur l'autre : le *sipâhi* peut les donner à un autre paysan, moyennant *tapou;* dans le cas contraire, c'est-à-dire si l'émigration a eu lieu par le fait de la volonté du *sipâhi*, celui-ci ne peut disposer ni de l'habitation, ni de la terre du paysan, qui conserve sur elle la plénitude de ses droits.

328. «Si le *raïet* va fixer sa résidence dans une ville, et y séjourne pendant dix années, il n'est plus *raïet*, et devient citoyen de cette ville; il ne devra plus alors le «droit de labour» *tchift aqtchèci* que

[1] Le *ïourt* désigne l'habitation ou mieux le campement des agriculteurs et pasteurs; en un mot, le groupe de quatre ou cinq huttes réunies, telles qu'on les voit encore de nos jours en Asie Mineure, notamment dans les environs de Kutahiè. Le *ïourt* se compose d'abord de la hutte principale, destinée à l'habitation de la famille; la partie basse et circulaire est formée de branchages tressés; elle est recouverte, pour toiture, d'un cône allongé en chaume, percé au sommet, pour laisser passage à la fumée; à côté de cette hutte s'en trouve une autre moins grande, mais exactement de la même forme, qui sert de magasin aux provisions; et enfin, autour de la hutte principale, s'en trouvent encore deux ou trois autres qui servent d'étable pour les bestiaux. M. Étienne Quatremère (*Hist. des Mongols*, p. 52 et suiv.) nous apprend que ce mot était synonyme de tente; et que, chez les Mongols, *ïourtdji* désignait l'officier chargé de déterminer le logis du prince ou le campement de l'armée. (Voy. aussi *Instituts de Timour*, éd. Langlès, p. 188.) Chez les Turcs, continue M. Quatremère, *ïourt* est pris dans le sens de «pays, contrée, royaume.» Aboulghazi (*Hist. généalogique des Tatars*, p. 125 et *passim*) l'emploie dans cette même acception.

pour les champs qu'il pourrait cultiver en dehors de la ville.

329. « Il est permis au *sipâhi*, en vertu du droit régalien, de donner à *tapou* toute terre que le *raïet* laisserait inculte, pendant trois années consécutives[1]; le *raïet* conservant, d'ailleurs, la préférence.

330. « Les localités destinées à la paisson des troupeaux des villes et villages ne peuvent être cultivées[2]. Pour les villages, il est accordé un mille de terrain comme lieu de pacage; pour les villes, un mille et demi.

331. « Aucune terre possédée, en *teçarruf*, par les *raïas*, ne peut être vendue ou donnée sans le concours du *sipâhi*. Toute contravention à ce principe annulerait, de fait, toute mutation de ce genre[3].

332. « Le *raïet* doit transporter à l'*ambar*[4] la récolte du *sipâhi*, et, à la forteresse, celle de la garnison, pourvu que ces localités ne soient pas éloignées de plus d'un jour de distance.

333. « Les *raïas* transporteront leur dîme au marché de grains le plus voisin : cette obligation n'est point imposée aux *sipâhis;* ceux-ci se bornent à faire transporter leur dîme et leur *salarïïè*[5] à l'*ambar* du village, que les *raïas* bâtiront, d'ailleurs, dans

[1] Voy. ci-dessus, n° 229.

[2] Voy. ci-dessus, n° 246.

[3] Voy. chap. XI, art. XXXVI.

[4] Voyez, sur le mode de construction de l'*ambar*, Ami Boué, *loc. laud.* t. III, p. 10.

[5] Voy. ci-après, n° 348.

des proportions suffisantes pour les besoins de leur *sipâhi*.

334. « Les *sipâhis* et *oummâls* عمال « agents des dîmes » ne retarderont pas au delà d'une semaine, et dans un but d'avanie, le mesurage des grains accumulés sur le *khirmen*[1]; autrement il serait procédé, en leur absence, au mesurage, et remise leur serait faite, en nature, de la quotité leur revenant, selon l'usage du lieu. Le payement sous la forme *mouqâtéa* est aboli, même pour les *avârîz*[2]. Si le *sipâhi* lui-

[1] « Lieu de meule; » étendue de terrain, aire ou espace circulaire où l'on entasse le grain en meule après la récolte; on y fait quelquefois aussi le battage du blé. Le *khirmen ïeri* est toujours un terrain nu. (Voy. Ami Boué, *loc. laud.* t. III, p. 11; et chap. XI, art. XXIV.)

[2] Voy. ci-dessus, n° 324; « impôt sur la terre. » On lit dans Pétis de la Croix (*Turquie chrétienne*, Paris, 1695, p. 11) : « l'impôt *avâriz* est annuel, pour la fourniture de l'orge, foin, paille et bois, que les Grecs de la campagne sont obligés d'amener aux sérails du Grand Seigneur, des vizirs et autres grands officiers de la Porte, auxquels Sa Hautesse fournit l'étape. » D'après le chevalier d'Arvieux (*Mémoires*, t. VI, p. 438), « le droit de *havared* pèse annuellement sur des immeubles, à l'exception des mosquées, à raison de tant par kanné ou mesure de 20 pas carrés. Ce droit encaissé par le percepteur, dit *muhassil*, est versé dans les coffres du Grand Seigneur. » D'Ohsson (*loc. laud.* VII, 239) dit que « l'*avâriz* était un impôt de 500 aspres que devait payer chaque quartier, dans les villes de l'empire. » Enfin une phrase des *berats* ou *exequatur* consulaires porte « que les consuls ne pourront faire achat des maisons soumises à cette sorte d'impôt عوارضه باغلو. » Dans une pièce délivrée par la Porte aux Grecs orthodoxes, en 1856, il est dit que « le patriarche, son représentant auprès du gouvernement et quinze personnes de sa suite, seront exempts de toutes sortes d'impôts (*vergui*), ainsi que des *avâriz* payables au divan, et de toutes autres impositions décrétées par l'autorité souveraine. » (Voy. aussi, sur les impôts

même est astreint à ce genre d'impôt, il l'acquittera, en proportion du terrain dont il est possesseur.

335. «La terre de tout *mutéçarrif* «détenteur usufruitier» qui viendra à décéder ou à disparaître, passera à ses enfants; ceux-ci la mettront en culture, et ils devront, en échange, le payement de la dîme et des *ruçoum*. Si, à défaut d'enfants, il laisse un oncle paternel, celui-ci en deviendra *mutéçarrif*, moyennant payement au *sipâhi* de la redevance dite *tapou*, dont la quotité sera fixée d'après la décision rendue par des musulmans impartiaux[1]. S'il n'adhère pas à cette estimation, le *sipâhi* sera libre alors de donner la terre à qui bon lui semblera; les autres parents seront considérés comme étrangers[2].

336. «Le fils mineur héritera du bien de son père, sans être soumis à la formalité du *tapou;* ce bien est son patrimoine (*mulki-mevrous*); le *sipâhi* donnera ladite terre à un tiers pour la mettre en culture, jusqu'à la majorité du mineur; et, à ce terme, son bien lui sera restitué.

337. «Le mineur aura dix années, après sa ma-

extraordinaires désignés par le mot *avâriz*, Hammer, *loc. laud.* t. VI, p. 272; t. VIII, p. 362.)

[1] Voy. ci-dessus, n° 298, note.

[2] S'il s'agit d'une terre *kharâdjiïe*, comprise dans le domaine d'un *sipâhi*, mais *mulk* de celui qui la possède (voy. ci-dessus, n° 297), les héritiers de celui-ci peuvent, à son décès, la partager entre eux, selon les prescriptions légales de l'hérédité الفريضة الشرعية; et le *sipâhi* Zéïd, chargé d'encaisser le *kharâdj* de cette terre, ne peut y mettre obstacle, ni donner la terre à *tapou*. (*Behdjet-ulfétâvi*, de mon ms. p. 84 v°.)

jorité, pour revendiquer ses droits; passé ce terme, il ne sera plus reçu à les faire valoir.

338. La fille du défunt est inhabile à hériter de la terre de son père; toutefois, si celle-ci est le résultat du défrichement opéré par sondit père, au prix de ses labeurs et de ses deniers, elle sera concédée à la fille, si cette dernière en fait la demande; elle acquittera le *tapou* fixé sur l'appréciation de musulmans impartiaux; elle devra, en outre, acquitter la dîme et les *ruçoum*.

339. « Défense est faite de concéder une terre vacante à une femme. Si, cependant, après être parvenue à se rendre acquéreur d'un terrain, elle payait la dîme et les *ruçoum*, elle n'en serait pas dépouillée.

340. « Tout terrain *raïa*, donné à *tapou*, ne peut plus être repris des mains du détenteur, à moins que celui-ci ne le laisse inculte pendant trois années[1].

341. « Tout terrain *raïa*, dont le *sâhib* « détenteur » sera décédé, ou aura quitté le pays, sera administré, à titre *téçarruf*, par le *sipâhi*, ou donné à *tapou* par ce dernier; il ne peut devenir *khâssè*[2]; et le *sipâhi* devra, en temps voulu, acquitter, pour ce terrain, les *avâriz* auxquels il pourrait être soumis[3].

342. « Les imams vivant du revenu *vaqouf* des mosquées, ou tout autre imam en exercice, sont,

[1] Voy. ci-dessus, n° 229.
[2] Voy. ci-dessus, n° 313.
[3] Voy. ci-dessus, n° 334.

par le fait de leur caractère, exempts de l'impôt *avâriz* et du *resmi-tchift* « droit de labour. »

343. « Tout individu qui, avec la permission du *sipâhi*[1], défrichera une terre morte, ne devra aucun droit de *tapou* pour cette terre, et ne pourra en être dépossédé avant le terme de trois années. Au bout de ce terme, le *sipâhi* a droit de mettre cette terre en *tapou*, le revivificateur conservant un droit de préférence sur tout autre acquéreur.

344. « Les droits ne doivent être réclamés par le *sipâhi* qu'après l'échéance du terme ; si celui-ci était destitué avant cette époque, le nouveau titulaire réclamerait les droits, non du *raïa*, mais du *sipâhi*, son prédécesseur.

345. « Un droit de *kilè*, frappé sur les villes, servait à défrayer les *iltchis* « commissaires, » et les envoyés de la Porte, auxquels, sur ce fonds, on fournissait vivres, courriers, guides, etc. selon la teneur des firmans dont ils étaient porteurs.

346. « Les droits et impositions frappés sur les *raïas* « cultivateurs, » qui, du reste, n'étaient pas uniformes partout, n'étaient pas non plus recouvrés uniquement par le *sipâhi;* mais tantôt par portions inégales, entre le *sipâhi*, le *zâïm*[2] et le *mîri-liva*, et tantôt entre deux de ceux-ci, à l'exclusion du troisième[3].

347. Ainsi, par exemple, le *resmi-tchift*, qui va-

[1] Voy. ci-dessus, n° 245.

[2] *Zâïm* indique ici le *soubâchi* ou le *sandjaq-beï*.

[3] Voy. ci-dessus, n° 304.

riait suivant les localités, se répartissait de la manière suivante dans la nahiè de Kœrdè :

34 aspres :	24	pour le *sipâhi.*
	5	pour le *zâïm.*
	5	pour le *mîri-liva.*
	34	

A Toutargada, la quotité est de :

33 aspres :	24	pour le *sipâhi.*
	6	pour le *mîri liva.*
	3	pour le *zâïm.*
	33	

348. « En outre des droits frappés sur les *açiâb* « moulins, » sur le pacage, le miel et les ruches, des taxes d'*otlaq* « parcours pour les bestiaux, » l'été dans les *ïaïlaqs*, l'hiver dans les *qychlaqs*, de *sâlârïïè* [1], et d'*avâriz*, le *Qânoun-nâmèï Bosna* ajoute que, dans les *timârs* non libres, les droits de mariage, les amendes, le *tapou* d'emplacement de maison, le *resmi tutun* ou *resmi doukhân* « droit de feu [2] » des individus étrangers au *timâr*, sont partagés par moitié entre le « seigneur du lieu » *sâhibi-raïet*, et le *sandjaqbeï*, ou le *sou-bâchi* dont relève l'immigrant. Là même

[1] On lit dans le *Qânoun-nâmèï Bosna* (de mon ms. p. 18 et suiv.) : Le *sâlârïïè* se prélève sur les musulmans, concurremment avec la dîme sur les céréales. Cet impôt étant acquitté, les collecteurs et les *sipâhis* ne pourront exiger en sus le *ïemeklik* des musulmans, زیرا سالاریه ییمکلك مقابله سنده در, attendu que le *sâlârïïè* est payé en échange des rations, *ïèmeklik*.

[2] Καπνιατικός. Voy. Ubicini, *loc. laud.* II, 49, et Hammer, t. VI, p. 271.

où tous les deux n'ont pas lieu de partager par portions égales, l'un prend le quart. En Qaramanie, la seconde moitié est affectée aux *khâs* « apanages » des princes de la famille impériale.

349. « Le droit de fiançailles est de 60 aspres pour une fille riche, de 40 pour une femme. C'est le père qui est responsable envers le *sipâhi* du payement de ce droit[1].

350. Les *sipâhis* eux-mêmes n'étaient pas exempts de cette imposition : pour la fille d'un *sipâhi*, celui-ci devait payer l'*arouçânè* « droit de fiançailles » au *sou-bâchi;* celui-ci, en pareil cas, au *sandjaq-beï*, ce dernier au *beïlerbeï;* et enfin, si ce dernier mariait sa fille, il devait acquitter la redevance au trésor impérial[2].

351. La perception de la dîme était spécialement réservée aux soins d'un préposé *ad hoc*, *aâmil;* celle due aux *vaqoufs*, au *mevqouftchi.*

352. « Malgré les réformes opérées par Sultan Suleïmân, dit d'Ohsson[3], d'énormes abus s'introduisirent sous le règne de ses successeurs, et notamment sous celui de Mourad III. La plupart des feudataires ne se présentaient plus sous les drapeaux du *mîri-livâ*, et leur désobéissance restait impunie, quoique les règlements condamnassent les coupables, suivant la nature de leurs *fiefs*, à la dé-

[1] Sous le régime du colonat romain, le colon, selon la lettre 44 de S. Grégoire, devait payer à son maître un sou (*solidus*), pour contracter mariage (V. Biot, *loc. cit.* p. 206.)

[2] *Qânoun-nâmèï livâï Bosna*, de mon ms. p. 23 r°.

[3] *Loc. laud.* t. VII, p. 375.

possession, ou à la perte d'une année de revenu. Les pachas adjugeaient à l'enchère, pour leur propre compte, les *ziâmets* et les *timârs;* le même *fief* était vendu à plusieurs personnes, qui, munies chacune de leur *bérat*, en réclamaient la possession et troublaient les provinces par leurs clameurs et leurs querelles souvent sanglantes. Il n'existait aucun contrôle; les décès des *sipâhis* n'étaient point constatés; et il arrivait qu'après leur mort, des individus, s'emparant de leurs *bérats*, les produisaient en leur propre nom pour obtenir des *fiefs*. Moustafa II crut remédier à ces désordres en faisant revivre le règlement qui ôtait aux pachas le droit de disposer de ces bénéfices; mais le mal ne fit que changer de place; ce fut alors le ministre qui donna ces *bérats*, et ils devinrent la proie de la faveur, de la corruption et de l'intrigue; ils passèrent bientôt dans la possession d'officiers du palais, de fonctionnaires civils; et cette institution militaire fut tellement dégradée, que Moustafa III, au commencement de la guerre qui éclata avec la Russie, en 1768, fut étonné de voir que cette milice ne figurait plus sur les états de l'armée que pour un chiffre de 20,000 *djèbèlis* environ. Après la paix de Qaïnardji [1], Abdulhamid voulut restaurer l'organisation de cette milice, et rendit en 1776 un édit sévère ; il ne produisit aucun effet. Les clameurs de tous ceux qui jouissaient de ces bénéfices effrayèrent le ministère à un tel point qu'il engagea le

[1] Signée le 21 juillet 1774 (24 djemazi premier 1188).

souverain à abandonner son projet. L'État fut donc privé d'une grande partie des forces que semblait lui assurer l'établissement de ces *fiefs;* les hommes en place qui les possèdent aujourd'hui, ajoute notre auteur, les afferment et se dispensent du service militaire; ils s'exemptent même de l'obligation de fournir au besoin leur contingent de cavaliers, moyennant une compensation de 50 piastres par homme, qu'ils payent au trésor sous le nom de *bèdèli-djèbèli* [1]. »

353. De tout ce qui précède nous sommes amenés à constater, en terminant, que la concession des bénéfices attribués uniquement, dans le principe, à des militaires ou plutôt à des individus aptes au service militaire, et ensuite à des fonctionnaires civils, ainsi que la concession spéciale, *mouqâtéa*, de tel ou tel impôt, dans certaines provinces, ont été faites, originairement, pour un terme de courte durée, une année par exemple; c'était le terme légal; puis enfin le privilége a été étendu jusqu'aux limites de la vie des concessionnaires, et a passé même sur la tête de leurs héritiers. Ces déviations successives de la règle ayant été consacrées par l'expression de la volonté du souverain, regardé comme le meilleur juge des intérêts natio-

[1] Un fetva du *Behdjet-ulfétâvi* est ainsi conçu : « Si Zéid a donné en fermage, *iltizâm*, à Amr, pour la somme de cent piastres, le village dont il a le *timâr*, et si Zéid n'a pas acquitté la redevance due par lui à l'État, à titre de *djèbèli aqtchèci*, on fait saisie de la récolte du village, et le fermier est en droit de reprendre de Zéid le montant de son fermage. »

naux[1], ces contraventions, dis-je, ont reçu, dès lors, un caractère dont la légalité fut tellement admise, qu'à l'époque du *tanzimât*, lorsque le sultan abolit ces priviléges, il ne crut pas avoir le droit de détruire radicalement ce que ses prédécesseurs avaient fait ou laissé faire; aussi, tout en dépouillant les détenteurs des revenus de l'État des droits seigneuriaux dont ils jouissaient jusque-là, et en faisant rentrer le trésor dans la plénitude de ses droits souverains, on inscrivit au budget un nouveau chapitre : celui des pensions et annuités constituées en faveur des anciens titulaires de *ziâmet*, *timârs* et *mouqâtéa*. Cette dépense doit, d'ailleurs, diminuer, au fur et à mesure, par déshérence, jusqu'à extinction complète des ayants droit.

354. La rente viagère payée par l'État, en compensation des anciens fiefs (*timârs*, *ziâmets*, *mouqâtéa*), aux propriétaires dépossédés, était, en 1850, de 40,000,000 de piastres[2].

355. En 1860, cette rente ne figure plus, dans les dépenses publiques, que pour la somme de 24,130,796 piastres, savoir :

Aux anciens possesseurs des *timârs* et *ziâmets*, piastres	14,537,043
Annuités accordées aux *mouqâtéadjis*	9,593,753
	24,130,796

[1] Voy. ci-dessus, nos 5 et 69.

[2] *Renseignements pour servir à l'histoire contemporaine de l'empire ottoman.*

TITRE III. — GUÉDIKS. — CONCESSION SPÉCIALE, RELATIVE À L'EXERCICE D'UN MÉTIER, D'UNE PROFESSION.

356. Il me reste à parler d'un autre genre de propriété qui tient à la fois du *mulk* et du *vaqouf*, et dont la constitution définitive n'est établie que par la sanction de l'autorité souveraine; c'est le *guédik*, à savoir : l'acquisition faite par un tiers, à titre *mulk*, c'est-à-dire en toute propriété, et en échange d'une rente annuelle, dont le montant est fixé entre les parties, de telle ou telle portion de la propriété d'autrui, à l'effet d'exercer à perpétuité, en cet endroit, un métier, une profession quelconque. Le mot *guédik*, synonyme de *délik*, et qui signifie « brèche, trou, » est donc, au figuré, quant à la propriété immobilière, une dérogation au principe fondamental, une brèche faite, de son consentement, dans le bien d'autrui, et donnant à l'acquéreur, dans telles proportions déterminées, droit de propriété dans cette même propriété.

357. La même expression, qu'on retrouve également comme désignant une catégorie de *timars* et de *ziâmets*, ainsi qu'un certain rang dans la hiérarchie du harem impérial, n'a pas d'autre signification; c'est toujours une dérogation, une atteinte au principe, à la règle.

358. Le *guédik*, qui, d'ailleurs, n'a pas d'équivalent en arabe, et n'existe point dans le *chériat*, est, selon l'opinion de l'historiographe ottoman Djevdet-Efendi, qui a bien voulu m'assister de ses

lumières sur la matière[1], une institution relativement moderne, qui ne remonte pas au delà d'un siècle et demi à deux siècles, du moins quant à son application générale. En effet, il a pu convenir à tels ou tels individus de conclure primitivement des marchés de ce genre, pour s'assurer à titre perpétuel, soit à eux-mêmes, soit en faveur d'une œuvre pieuse, les revenus plus ou moins considérables d'une industrie exercée sur un point plutôt que sur tel autre; mais une fois que ce qui faisait l'exception a tendu chaque jour à se développer davantage, l'État alors a dû réglementer cette nouvelle forme de propriété; et, en consacrant son droit, créer en même temps de nouvelles ressources au trésor public. C'est alors que le nombre des individus qui, seuls, avaient le droit d'exercer tel métier, telle profession, fut fixé; et, comme ce nombre ne pouvait être dépassé, l'*esnaf* « corporation » se trouva constituée, quant à certaines professions, d'une façon en quelque sorte immuable, et chaque maître devint possesseur d'un *guédik*, qui lui donnait le droit d'exercer son métier, sa profession, mais là seulement où le *guédik* avait été constitué[2].

359. Il y a deux sortes de *guédiks* : les uns dé-

[1] Je dois également d'utiles renseignements à Afif-Beï, ancien grand chancelier de l'empire, actuellement sous-secrétaire d'état au grand vizirat, et à Ahmed-Efendi, employé supérieur au ministère des finances.

[2] M. Bianchi, *Dictionnaire turc-français*, t. II, p. 578, dit « que la plupart des maisons des Européens, à Smyrne, appartiennent à la famille de Qara-Osman-Zâdè, qui en retire la rente (*guédik*). »

terminés quant au nombre et à l'emplacement; les autres quant au nombre seulement: ces derniers sont dits *havâïi-guédiks*.

360. L'établissement ou, pour mieux dire, la création d'un *guédik* s'accomplissait de la manière suivante : l'acquéreur s'abouchait avec le propriétaire de l'immeuble où il désirait établir son *guédik;* le montant de la rente annuelle, perpétuelle et invariable à payer par lui ou ses tenants lieu au propriétaire de l'immeuble, était débattu et fixé d'un commun accord entre les parties; après quoi, l'acquéreur se rendait au *qalemi-châhânè*[1] «bureau compétent de la Porte;» il y exposait sa demande, et recevait, contre payement d'une certaine somme une fois payée, *mouadjèlè*, soit un firman, soit un *ilmou khaber* (titre nommé aussi *qouïrouqlou sened*), constituant son droit à la propriété du *guédik*. L'acquéreur devait, en outre, fournir le *guédik* de tous les accessoires nécessaires à l'exercice de la profession à laquelle le fonds était destiné; à chaque mutation, récolement de ces ustensiles devait être fait par l'autorité judiciaire; et, à chacune d'elles, le nouvel acquéreur devait payer à l'État une somme déterminée; moyennant ces charges, l'acquéreur du *guédik* en avait la propriété pleine et entière; il en pouvait disposer sous toutes les formes, donation, hypothèque ou vente, sauf, lors de chacune

[1] اقلام شاهانه «bureaux impériaux.» On désigne sous cette dénomination générale les bureaux de la Porte, ceux des archives et du département des finances. (D'Ohsson, *loc. laud.* VII, p. 273.)

de ces diverses mutations, à représenter au *mehkèmè*, habile à dresser ces actes, le titre primitif et constitutif du *guédik*, délivré par l'État.

361. Il ne faudrait pas inférer de là que les prescriptions du décret réglementaire des *guédiks* furent strictement observées; de nombreux abus ne tardèrent pas à s'introduire; et, dans le but d'y mettre fin, Mahmoud II, lors de la création du ministère de l'*evqâf*, décida, en 1247 (1831), qu'à l'exception de quatre corporations seulement, à savoir celles des marchands de farine, de frangeoles, de pain et de tabac, dont les *guédiks* resteraient à l'état *mulk*, tous les autres *guédiks* seraient du ressort de l'administration de l'*evqâf*. Cette décision semblait, d'ailleurs, provoquée par la nature même des *guédiks*, qui, pour la plupart, étaient affectés à des œuvres de piété ou d'utilité publique.

362. Malgré les bases posées par Sultan Mahmoud, les délégués de l'État ne se firent pas faute d'enfreindre eux-mêmes les décrets souverains; on parvint à obtenir de nouveaux titres, et le nombre des *guédiks* s'augmenta singulièrement. D'autre part, le principe de l'abolition du monopole et celui de la liberté du commerce ne permettant plus d'interdire aux étrangers l'exercice de leur industrie, le système des corporations était aboli virtuellement; et le *guédik* devait aboutir au *roukhçatiïè*, c'est-à-dire au simple « droit de patente, » permettant à celui qui le paye à l'État d'exercer son industrie partout où bon lui semble.

363. En présence de cet état de choses, le gou-

vernement a édicté une loi[1] qui supprime les *guédiks* acquis abusivement, décrète l'extinction successive de ceux qui relèvent soit du *vaqouf*, soit du *beït-elmâl*, et maintient uniquement les quatre sortes de *guédiks* mentionnés plus haut[2]. Ceux-ci, sauf les *guédiks* de *doukkandjis*, laissés dans les attributions des *mehkèmè* locaux, relèveront partout ailleurs du *mehkèmè* de Constantinople.

364. Voici les principales dispositions de la nouvelle loi :

365. « Le propriétaire *mulk* du *guédik* peut le vendre, en faire donation, ou le grever d'hypothèques. (Art. 1er.)

366. « Les *guédiks mulks* sont seulement ceux de marchands de farine, de frangeoles, de pain et de tabac. (Art. VII.)

367. « Tout détenteur de *guédik* qui n'aurait entre les mains qu'un titre postérieur à l'an 1247, sera dépossédé dudit *guédik*, lequel demeurera et restera supprimé. (Art. VIII.)

368. « Tout titre de ce genre ne sera valable que pour les quatre sortes de *guédiks* mentionnés au n° 361. (Art. IX.)

369. « Pour toute mutation quelconque, le nouvel acquéreur devra se pourvoir d'un *ilmou khaber*[3] du chef de l'*esnaf*. (Art. XI.)

[1] Voyez le texte turc dans le *Djéridèï havâdis* du 19 moharrem 1278 (27 juillet 1861); art. I à XXI.

[2] Voyez n° 361.

[3] Attestation du chef de l'*esnaf* que le *guédik* existe réellement dans la corporation dirigée par lui.

370. « Tout *hudjet* délivré à l'occasion de mutation de *guédiks* concédés, soit par firman, soit par *ilmou khaber*, devra mentionner le chiffre primitif de la rente payable au propriétaire originaire de l'immeuble où le *guédik* aura été constitué, ainsi que les confins des quatre côtés et les ustensiles attachés au fonds. (Art. XII et XIII.)

371. « La rente payable au propriétaire de l'immeuble où se trouve le *guédik* ne peut être augmentée sans le consentement de l'acquéreur primitif du *guédik* ou ses tenants lieu. (Art. XIV.)

372. « Le propriétaire *mulk* du *guédik* ne peut le transporter ailleurs; celui-ci doit rester sur le lieu même de son emplacement primitif. » (Art. XV.)

373. La seconde classe des *guédiks* est celle des *havâïi guédiks*, c'est-à-dire dont le lieu n'est pas fixe et déterminé, et que les titulaires peuvent établir et transporter où bon leur semble.

374. De ceux-ci, les uns relèvent du *vaqouf*, les autres du *beït-elmâl* « domaine de l'État. » A leur égard, la nouvelle loi contient les dispositions suivantes :

375. « Tout *guédik havâïi* possédé en *vaqouf*, et devenu *mahloul* « vacant, » ne pourra plus être concédé à un nouvel acquéreur; il sera rayé des registres de l'*evqâf;* il en sera de même des *guédiks* du même genre relevant du *beït-elmâl;* en cas de deshérence, ils ne seront plus mis en adjudication, et ils seront effacés des registres du *qalem* et du *mehkèmè*. » (Art. XVI.)

376. « Il est interdit à tout qadi de recevoir et dresser, en faveur d'une œuvre quelconque, aucun acte constituant en *vaqouf* tout *guédik* possédé actuellement en *mulk*. » (Art. XIX.)

377. Enfin, cette loi, abrogeant tous firmans et dispositions antérieures, enregistrés dans les *aqlâmi-châhânè* et dans les *mehkèmè*, ajoute que celles-ci pourront recevoir, avec le temps, telles modifications que réclameraient les circonstances.

378. J'ai dit plus haut que le mot *guédik* désignait aussi une catégorie particulière de *ziâmets* et de *timârs*. Ici encore l'application de ce mot procède de la même idée : dérogation au principe; en effet, tout possesseur de *timâr* ou de *ziâmet* devait, au premier appel, se rendre à l'armée avec le contingent d'hommes qu'il avait à fournir; telle était la règle. Cependant le gouvernement y dérogea en créant des *guédikli-timâr* et *guédikli-ziâmet*[1], dont les titulaires employés des bureaux de la Porte ou du palais impérial jouissaient du revenu attaché auxdits *ziâmets* et *timârs*, sans être tenus au service militaire.

379. Il en était de même des *guédikli-zâïms*, dont parle d'Ohsson[2]. Ceux-ci formaient une milice de quatre cents hommes, qui tenait garnison dans la capitale, et qui n'allait à l'armée qu'à la suite du sultan ou du grand vizir.

380. Pour ce qui est de l'acception du mot *gué-*

[1] Voyez ci-dessus, n° 306 et 307, notes.

[2] *Loc. laud.* t. VII, p. 168 et 173, et ci-dessus, n° 309, note.

dik dans la hiérarchie du harem impérial, il désigne « douze esclaves, dites *guédikli*, choisies parmi les plus belles du palais, affectées au service du sultan, et chargées de remplir divers offices auprès de sa personne; elles deviennent souvent les rivales des *qâdin* ou dames du palais; et quand l'une d'elles a pu s'attirer les attentions particulières du Grand Seigneur, elle n'est point pour cela séparée de ses compagnes, mais on la distingue par le titre d'*iqbâl* « favorite [1]. »

TITRE IV. — RÉSUMÉ DE L'ANCIENNE LÉGISLATION SUR L'ÉTAT DES TERRES ET DES PERSONNES.

381. *Disposition religieuse du globe :*

1° *Dâr-ulislâm* « pays musulman, » occupé par les *mouminîn* « vrais croyants, » ou *muvahhidoun* « unitaires, » et plus spécialement, dans l'origine, les Arabes.

2° *Dâr-ulharb* « pays de guerre, » occupé par les *kuffâr* « mécréants, » ou *muchrikoun*, qui donnent à Dieu des associés, les chrétiens (trinitaires).

382. *Division agricole du sol musulman :*

1° Terre *âmir* ou *ma'mour* « productive, cultivée, en rapport. »

2° Terre *mévât* « morte, » inculte, abandonnée et sans maître connu.

Celle-ci, dans un but d'encouragement pour l'agriculture, est concédée par le prince à qui-

[1] Voyez *Constantinople et le Bosphore de Thrace*, par le comte Andréossy, p. 22.

conque veut la revivifier; mais le concessionnaire ne peut en jouir qu'à la condition *sine qua non* de la revivifier; autrement il perdrait sa concession, qui serait donnée à un nouvel exploitant.

383. *Division politique du territoire soumis à la domination musulmane :*

1° Terre *uchrïiè* « non tributaire, » soumise à la dîme; tout territoire conquis par la force, qui aura été partagé entre les vainqueurs; territoire dont les indigènes ont spontanément embrassé l'islamisme avant la conquête.

Parmi ces terres viennent se ranger les *vaqoufs*, destinés par les fondateurs musulmans à l'érection et à l'entretien des édifices consacrés au culte, à l'instruction ou à l'assistance publique.

2° Terre *kharâdjïiè* « tributaire, » soumise au *kharâdj*, c'est-à-dire sol conquis par capitulation, et qui a été laissé aux indigènes en toute propriété, *mulk;* ou bien territoire qui, ayant été conquis par la force, n'est laissé aux indigènes que pour en faire la culture; et qui, à titre de *vaqouf*, est devenu une propriété nationale, dont le revenu est employé aux besoins de tous.

384. *Bénéfices.* — A différentes époques, le territoire a été classé en une série de subdivisions, dans lesquelles le recouvrement des impôts, à divers titres, a été concédé, avec l'exercice des droits seigneuriaux, à la partie militaire de la nation. Cette concession, annuelle dans le principe, est devenue ensuite viagère, et enfin héréditaire, jus-

qu'à la promulgation du *tanzimât*, qui a fait rentrer l'État dans la plénitude de ses droits souverains, du moins quant à l'avenir, tout en maintenant le principe de vassalité de la terre par la délivrance du *tapou*.

385. *Emploi primitif du revenu à des objets rappelant son origine.* — Cette distinction a disparu aujourd'hui, en principe, dans les administrations supérieures de la Porte, à Constantinople.

386. *Condition des personnes.* — Elle est indiquée suffisamment par celle de la terre. Au sommet de la société musulmane, l'imam, le pontife-roi, administrateur de la propriété nationale, de la fortune publique; au-dessous, le *raïet*, le peuple, la nation, et en particulier, les musulmans; à côté de ceux-ci, mais dans une condition inférieure, viennent se placer, à l'état de clients, les *zimmis* ou *kuffâr* « infidèles, » habitant le *dâr-ulislâm* à titre permanent, et les *mustèmen*, à titre provisoire.

CHAPITRE X.

NOUVEAU DROIT DES PERSONNES ET DE LA PROPRIÉTÉ, INTRODUIT PAR LE TANZIMÂT ET LE KHATTI-HUMAÏOUN DU 18 FÉVRIER 1856.

Ce serait ici le lieu de rapporter le texte de la loi organique du *tanzimât*, cette sorte de charte octroyée, qui, dans certaines conditions, a modifié radicalement l'ancien régime et lui a substitué le droit nouveau, dont les éléments, préparés par Sultan

Mahmoud, furent solennellement proclamés par Sultan Abdulmedjid, assisté de son vizir Rechid-Pacha, le 3 novembre 1839, à Gulkhânè. Mais ayant déjà donné dans ce recueil [1] le texte et la traduction de ce document, je me bornerai à l'indiquer pour mémoire, et je passe à celui qui en est la conséquence, le corollaire, je veux dire le *khatti-humaïoun* du 18 février 1856, qui décrète l'application en Turquie des plus grands principes de la civilisation moderne : « l'égalité civile, religieuse et politique de tous les sujets ottomans [2]. »

Sultan Abdulaziz, frère et successeur d'Abdulmedjid, s'est empressé, peu de jours après son avénement, de déclarer dans un *khatt* lu à la Porte, le 2 juillet 1861, que « son plus grand désir est d'accroître, avec l'aide de Dieu, la prospérité de l'État, de faire le bonheur de ses sujets, *sans distinction*; et qu'il consacre, dans *toute leur plénitude*, *toutes les lois fondamentales* promulguées et établies jusqu'à présent, dans le but d'obtenir cet heureux résultat, et de garantir à tous les habitants de ses États la vie, l'honneur et la jouissance de la propriété [3].

[1] Janvier 1840.

[2] Ce document a été dressé et discuté, dans le principe, en français, puis traduit en turc; de sorte qu'il y a, pour ainsi dire, deux textes originaux et officiels.

[3] Voyez le *Journal de Constantinople*, 2 juillet 1861, et le texte turc dans le *Djéridèï havâdis* du 24 zilhidjè 1277 (3 juillet 1861).

TOUGHRA[1], OU CHIFFRE DE SULTAN ABDUL-MEDJID-KHAN

« Qu'il soit fait ainsi[2].

« Très-noble et éminent ministre, très-glorieux et respectable *muchîr*, régulateur et organisateur des peuples, vous qui dirigez les affaires par votre esprit pénétrant, qui les terminez par la rectitude de votre jugement, qui consolidez heureusement l'édifice de la prospérité du pays, qui distribuez les emplois de notre cour khalifale, qui en défendez l'honneur, qui, enfin, êtes comblé des faveurs du souverain-roi, notre grand vizir actuel, notre *alter ego*, Mehemmed-Emîn-Aâli-Pacha, décoré de notre ordre impérial du *Medjidiè* de première classe et de la décoration du mérite personnel, que Dieu vous accorde une grandeur impérissable !

« Sachez, au reçu de ce rescrit impérial, que le bonheur de tous les peuples dont la Providence a daigné me confier le dépôt, étant la plus chère et la plus constante de mes préoccupations, l'univers en-

[1] Le *toughra* offre, on le sait, la représentation de la main ouverte du prince. On lit dans M. de Hammer (*loc. laud.* I, 231) que, lors de la ratification du traité de commerce conclu avec la république de Raguse, Mourad Ier trempa sa main dans l'encre, et l'apposa en tête de cet acte diplomatique. Pareil procédé fut aussi employé par Timour, qui scella de l'empreinte de sa main rougie le diplôme par lequel il donnait à Ramazan-Zadè la souveraineté des provinces ottomanes d'Europe (*Histoire de Timur-Bec*, IV, p. 55).

[2] Cette formule constitue, proprement, à elle seule le *khatti-humaïoun* ; c'est l'homologation souveraine, tracée de la main même du sultan, et qui donne force exécutoire aux actes sur lesquels elle est apposée.

tier a pu voir, depuis mon avénement, grâce à Dieu, les fruits de ma sollicitude à cet égard. Toutefois, désirant donner une plus grande extension ainsi qu'une consécration nouvelle au nouveau régime, *tanzimâti-khaïrïiè*, que j'ai eu le bonheur d'établir, afin d'arriver ainsi à un état de choses conforme à la fois à la dignité de mon gouvernement ainsi qu'à la position éminente qu'il occupe parmi les nations civilisées;

« D'autre part, considérant que les droits augustes de ma couronne viennent, grâce à l'assistance du Très-Haut, de recevoir, à l'extérieur, une consécration nouvelle, par suite des louables efforts de mes fidèles sujets de toute classe, ainsi que par la sollicitude et le généreux concours des Hautes Puissances, mes nobles alliées; considérant dès lors que cette époque est le commencement d'une ère nouvelle de prospérité, les sentiments généreux que je professe pour mon peuple me font un devoir de chercher aussi, à l'intérieur, et par tous les moyens possibles, le développement de la force, de la puissance et de la prospérité du pays, et de faire ainsi le bonheur de mes sujets de toutes classes, unis tous entre eux par les liens d'un cordial patriotisme, comme ils sont tous égaux aux yeux de ma vive et paternelle sollicitude[1];

« A ces causes, nous avons ordonné et ordonnons ce qui suit :

I. « Les garanties promises et accordées à tous

[1] Comparez ci-dessus, n° 7.

nos sujets par le *khatti-chérif* de Gulkhânè et par les lois du *Tanzimât*, sans distinction de culte, pour la sécurité de leurs personnes et de leurs biens, et pour la conservation de leur honneur, sont rappelées et consacrées de nouveau; il sera pris des mesures efficaces pour que ces garanties reçoivent leur plein et entier effet.

II. «Sont reconnus et maintenus, en totalité, les immunités et priviléges spirituels donnés et accordés par nos illustres ancêtres, et à des dates postérieures, aux communautés chrétiennes et autres, non musulmanes [1], établies dans notre empire, sous notre égide protectrice. Toutefois, chaque communauté chrétienne ou autre, non musulmane, procédera, dans un délai déterminé, à la révision et à l'examen des immunités et priviléges actuels; à cet égard, elle discutera, par l'entremise de conseils formés *ad hoc* dans les patriarcats, avec notre approbation souveraine, et sous la surveillance de la Porte, les réformes qui seront exigées par le temps, ainsi que par le progrès des lumières et de la civilisation; le conseil sera tenu de soumettre ces réformes à notre sublime Porte. Les pouvoirs concédés aux patriarches et aux évêques chrétiens par Sultan Mehemmed *elfâtih*, de glorieuse mémoire, et ses illustres successeurs, seront mis en harmonie avec l'état et la position nouvelle que nos

[1] Les sujets ottomans ne sont plus actuellement désignés que sous ces deux seules dénominations : «musulmans» et «non musulmans;» toute autre qualification est abolie.

intentions généreuses assurent à ces communions. Le principe de la nomination à vie des patriarches, après la révision des règlements d'élection aujourd'hui en vigueur, sera entièrement et sincèrement appliqué, conformément à la teneur de leur *bérat* « diplôme [1] » d'investiture. Les patriarches, métropolitains (archevêques), délégués [2] et évêques,

[1] Voyez ci-dessus, n° 305.

[2] *Mourakkhaça* « fondé de pouvoirs, » délégué du chef spirituel de la communauté, investi de certains pouvoirs pour une mission temporaire ou permanente; le *mourakkhaça* peut être archevêque, évêque, prêtre ou même laïque.

La hiérarchie ecclésiastique des différentes églises d'Orient se divise comme suit :

1° *Église grecque non unie,* quatre patriarcats : Constantinople, Antioche, Alexandrie et Jérusalem.

Sous l'autorité de chaque patriarche, sont placés les métropolitains (archevêques), qui, selon l'importance de leurs siéges, ont un ou plusieurs suffragants, *piscopos.*

Les métropolitains relevant du siége de Constantinople sont de trois classes : 1° les membres du saint synode; 2° les métropolitains de premier ordre, relevant du patriarcat de Constantinople; 3° les métropolitains de second ordre, relevant du même patriarcat. Les métropolitains des patriarcats d'Antioche et de Jérusalem forment la quatrième et la cinquième classe.

2° *Église arménienne non unie,* quatre patriarcats : Constantinople, Sis, Akhtamar et Jérusalem.

Les diocèses ou circonscriptions religieuses administrées en vertu de la délégation du patriarche sont gérés par des ecclésiastiques qui, sous le titre générique de *mourakkhas,* sont *piscopos* « évêques, » *râhib* « religieux, » ou simplement *pâpâs* « prêtres. » (Voy. le tableau de l'ancienne hiérarchie épiscopale d'Arménie, par M. Dulaurier, *Journ. asiat.* avril-mai 1861, p. 427 et suiv.)

3° *Église arménienne unie,* patriarcat dont le titulaire civil est chargé en même temps de poursuivre, auprès de la Porte, le règlement des affaires des patriarcats syriens et chaldéens catholiques.

Les diocèses de la communauté arménienne unie, à l'exception

ainsi que les grands-rabbins, prêteront serment à leur entrée en fonctions, d'après une formule qui sera concertée entre notre sublime Porte et les chefs spirituels des différentes communautés.

III. « Les redevances et donatives faites actuellement au clergé, de quelque forme et nature qu'elles soient, sont entièrement supprimées ; il sera attribué, en échange, des revenus fixes aux patriarches et aux chefs des communautés ; pour les autres ecclésiastiques, il leur sera alloué, conformément à une décision ultérieure, des traitements établis dans une proportion équitable, selon l'importance de leur rang et de leur dignité. Il ne sera porté, toutefois, aucune atteinte aux propriétés mobilières et immobilières [1] du clergé chrétien. L'administration des affaires temporelles des com-

de celui de Bagdad, géré par un simple religieux, *rûhib*, sont administrés par des évêques, *piscopos*, désignés sous la dénomination générique de *mourakkhas*.

4° *Église grecque unie* ; patriarche résidant à Saïda, et, sous sa direction, les *mourakkhas* de première et de deuxième classe, savoir : les *métrépolites* et *bâch-piscopos* « métropolitains et archevêques, » et les *piscopos* et *râhib* « évêques et religieux. » (Voy. *Sâl-Nâmè* de 1278 (1861), p. 86 et suiv. et pour ce qui concerne l'Église arménienne non unie, l'intéressante *Histoire de l'Église arménienne orientale*, publiée à Paris par un savant orientaliste français, en 1855, in-8°.)

L'*Église jacobite d'Égypte* reconnaît sept patriarches ; quatre œcuméniques : ceux de Rome, d'Alexandrie, d'Éphèse, dont le siége est transféré à Constantinople, et d'Antioche ; trois honoraires : ceux de Jérusalem, de Selk et d'Abyssinie. (Voy. *Histoire de l'Église d'Alexandrie fondée par saint Marc, ou des Jacobites coptes d'Égypte*, par le P. Vansleb. Paris, 1677, in-12.)

[1] Voyez ci-dessus, n° 30.

munautés chrétiennes et autres, non musulmanes, sera placée sous la sauvegarde d'un conseil, dont les membres seront choisis parmi le clergé et les laïques de chaque communauté.

IV. « Dans les villes, bourgades et villages [1] où la population appartiendra en totalité au même culte, il ne sera mis aucune entrave à la réparation et à la restauration, d'après la forme primitive [2], des édifices consacrés au culte, ainsi que des écoles, des hôpitaux et des cimetières. Quand il sera nécessaire d'ériger de nouveaux édifices de ce genre, le plan et la forme, approuvés par le patriarche ou les chefs de communauté, devront être soumis, une fois seulement, à la Porte, qui acceptera les plans présentés, et en ordonnera l'exécution, conformément à l'*irâdè* « décret » impérial qui sera rendu à cet effet [3]. Dans le cas contraire, elle fera ses observations dans un délai déterminé. Si une communauté se trouve seule dans une localité, sans être mêlée avec d'autres communions religieuses [4], elle

[1] Voyez ci-après, chap. XI, art. II, 1°.

[2] Voyez ci-dessus, n° 97 c.

[3] L'ancienne législation (voy. ci-dessus, n° 97 *c*) ne permettait pas l'érection d'églises là où il n'y en avait pas eu précédemment. Omar ibn Abdulaziz ordonna la démolition de toutes les nouvelles églises (voy. mon *fetva, loc. laud.* 1851, novembre-décembre, p. 433, 490; 1852, février-mars, p. 119, 122), en se basant sur ce *hadis* attribué à Mahomet : لاتبنى بيعة فى الاسلام ولا يجدد ما خرب منها « On ne peut construire d'église dans l'islam; on ne peut réparer celles qui tomberont en ruines; » et plus bas : لا كنيسة فى الاسلام « pas d'église en terre d'islam. » (Voy. mon *fetva, loc. laud.* 1851, novembre-décembre, p. 513.)

[4] اديان مختلفة. Le mot *din* désignait, dans le principe, et d'une

ne sera soumise à aucune espèce de restriction dans l'exercice public et extérieur de son culte[1]. Quant aux villes, bourgades et villages, composés d'habitants appartenant à différents cultes, chaque communauté pourra, dans le quartier distinct qu'elle habite, réparer et restaurer ses églises, hôpitaux, écoles et cimetières, en se conformant aux principes ci-dessus indiqués.

V. « Quant aux nouveaux édifices dont la construction sera nécessaire, les patriarches ou chefs de communauté demanderont, à cet égard, l'autorisation nécessaire à la Porte; et notre permission souveraine sera accordée, à moins qu'il n'y ait, pour le gouvernement, quelque obstacle administratif[2].

VI. « L'intervention de l'autorité dans ces sortes de choses sera entièrement gratuite.

VII. « Le gouvernement prendra les mesures énergiques et nécessaires pour assurer à chaque culte, quel que soit le nombre de ses adhérents, la pleine liberté de son exercice[3].

manière spéciale, l'islamisme, la religion par excellence; *mezheb* et *millet*, les autres croyances. Ici, dans le *khatti-humâïoun*, ce mot est appliqué à tous les cultes, sans distinction.

[1] Dans le droit ancien, l'exercice extérieur était interdit légalement dans les localités fréquentées par les musulmans; c'est dire qu'il était permis partout ailleurs. (Voy. mon *fetva*, 1851, novembre-décembre, p. 497.)

[2] Tel que le voisinage d'une mosquée ou d'un turbé, la nature *vaqouf* du terrain, dépendant d'un établissement religieux.

[3] La Porte ne reconnaissait autrefois que deux communautés chrétiennes : celles des Grecs et des Arméniens non unis, et l'on sait quelles difficultés eurent à surmonter les chefs des nouvelles communautés grecques et arméniennes unies; pendant longtemps les

VIII. « Tout mot et toute expression ou appellation tendant à rendre une classe de mes sujets inférieure à l'autre, à raison du culte, de la langue ou de la race, sont à jamais abolis et effacés du protocole administratif[1].

IX. « La loi punira l'emploi, entre particuliers, ou de la part des agents de l'autorité, de toute expression ou qualification injurieuse ou blessante[2].

X. « Le culte de toutes les croyances et religions existant dans mes États, y étant pratiqué en toute liberté, aucun de mes sujets ne sera empêché d'exercer la religion qu'il professe[3].

Arméniens catholiques furent obligés de se faire assister, contre leur gré, par les prêtres du rit non uni, dans les principaux actes de la vie, tels que baptêmes, mariages et enterrements. Les Arméniens furent constitués en nation par firman de l'an 1831 (Famin, *Des églises chrétiennes en Orient*, p. 99).

[1] Comparez ci-dessus, n°s 102, 310, note, 323 et 362, et aussi mon *fetva, loc. laud.* 1851, novembre-décembre, p. 496, 510 et *passim*. Une technologie particulière était employée à l'égard des chrétiens. Les expressions qui pouvaient leur être communes avec les musulmans étaient travesties d'une façon injurieuse et méprisante : ainsi, le mot حاجى, *hâdji*, donné aux pèlerins de la Mecque, s'écrivait هاجى pour ceux de Jérusalem; خواجه était écrit هوجه; كليسه كنيسه ,حكيم هكيم; etc. Ce zèle ignorant s'exerçait aussi parfois, et dans certaines contrées éloignées, à l'endroit des morts : enfin, il y a relativement peu d'années que la chancellerie ottomane a fait disparaître de son protocole cette formule : ختمت عواقبه بالخير « que sa fin soit heureuse; » en d'autres termes : « qu'il se fasse musulman »; elle accompagnait toujours le nom de l'ambassadeur à la demande duquel les firmans étaient délivrés.

[2] Le *khatt* ne se borne pas seulement à interdire les formules blessantes; il prescrit une répression sévère si elles étaient employées dorénavant.

[3] On se rappelle encore la persécution soutenue par les Armé-

XI. « Personne ne sera ni vexé, ni inquiété à cet égard.

XII. « Personne ne sera contraint à changer de culte ou de religion[1].

XIII. « Les agents et employés de l'État sont choisis par nous ; ils sont nommés par décret impérial ; et comme tous nos sujets, sans distinction de nationalité, seront admissibles aux emplois et services publics[2], ils seront aptes à les occuper, selon leur mérite et leur capacité, et conformément à des règles dont l'application sera générale.

XIV. « Tous nos sujets, sans différence ni distinction, seront reçus dans les écoles civiles et militaires du gouvernement, pourvu qu'ils remplissent les conditions d'âge et d'examen spécifiées dans les règlements organiques desdites écoles.

XV. « De plus, chaque communauté est autorisée à établir des écoles publiques pour les sciences, les arts et l'industrie ; seulement, le mode d'enseignement et le choix des professeurs de ces sortes d'écoles seront placés sous l'inspection et le contrôle

niens catholiques, notamment en 1828. (Voy. de Hammer, *loc. laud.* XIII, p. 285 ; et Ubicini, *Lettres sur la Turquie*, 2e partie, p. 263.)

[1] Le gouvernement du sultan lui-même réprima, il y a peu d'années, à Varna et à Bourghas, certains actes de violence et de séquestration de personnes, ayant pour but de contraindre ceux qui en étaient victimes à embrasser l'islamisme.

[2] Comparez l'ancienne législation d'après mon *fetva* (*loc. laud.* novembre-décembre 1851, p. 423, et ci-dessus, n° 110, note). Un chrétien vient d'être nommé gouverneur général du Liban, et de recevoir, à cette occasion, le titre de *muchir*, « maréchal ». (*Djéridèi-havadis* du 24 zilhidjè 1277 — 22 juin 1861.)

d'un conseil mixte d'instruction publique, dont les membres seront nommés par nous [1].

XVI. « Toutes les affaires commerciales et criminelles qui surviendront entre des musulmans et des sujets chrétiens ou autres, non musulmans, ou bien entre sujets chrétiens et autres, non musulmans, de rites différents, seront déférées à des tribunaux mixtes [2]. L'audience de ces tribunaux sera publique; les parties seront mises en présence; les témoins qu'elles produiront affirmeront leurs dépositions sous un serment, qui sera toujours prêté selon la religion et le culte de chacun d'eux.

XVII. « Les procès ayant trait aux affaires civiles seront jugés, d'après la loi religieuse et les règlements [3], dans les conseils mixtes des préfectures et sous-préfectures, en présence du gouverneur général et du qâdi. Les débats des causes jugées dans ces tribunaux et conseils [4] seront publics.

[1] Les Grecs non unis comptent à Constantinople, ses faubourgs et environs, 77 *mekteb* « écoles, » recevant 6,477 élèves; les Arméniens grégoriens, 37 écoles, avec 6,528 élèves; les Arméniens unis, 8 écoles, 509 élèves; les Israélites, 44 écoles, 2,552 élèves; les protestants, 5 écoles, 82 élèves, garçons et filles; les Juifs qaraïtes, 3 écoles, 100 élèves. Toutes les écoles ci-dessus, excepté les écoles protestantes, ne reçoivent que des garçons. (*Salnâmè* de 1278, p. 118.)

[2] Avant l'établissement des tribunaux mixtes, toutes les affaires étaient déférées au *mehkèmè* « tribunal du qâdi. »

[3] C'est-à-dire en présence du représentant de la loi religieuse, et selon les *qavânîn* (lois civiles) promulguées par l'initiative souveraine.

[4] *Medjlis*, assemblée formée au chef-lieu de province ou de district, et dans laquelle, à côté des autorités locales, siégent les chefs spirituels et un certain nombre de notables des communautés non musulmanes.

XVIII. « Les procès spéciaux, tels que ceux de succession, soit entre deux chrétiens, soit entre deux autres sujets non musulmans, pourront, à la demande des parties, être renvoyés par-devant les patriarches, les chefs de communautés et les conseils desdites communautés pour y être jugés.

XIX. « Les lois pénales et commerciales, ainsi que les règles de procédure à appliquer dans les tribunaux mixtes, seront complétées le plus promptement possible; elles seront coordonnées et codifiées, puis ensuite publiées et répandues, en traduction, dans les différents idiomes usités dans nos États[1].

XX. « On procédera, dans le plus bref délai possible, à la réforme du système pénitentiaire des prisons et tous autres lieux destinés à la détention préventive ou correctionnelle, afin de concilier les droits de l'humanité avec ceux de la justice.

XXI. « En tout état de cause, et même dans les prisons, toute peine corporelle, à l'exception de ce qui est conforme aux règlements disciplinaires émanés de la Porte, et tout traitement qui ressemblerait aux tourments et à la torture, sont radicalement supprimés et abolis.

XXII. « Les actes de cruauté qui viendraient à

[1] Le Code pénal, composé de 264 articles, a été édicté le 28 zilqadè 1274 (10 juillet 1858), brochure de 62 pages in-8°, imprimée à Constantinople à l'imprimerie impériale. Le Code de commerce, composé de 315 articles, forme une brochure de 75 pages grand in-8°, également imprimée à l'imprimerie impériale dans la troisième décade de rebi akher 1275 (du 26 novembre au 5 décembre 1858). On s'occupe de la rédaction d'un Code de procédure civile.

se produire, en contravention avec ce qui précède, seront blâmés et réprimés; et, de plus, les agents qui les auront ordonnés et ceux qui les auront commis seront destitués et punis, aux termes du Code pénal.

XXIII. « L'organisation de la police dans la capitale, dans les provinces et dans les campagnes, sera revisée dans une forme qui assure une protection énergique et réelle aux sujets paisibles de notre empire, quant à leur personne et à leurs biens[1].

XXIV. « L'égalité des impôts[2] entraînant l'égalité des autres charges, de même que celle des droits entraîne aussi celles des devoirs, les chrétiens et autres sujets non musulmans devront, comme les musulmans, se soumettre à la loi dernièrement promulguée sur la levée du contingent militaire[3].

[1] L'ancien code de la police datait du 17 zilhidjè 1262.

[2] Les sujets ottomans payent tous actuellement les mêmes impôts; la *zékiat* a disparu; cette dénomination, qui emportait avec elle une idée religieuse (voy. ci-dessus, n°s 118 et suiv.), l'accomplissement d'un acte de culte, auquel les musulmans seuls étaient habiles, a été remplacée par une appellation tout à fait synonyme, mais qui peut s'appliquer à tous, sans distinction, le *vergui;* sous cette dénomination, les musulmans acquittent l'ancienne *zékiat,* et les chrétiens les diverses impositions qui tenaient lieu de celle-ci. Cet impôt est une sorte d'*income-tax,* prélevé sur la fortune présumée, mobilière, immobilière ou commerciale des particuliers. La répartition en est faite par les *vâlis* « gouverneurs généraux, » assistés des *medjlis,* en prenant pour base de la quotité de l'impôt dû par la province les chiffres consignés sur les registres des archives impériales. Le montant du *vergui,* évalué, en 1850, à 200,000,000 de piastres (*Renseignements pour l'histoire contemporaine de la Turquie*), s'est élevé, en 1860, au chiffre de 551,929 bourses, soit 275,964,500 piastres.

[3] La prestation militaire n'était due, sous l'ancien régime, que

XXV. « Le principe de l'exemption personnelle du service militaire, soit par le remplacement, soit par le rachat [1], sera admis.

XXVI. « Les règlements nécessaires sur le mode d'admission des sujets non musulmans dans les rangs de l'armée seront dressés et publiés, dans le plus bref délai possible.

XXVII. « On procédera à la réforme des règlements relatifs à la composition des conseils de préfecture et de sous-préfecture, afin d'assurer la sincérité du choix des membres musulmans, chrétiens et autres, et de garantir la libre manifestation des votes. La Porte avisera à l'emploi des moyens les plus efficaces pour être informée exactement du résultat des délibérations, ainsi que pour connaître et contrôler les décisions prises.

XXVIII. « Comme les lois qui régissent l'achat, la vente et la possession des propriétés immobilières sont communes à tous les sujets ottomans [2], il est

par certaines tribus chrétiennes; les Myrdites, par exemple, fournissaient, en temps de guerre, un certain contingent d'hommes armés (voy. Ami Boué, *loc. laud.* IV, 419), qui, sous l'étendard de la croix, rejoignaient le gros de l'armée ottomane, pour aller occuper ensuite le poste qui leur était assigné; d'autres, tels que les *Voïnouqs* (D'Ohsson, *loc. laud.* VII, 17, 379), étaient employés à divers offices dans l'armée. (Voy. aussi ci-dessus, n°s 109 et suiv.)

[1] Voyez ci-dessus, n°s 109 et suiv.

[2] Comparez ci-dessus, n°s 56 et suiv. On a vu plus haut (n°s 113 et 115) que la législation interdit aux étrangers le droit de propriété en pays musulman. Toutefois, la Porte a toujours admis et reconnu, dans divers mémorandums adressés aux légations étrangères à Constantinople, « que les femmes, sujettes ottomanes, ne perdent pas, par le fait de leur union avec des étrangers, les droits qu'elles peu-

également permis aux étrangers de posséder des immeubles, en se conformant aux lois du pays et aux règlements de police locale[1]; et en acquittant les mêmes droits que les indigènes, après, toutefois, les arrangements qui auront lieu entre mon gouvernement et les puissances étrangères.

XXIX. « Les impôts, exigibles de tous nos sujets, seront perçus au même titre, sans distinction de classe ni de culte[2]. On avisera aux moyens les plus prompts de réformer les abus existant aujourd'hui dans la perception des impôts, et notamment des dîmes. Le système de la perception directe de l'impôt sera successivement, et autant que possible, substitué au régime d'affermage des revenus de l'État[3]. Tant que le système actuel demeurera en vigueur, il sera interdit, sous des peines sévères, aux agents de la Porte, ainsi qu'aux membres des *medjlis*, de se rendre adjudicataires des fermes, dont

vent avoir, par héritage ou autrement, sur les propriétés dont elles avaient la jouissance jusqu'à l'époque de leur mariage. » Ce droit, malgré le changement survenu dans leur état civil, reste plein et entier comme par le passé. De plus, ce principe étant applicable, à plus forte raison, aux femmes relevant de la communauté dite *latin-raïacy* (voy. n° 31, note, sur la capitulation de Mahomet II), il s'en est suivi que bon nombre d'Européens, établis en Turquie, sont devenus propriétaires par le fait et sous le nom de leurs femmes; et que d'autres le sont devenus également en faisant passer les leurs comme appartenant à cettedite communauté, et en les faisant inscrire, en tant que propriétaires, sur les registres de cette chancellerie. On voit sans peine les conséquences de ce système.

[1] Comparez ci-dessus, n°s 113 et suiv.

[2] Comparez ci-dessus, art. XXIV.

[3] Voyez ci-dessus, n°s 285 et 299.

les enchères, d'ailleurs, seront faites publiquement, ou de prendre aucune part dans leur exploitation.

XXX. « Les impositions locales seront, autant que possible, établies et fixées de manière à ne pas nuire aux productions territoriales, et à ne pas entraver le commerce intérieur[1].

XXXI. « Aux allocations convenables qui seront déterminées et affectées aux travaux d'utilité publique, viendront se joindre les impositions spéciales qui seront prélevées sur les provinces appelées à jouir de l'établissement des voies de communication par terre et par eau.

XXXII. « Un règlement spécial ayant été fait dernièrement sur la rédaction et la présentation du budget de l'État[2], on s'attachera à l'appliquer dans toute son exactitude.

XXXIII. « On procédera à la juste révision des traitements affectés à chaque emploi.

XXXIV. « Les chefs de communautés, assistés d'un délégué de chacune d'elles, désigné par nous, seront convoqués spécialement par notre grand vizir, pour prendre part aux délibérations du grand conseil, dans les circonstances qui intéresseront la généralité de nos sujets; les délégués seront nommés

[1] Voyez ci-dessus, n° 123, note.

[2] Une commission financière ou « conseil des trésors, » خزاين مجلسي, présidée par Mehemmed-Ruchdi-Pacha, ancien grand vizir, et dont plusieurs employés supérieurs des finances de France, d'Angleterre et d'Autriche font partie, s'est occupée de la rédaction régulière du budget de l'empire ottoman; ce travail touche presque à sa fin.

pour une année; ils prêteront serment à leur entrée en fonctions.

XXXV. « Les membres du grand conseil, dans les réunions ordinaires ou extraordinaires, émettront librement leur avis et leur vote; ils ne seront aucunement inquiétés à cet égard.

XXXVI. « Les dispositions de la loi sur la corruption, la concussion et la malversation[1] seront appliquées, d'après les formes légales, à tous nos sujets, à quelque classe qu'ils appartiennent, et quelles que soient leurs fonctions.

XXXVII. « Il sera créé des banques et d'autres institutions du même genre, pour donner du crédit aux finances du pays et pour réformer le système monétaire; on affectera les capitaux nécessaires aux objets qui constituent la source de la richesse matérielle de notre empire; on s'appliquera enfin à donner de véritables facilités, en ouvrant les routes et les canaux nécessaires au transport des produits du sol, et en écartant tout ce qui s'opposerait au développement de l'agriculture et du commerce.

XXXVIII. « Dans ce but, on devra s'attacher sans cesse à aviser scrupuleusement aux moyens de mettre à profit les sciences, les connaissances et les capitaux de l'Europe.

« Vous ferez donc publier, noble vizir, cet auguste firman, dans les formes usitées, tant à Constantinople que dans les provinces de l'empire; vous veillerez à l'exécution de sa teneur, et vous prendrez

[1] Loi du 15 djemazi ewel 1271 (4 janvier 1855).

les mesures nécessaires pour que ces dispositions soient à jamais exécutées. Sachez-le ainsi ; ayez confiance dans ce noble signe.

« Écrit à Constantinople, dans la première décade de djemazi akher 1272 (18 février 1856[1]). »

CHAPITRE XI.

LOI RÉGISSANT ACTUELLEMENT LA PROPRIÉTÉ FONCIÈRE EN TURQUIE[2].

TITRE PRÉLIMINAIRE.

I. La terre est classée, en Turquie, en cinq catégories, comme suit :

1° La terre *mulk*, propriété appartenant, de la manière la plus absolue, aux particuliers[3].

2° La terre *miriïè*, domaine public, propriété de l'État.

3° La terre *mevqoufè*[4], bien de mainmorte, non sujette à mutation.

4° La terre *metroukè*, laissée (pour l'usage public[5]).

[1] Les principes énoncés dans ce *khatti-humaïoun* ont également reçu une application solennelle par l'édit que S. A. le Bey de Tunis a récemment publié. Tous les journaux d'Europe en ont fait connaître le texte français, et le *Djéridèï-havâdis*, journal turc, imprimé à Constantinople, en a donné une version turque dans son numéro du 6 ramazan dernier (17 mars 1861).

[2] Texte turc publié à l'imprimerie impériale de Constantinople, (Voy. ci-dessus, avant-propos, note.)

[3] « Bien libre : *res privatæ, res singulorum.* » (Ortolan, *loc. laud.* p. 245 ; *Code Napoléon*, art. 544.)

[4] « Bien engagé, » et aussi « biens ecclésiastiques. »

[5] *Res publicæ, res universitatis.* » (Voy. Ortolan, *loc. laud.* p. 245 et suiv.)

5° La terre *mèvât*, morte.

II. Les terres *mulk* ou de propriété privée sont de quatre sortes :

1° Celles qui se trouvent dans l'intérieur des communes et cantons[1], et celles qui, s'étendant sur la lisière de ces circonscriptions, dans un périmètre d'un demi-*deunum*[2] au plus, sont considérées comme complément d'habitation.

2° Celles qui, distraites[3] du domaine public, ont été données à titre *mulk* valide (en toute propriété) à tel individu pour en jouir dans toutes les conditions du *plenum dominium* (*milkiiet*), selon les prescriptions de la loi religieuse.

3° Les terres de dîme (*uchriïè*[4]), c'est-à-dire celles qui, partagées, lors de la conquête, entre les vainqueurs, leur ont été données en toute propriété.

4° Celles dites *kharâdjiïè*[5], qui, à la même époque, ont été laissées et confirmées dans la possession des indigènes (non musulmans).

Le *kharâdj* de la terre est de deux sortes :

Kharâdji-mouqâcèmè « impôt proportionnel, » qui, selon l'importance des produits du sol, peut s'élever du dixième jusqu'à la moitié (de la récolte[6]).

[1] قريه, *qariïè* désigne l'agglomération d'habitants formant une circonscription de dernier ordre, la commune; قصبه, *qaçaba*, se compose d'une ou plusieurs communes; le canton.

[2] Voyez ci-dessus, n° 317, note.

[3] *Ifrâz olounân.* (Voy. ci-dessus, n° 261, note.)

[4] Voyez ci-dessus, n°s 36 et suiv.

[5] Voyez ci-dessus, n°s 10 et suiv.

[6] Voyez ci-dessus, n° 12.

Kharâdji-muvazzaf « impôt fixe, » frappé à forfait sur la terre.

La terre *mulk* est à l'entière disposition [1] du propriétaire; elle se transmet par voie d'héritage, comme la propriété mobilière; et peut être soumise à toutes les dispositions de la loi, telles que la mise en *vaqouf*, le gage ou hypothèque, la donation, la préemption ou retrait vicinal [2].

Toute terre *uchrïiè* ou *kharâdjïiè*, au décès sans héritier de son propriétaire, fait retour au domaine public (*beït-elmâl*), et devient ainsi *mirïiè*.

La législation et la procédure relatives à ces quatre sortes de terres *mulk*, se trouvant dans les livres de jurisprudence religieuse (*fiqh*), ne seront pas traitées ici.

[1] Littéralement : « La servitude de la terre *mulk* relève du propriétaire. » رقبه, *raqabè*, au pl. رقاب, qui s'emploie principalement pour les personnes, les êtres animés, indique la nuque, la partie inférieure du cou sur laquelle, chez les animaux, repose le joug; c'est donc la *servitude* de la terre qui se trouve dans le *dominium plenum* de son propriétaire. Maverdi (*loc. laud.* p. 380) emploie la forme plurielle pour le singulier dans le passage suivant : واما الخراج فهو ما وضع على رقاب الارض من حقوق تودى عنها « le *kharâdj* est l'impôt frappé sur le cou de la terre, c'est-à-dire le droit qu'elle doit acquitter. » Et plus bas : ولا يجوز بيع رقابها « la *vassalité* de la terre ne peut être vendue. » Plus loin, en parlant des hommes : ولا يسقط عنهم بهذا الخراج جزية رقابهم ان صاروا اهل الذمة « le *kharâdj* ne les dispensera pas du *djiziè*, s'ils sont zimmis. »

[2] شفعه, *chuf'a*, droit qu'exerce, en cas de vente, tout propriétaire sur l'immeuble contigu au sien. (Cf. d'Ohsson, *loc. laud.* t. II, p. 557, et VI, p. 93; et pour les détails de la législation du droit de *chuf'a*, M. de Tornauw, *loc. laud.* p. 278 et suiv.)

III. Les terres *miriiè* relèvent entièrement du domaine public. Ce sont les champs, lieux de campement et de parcours d'été et d'hiver, les forêts et autres domaines, dont le gouvernement donnait la jouissance par fermage, et qui s'acquéraient autrefois, en cas de vente ou de vacance, moyennant la permission et la concession délivrées par les feudataires de *timârs* et de *ziâmets*, considérés comme maîtres du sol (*sâhibi erz*), et, plus tard, par celles des *multezims*[1] et *mouhassils*[2]. Cet ordre de choses étant aboli, la possession de ces sortes d'immeubles s'acquerra, dorénavant, moyennant la permission et la concession de l'agent *ad hoc* du gouvernement. Les acquéreurs de ces *possessions* recevront un titre possessoire dit *tapou*, revêtu du *toughra* impérial. Le *tapou*[3] est un *mou'adjèlè* « payement anticipé, » qui se fait en échange du droit de possession, et qui est versé entre les mains de l'agent compétent, pour le compte du trésor.

IV. Les terres *mevqoufè* sont de deux sortes :

1° Celles qui, étant réellement *mulk* dans l'origine, sont devenues *vaqouf* par l'accomplissement des formalités prescrites par le *chériat* « loi reli-

[1] Fermiers à terme ou concessionnaires d'*iltizâm*. (Voy. ci-dessus, n° 299, note.)

[2] Selon M. de Hammer (*loc. laud.* t. VIII, p. 254; XIV, p. 2, et XV, p. 155), ce mot désignait un pacha auquel la Porte donnait à vie, *malikiânè* (en forme de *mulk*), la perception du revenu total des impôts d'un sandjaq, district de second ordre. (Voy. aussi n° 299 ci-dessus.)

[3] Voyez ci-dessus, n° 298, note 4.

gieuse. » Ces terres relèvent de l'administration du *vaqouf*, qui exerce sur elles tous les droits de propriété; dès lors, elles ne sont point régies par la loi civile (*qânoun*[1]), mais uniquement d'après le dispositif des conditions établies par le fondateur; on ne s'occupera pas non plus, dans le présent code, de ce genre de *vaqoufs*.

2° Les terres qui, distraites du domaine public, ont été converties en *vaqoufs*, soit par les sultans, soit par tous autres, avec l'autorisation souveraine. Comme cette sorte de *vaqoufs* n'est que l'attribution par le gouvernement d'une partie des revenus publics, telle que la dîme et les redevances *ruçoum*, à une destination quelconque, ce genre de *vaqoufs* n'est donc pas un *vaqouf* réel et proprement dit. Au reste, la plupart des *vaqoufs* de l'empire sont de ce genre; et comme cette catégorie de terres, devenue *vaqouf* subsidiairement, par suite de la destination spéciale à laquelle elle a été affectée, dépend du *beït-elmâl* « domaine public, » tout aussi bien que les terres purement et primitivement *mirïiè*, elle suit la procédure civile, dont on trouvera ci-après le détail. Seulement, les droits de *firâgh* « vente, » d'*intiqâl* « transmission par héritage, » et le prix d'acquisition des terrains vacants, qui, lorsqu'il s'agit de propriétés pures et simples de l'État, sont versés au trésor public « *mîri*, » doi-

[1] Ordonnances successives des souverains, et par suite les lois civiles édictées par les sultans ottomans. (Cf. Worms, *loc. laud.* août-septembre 1842, p. 280.)

vent, pour ces sortes de *vaqoufs*, être versés à la caisse de l'administration du *vaqouf*.

La législation ci-après, qui régit les terres *mîrïiè*, est applicable aussi à ces sortes de terres *vaqoufs*; et toutes les fois que, dans le présent code, il sera question de terres *nevqoufè*, c'est de celles-ci qu'on voudra parler, c'est-à-dire de terres devenues *vaqoufs* subsidiairement, et par suite d'une destination spéciale, à laquelle elles auront été affectées.

Parmi ces *vaqoufs*, il s'en trouve encore d'autres, qui se divisent en deux classes :

L'une appartenant à l'État, quant au fonds, et dont la dîme et les autres *ruçoumât*[1] reviennent à l'État, le droit de *possession* (c'est-à-dire le prix d'a-

[1] Voyez ci-dessus, n° 303. *Ruçoum* ou *ruçoumât* (sur lesquels on peut consulter d'Ohsson, *loc. laud.* t. V, p. 134, et M. Worms, *loc. laud.* février 1843, p. 133) est un terme générique qui semble indiquer, ainsi que *mîriïât*, tous les impôts autres que la dîme et la douane, ce qui correspondrait assez aux « impôts indirects » de France. On lit dans le *Djéridè* du 6 ramazan 1277, que le ministère des finances met aux enchères la ferme des « recettes des contributions indirectes de la province de Denizli » دكزلى سنجاغى قضالرى رسومى وارداتى; — « les recettes indirectes de celle de Salonique » سلانيك قضالرى واردات رسوميه سى; — « l'impôt indirect sur les chèvres et les moutons de la province de Qars » قارص سنجاغى اغنام وكجى رسومى; — « les droits de la dime, de la douane, et de l'ancien et nouveau droit *roukhçatiïè* sur les tabacs de Denizli » دكزلى سنجاغنك عشر وكمرك وقديم وجديد رخصتيهٔ دخان رسومى. Ceci m'amène à remarquer que le droit dit *roukhçatiïè* est une taxe facultative, quant à la fixation de sa quotité, taxe que doit payer, au préalable, toute fabrique ou usine nouvellement établie, ou toute culture récemment introduite dans le pays.

chat pour obtenir la jouissance) étant seul affecté à une destination donnée.

L'autre appartenant à l'État, quant au fonds, et dont la dîme, les autres revenus et le droit de *possession* (le prix d'achat pour la jouissance) sont affectés à une destination déterminée. Les dispositions civiles (*qânouniïè*) relatives à la vente et à la transmission (par héritage) ne sont pas applicables à ces sortes de terres; elles ne peuvent être cultivées et mises en état de rapport que par l'administration même du *vaqouf*, ou par voie de louage, pour le produit être employé selon les dispositions du fondateur.

V. Les terres *metroukè* sont de deux sortes :

1° Celles qui, comme la voie publique, par exemple, sont laissées à l'usage commun des populations.

2° Celles qui, comme les pâturages, sont laissées pour le service de la généralité des habitants d'une commune et d'un canton, ou de plusieurs communes et cantons réunis.

VI. Les terres *mévât* sont les terrains vagues qui, n'étant en la possession de personne et n'ayant pas été laissées ou affectées à la population, s'étendent loin des communes et cantons, à une distance d'où la voix humaine ne peut se faire entendre du point extrême des endroits habités, c'est-à-dire un mille et demi, ou environ la distance d'une demi-heure[1].

VII. Le présent code est divisé en trois livres :

[1] Voyez plus bas, art. CIII.

Livre Ier. Domaine public : *èrâzii-mirïiè vè mevqoufè.* (Art. VIII à XC.)

Livre II. Terres abandonnées et terres mortes : *èrâzii-metroukè vè mévât.* (Art. XCI à CV.)

Livre III. Diverses sortes de propriétés non classées dans les catégories précédentes. (Art. CVI à CXXXII.)

LIVRE PREMIER.

DOMAINE PUBLIC.

Titre 1er. *Téçarruf* « possession. » (Art. VIII à XXXV.)

Titre 2. *Firâgh* « cession, vente. » (Art. XXXVI à LIII.)

Titre 3. *Intiqâl* « transmission par héritage. » (Art. LIV à LVIII.)

Titre 4. *Mahloulât* « vacance, déshérence. » (Art. LIX à XC.)

TITRE PREMIER. — DES DIFFÉRENTES MANIÈRES DONT S'ACQUIERT LA *POSSESSION* DES TERRES DU DOMAINE PUBLIC.

VIII. La totalité des terres d'une commune ou d'un canton ne peut être concédée, en bloc, à l'ensemble de ses habitants, ou bien, par voie de choix, à un ou deux d'entre eux. Ces terres sont concédées à chaque habitant séparément, et on lui fait remise d'un titre possessoire, *tapou*, établissant son droit de *possession*[1].

IX. Les terres *mîrïiè* susceptibles de culture et de labour pourront recevoir, directement ou indirectement, par voie de louage ou de prêt, toutes sortes de cultures, telles que blé, orge, riz, *boïa*

[1] *Téçarruf.* (Voy. ci-dessus la définition de ce mot, n° 303, note.)

« garance, » et autres grains. Elles ne pourront rester incultes, à moins d'excuses valables, déterminées au titre « déshérence, » et dûment constatées.

X. Les prairies[1], dont, *ab antiquo*, on fauche le produit, et qui payent le dixième de leur récolte, sont considérées comme terre cultivée; la *possession* en est donnée par *tapou;* le *possesseur* seul peut tirer profit de l'herbe qui y croît, et il est habile à empêcher tout autre d'en jouir. Ces prairies, moyennant l'autorisation de l'autorité compétente, peuvent être labourées et mises en culture.

XI. Le détenteur d'un champ *possédé* par *tapou* peut seul tirer profit de l'herbe dite *kilimba* qu'il y laisse croître, pour permettre à la terre de se reposer[2], selon le besoin. Il peut interdire aussi l'entrée dudit champ à quiconque voudrait y introduire des bestiaux pour la paisson.

XII. Personne, sans la permission préalable de l'autorité compétente, ne peut travailler la terre dont il a la *possession*, pour en faire des briques ou des tuiles. En cas de contravention, que cette terre soit *mîriïè* ou *mevqoufè*, le contrevenant devra payer, pour compte du trésor, le prix de la terre ainsi employée par lui, selon la valeur qu'elle aura sur les lieux.

XIII. Tout *possesseur* de terre par *tapou* peut em-

[1] چايبر, *tchaïr;* proprement : « la prairie, où l'herbe croît à une assez grande hauteur pour pouvoir être fauchée. (Cf. ci-après, art. XXIV, note.)

[2] Terre en jachère.

pêcher qui que ce soit de traverser son terrain si on n'y a pas droit; mais s'il existe, *ab antiquo*, un droit de passage, ledit *possesseur* ne pourra s'y opposer [1].

XIV. Personne, sans l'autorisation et l'entremise du *possesseur*, ne peut couper arbitrairement le terrain d'autrui, y faire des meules ou tout autre acte arbitraire de *possession* [2].

XV. Si la totalité ou seulement l'un des *copossesseurs* d'une terre possédée par indivis et susceptible d'être divisée, c'est-à-dire dont chaque *copossesseur* pourra tirer profit de la part lui afférant, réclame le partage[3], la portion de chacun sera fixée et déterminée par le ministère de l'autorité compétente, en présence des parties ou de leurs fondés de pouvoirs, soit par le tirage au sort, dans la modalité établie par la loi religieuse, soit selon tout autre mode équitable, en tenant compte, suivant la nature du lieu, de la qualité supérieure, moyenne ou inférieure de la terre. Si ces terres ne peuvent être partagées, elles continueront, comme par le passé, à rester *possédées* en indivis [4], et le système du *mouhaïât*[5], c'est-à-dire de la *possession* alternative entre les *copossesseurs*, ne leur sera pas appliqué.

[1] Comparez *Code Napoléon*, art. 682 et suiv.

[2] Comparez *Code rural français*, loi du 28 septembre 1791, art. 17.

[3] « Nul ne peut être contraint à rester dans l'indivision. » (*Code Napoléon*, art. 815 et suiv.)

[4] Comparez *Code Napoléon*, art. 827.

[5] مهايات « negotium super quo plures consentiunt ac inter se concordant. » Golius.

XVI. Après le partage de la terre, dans les formes déterminées au précédent article, quand chacun des *copossesseurs*, ayant fixé ses limites, aura reçu *tradition* de la partie lui échéant, et quand il en sera entré en possession, aucun d'eux ne sera plus habile à demander l'annulation du premier partage pour faire procéder à une nouvelle répartition[1].

XVII. Le partage de la terre ne peut avoir lieu sans l'autorisation et le ministère de l'autorité compétente, ni en l'absence du *possesseur* ou de son mandataire. Si l'on procédait de la sorte à ce partage, il serait réputé nul et non avenu[2].

XVIII. Si les copossesseurs de terres ou certains d'entre eux sont mineurs, de l'un ou l'autre sexe, le partage des terres en leur *possession*, et susceptibles d'être divisées, comme il est dit à l'article xv, aura lieu par l'entremise de leurs tuteurs[3]. Il en sera de même des terres appartenant à des individus en

[1] Comparez *Code Napoléon*, art. 887 et suiv.

[2] Comparez *Code Napoléon*, art. 819 et suiv.

[3] *Vaci* « tuteur ou exécuteur testamentaire. » (D'Ohsson, *loc. laud.* V, 312.). M. de Tornauw (*le Droit musulman*, p. 290 de la version française) définit de la manière suivante les dénominations indiquant les diverses origines de la tutelle et de la curatelle :

« ولی, *véli*, désigne le tuteur naturel, celui qui est investi de cette qualité par le droit de la parenté du sang; ce droit n'appartient qu'au père et au grand-père ; la mère n'est point *véli* ; mais le testament du père peut lui déférer la tutelle.

« وصی, *vaci*, est le tuteur nommé par testament.

« قائم, *qaïm*, est le tuteur nommé par l'autorité, quand il n'y a ni *véli*, ni *vaci*. »

Ce dernier répond au *curateur* de la législation française.

état de folie ou de démence[1]; le partage en sera fait par l'entremise de leurs tuteurs.

XIX. Tout individu ayant seul la *possession*, par *tapou*, de forêts ou de *pernâllyq*[2], peut les abattre pour en faire des champs destinés à la culture. Mais si ces forêts ou *pernâllyq* sont en *possession* collective, l'un des *copossesseurs* ne peut, sans le consentement des autres, abattre tout ou partie desdites forêts ou *pernâllyq* pour en faire des champs; s'il le faisait, ceux-ci seraient seulement *copossesseurs* de la partie de terrain ainsi dénudée par ce dernier.

XX. A moins d'excuses valables, constatées judiciairement, telles que minorité, démence, violence ou séjour loin du pays pour cause de voyage[3], nulle action ne sera reçue en justice, touchant des terres dont la *possession* par *tapou* aura existé sans conteste pendant un laps de temps de dix années[4]. Pendant dix ans, à partir du jour où l'excuse aura cessé, ces actions seront reçues; passé ce terme, elles seront rejetées. Toutefois, si le défendeur reconnaît et déclare qu'il a, arbitrairement, pris et cultivé la terre actuellement entre ses mains, on ne

[1] Voyez *Code Napoléon*, art. 465, 509.

[2] پرناللق, terrain où croît le *pernâr* (en albanais toske, *prinari*; en guègue, *prinari* ou *prinos*; voy. Ami Boué, *loc. laud.* I, 456); chêne yeuse, petite espèce de chêne vert, *quercus ilex* de Linnée; en italien, *ilice*, *elcina*, *elce*, *leccio*; il y a aussi une autre espèce de *pernâr*, c'est le chêne kermès, *quercus coccifera*.

[3] سفر, opposé à حضر «séjour, résidence.»

[4] Comparez *Code Napoléon*, art. 1304, 2233, 2265.

tiendra point compte alors du laps de temps écoulé, ni de la *possession;* et la terre sera rendue à son véritable maître [1].

XXI. Une fois que la terre prise et cultivée, arbitrairement ou par violence, et qui a payé chaque année les droits exigibles du sol, aura, après jugement, été remise en la *possession* de qui de droit par l'autorité compétente, celle-ci et le demandeur ne seront plus fondés à réclamer du détenteur arbitraire soit un droit de louage, اجرت, soit une indemnité pour la moins-value de la terre, نقصان ارض [2]. Les mêmes dispositions sont applicables à la terre appartenant aux mineurs ou à des individus en état d'imbécillité et de démence.

XXII. Lors de la restitution des terres prises et cultivées, arbitrairement ou par violence, l'individu qui aura réclamé sa terre pourra faire enlever [3], par l'entremise de l'autorité compétente, les semailles ou herbages que l'usurpateur aura pu y jeter

[1] Comparez *Code Napoléon*, art. 2248.

[2] C'est-à-dire : « la moins-value occasionnée par l'usage qu'on aura fait de la terre, la détérioration qu'elle aura pu subir. » Le sens de ce passage est fixé par le texte suivant du commentaire de la *Multéqa* (t. II, p. 175 : واکر اول ارضك ایچنده اولان غرسی قوپروب قلع ایلمکله ارض ناقص اولسه مالك ایچون جائز درکه اول غاصب اولان کمسه‌یه اول ارضك قیمتنی تضمین ایتدیره « Si l'extirpation de ces arbres détériore la terre, le propriétaire est parfaitement fondé à exiger, pour sa terre ainsi détériorée, une indemnité de l'individu qui aura arbitrairement planté lesdits arbres sur son terrain. »

[3] Comparez *Code Napoléon*, art. 555.

ou y faire croître; il n'a nul droit à s'approprier lesdites semailles ou herbages.

XXIII. Tout individu qui, des mains du possesseur, aura reçu une terre à titre de louage ou de prêt, n'acquiert nullement un droit de permanence sur ladite terre, par le fait du long espace de temps pendant lequel il l'aura cultivée et en aura joui, dès qu'il s'en reconnaît locataire ou emprunteur[1]. Conséquemment, comme on ne tient pas compte du temps, le *possesseur* de la terre aura toujours le droit de reprendre sa propriété des mains du locataire ou emprunteur.

XXIV. Hormis les *qychlaq* et *ïaïlaq*[2], affectés à l'usage de trois ou cinq communes, il n'y a nulle différence entre les terres cultivées et les localités dont, *ab antiquo*, on s'est servi, à titre particulier, comme *ïaïlaq* et *qychlaq*, ou celles qui sont *possédées* ordinairement, par *tapou*, soit isolément, soit en commun. Les dispositions ci-dessus de la loi civile et celles qui seront formulées ci-après leur sont applicables; les détenteurs de ces deux sortes de *ïaïlaqs* et de *qychlaqs* acquitteront les droits *ïaïlaqyïè* et *qychlaqyïè*, proportionnellement au rapport d'iceux[3].

[1] Comparez *Code Napoléon*, art. 1737.

[2] قشلاق, lieu de campement, de parcours et de vaine pâture (comp. *Code rural français*, titre I, sect. IV, art. 2) pour les bestiaux pendant l'hiver; يايلاق, opposé du précédent, lieu de campement, de parcours pour les bestiaux pendant l'été. Le *Tâdj-ulmé'âni*, de mon manuscrit, par Mirza Abdullah Turkistani, explique le mot *qychlaq* par *maqâm;* et *ïaïlaq* par *tchéraguiâh* « pré, prairie, pâturage. »

[3] Comparez *Code rural français*, titre I, sect. IV, art. 3.

XXV. Personne, sans y être autorisé par l'autorité compétente, ne peut planter, dans une terre en sa *possession*, des vignes ou arbres fruitiers pour en faire un jardin ou vignoble [1]. En cas de contravention, le trésor a, trois années durant, la faculté de faire enlever ces arbres; si, au bout de ce terme, les arbres sont arrivés à un état de rapport, on devra les laisser où ils sont; seulement, les arbres (fruitiers) plantés sans la permission de l'autorité compétente, et qui auront dépassé le terme de trois années[2], comme aussi ceux qui auront été plantés avec sa permission, ne suivent pas la condition de la terre; ils deviennent *mulk* « propriété » du détenteur de la terre; la dîme seule est perçue annuellement sur le produit; il ne peut être imposé de *mouqâtéa*[3] « redevance fixe » sur le sol de ces sortes de vignobles et vergers dont les arbres (fruitiers) acquittent la dîme sur leurs produits.

XXVI. Tout individu qui greffera, plantera ou élèvera des arbres (fruitiers), venus naturellement sur la terre en sa *possession*, à titre unique ou col-

[1] Comparez *Code rural français*, titre I, sect. 1, art. 2.

[2] On peut remarquer ici ce terme de trois années, qui, d'une part, est la base du principe de *dépossession* de la terre, si elle n'est pas mise en rapport pendant cette période de temps (voy. ci-dessus nos 248 et 263), et qui, de l'autre, et dans certains cas, comme celui du présent article, établit, au contraire, la propriété.

[3] مقاطعه تقدير اولماز « on ne peut imposer sur ces produits la redevance fixe dite *mouqâtéa*, » à forfait, ou sorte de *vazîfè*. (Voy. ci-dessus, n° 44.) *Mouqâtéa* est ici l'équivalent d'*idjârèï-maqtoua* (art. LXXXII) et d'*idjârèï-zémîn* (art. XXX, XXXI et XXXII). (Voy. pour plus de détails n° 204, note.)

lectif, en acquerra la propriété *mulk*, et l'autorité compétente, pas plus que le *copossesseur*, ne pourront s'ingérer dans la propriété desdits arbres, sur le produit annuel desquels la dîme seule sera perçue.

XXVII. Nul étranger n'a le droit de faire acte de propriétaire en greffant ou cultivant, sans l'autorisation du *possesseur* du sol, les arbres venus naturellement sur la terre d'autrui; si l'étranger à cette propriété veut faire cette greffe ou culture, le *possesseur* du sol a le droit de l'en empêcher. Si la greffe a eu lieu, le *possesseur* du sol est en droit, par l'entremise de l'autorité compétente, de faire enlever lesdits arbres [1] de l'endroit où ils auront été greffés (plantés).

XXVIII. Tout arbre fruitier et non fruitier, sans exception, savoir : le *palamoud* [2], le noyer, le châtaignier, le *gueurguen* [3] et le *mèchè* [4], venu naturellement sur un terrain *mîrïè*, suit la condition de la terre; le produit revient au *possesseur* du sol; la dîme légale seulement *(uchuri-cher'i)* est prélevée sur la récolte, pour compte du *mîri*. Les arbres venus naturellement ne peuvent être ni coupés, ni enlevés

[1] Comparez *Code Napoléon*, art. 555.

[2] پلامود اغاجی, chêne à gland, chêne velani; en grec, *βάλανος*; en français, gland, vallonée; en arabe, *bellout*, بلوط; en turc, *pilit*, پلیت, پلیین, et *palamout*. Le nom d'Avlona (la Vologne) a la même origine; cette localité a été ainsi nommée en raison de la grande exportation de vallonée qui s'y faisait. (Ami Boué, *loc. laud.* III, 137.)

[3] کورکن, le charme, *carpinus betulus*.

[4] Chêne, *quercus robur*.

par le *possesseur* du sol, ni par qui que ce soit. Quiconque couperait ou enlèverait l'un de ces arbres serait passible, envers le *mîri*, du payement de la valeur de l'arbre sur pied.

XXIX. Tout individu qui, sur la terre en sa *possession*, a planté des arbres non fruitiers, avec permission de l'autorité compétente, en a la propriété *mulk;* lui seul a la faculté de les couper et de les faire arracher. Toute autre personne qui voudrait en faire la coupe devrait en rembourser la valeur. Il est imposé sur ces sortes de bois une redevance terrienne (*idjârèï-zémîn*) équivalant à la dîme, en tenant compte, suivant l'emplacement, du plus ou moins de valeur de l'immeuble.

XXX. Hormis les bois des montagnes *mubâh*[1] et ceux affectés à l'usage des communes, la coupe des bois dont les arbres, venus naturellement, sont destinés à l'affouage, et qui, passés de père en fils ou achetés de tiers, sont *possédés* par *tapou*, ne peut être faite que par le possesseur seul de ces bois. Si tout autre veut faire cette coupe, le détenteur peut l'en empêcher, par l'entremise de l'autorité compétente; si la coupe a eu lieu, la valeur sur pied des arbres coupés sera remboursée pour compte du *mîri*. Pour ce qui est du sol de ces bois, le *mîri* perçoit l'*idjârèï-zémîn*, équivalant à la dîme. La procédure applicable à ces bois est celle des terres *mîriïè*.

[1] مباح, abandonné au premier occupant. (Voy. sur la définition de l'*ibâhat*, Ducaurroy, *loc. laud.*)

XXXI. On ne peut élever ou bâtir de construction nouvelle sur une terre *mirïiè* sans la permission préalable de l'autorité compétente; si cela avait lieu, le *miri* peut la faire abattre.

XXXII. Si le *possesseur* d'une terre *mîrïiè* est dans la nécessité, selon les circonstances, d'y faire des constructions, il pourra, moyennant la permission de l'autorité compétente, y faire bâtir des fermes, moulins, enclos, hangars, granges[1], écuries, greniers à paille, bergeries, etc. Quant aux terrains bruts, sur lesquels il n'existe aucun vestige de construction, et où l'on voudra bâtir, pour faire, en cet endroit, soit un quartier, soit un village, on devra obtenir pour cet objet un décret impérial; car, dans ce cas, la permission seule de l'autorité est insuffisante.

XXXIII. Personne, ni *possesseur* ni autre, ne pourra enterrer un cadavre dans une terre possédée par *tapou;* en cas de contravention, le cadavre, s'il n'est déjà réduit en poussière, sera exhumé, par l'entremise de l'autorité compétente, et transporté ailleurs; s'il n'en reste plus rien, le terrain qui le recouvrait sera nivelé.

XXXIV. Le terrain distrait d'une terre *mîrïiè* pour servir d'emplacement de *khirmen*[2], et dont la *possession* est donnée ordinairement par *tapou*, à titre particulier ou commun, suit la législation des autres terres *mirïiè*. L'emplacement des *khirmens* de salines distrait des terres *mirïiè* est aussi du même genre.

[1] Voyez ci-dessus, n° 332.

[2] Voyez ci-dessus, n° 334, note.

Le sol de ces *khirmens* est imposé d'un *mouqâtéaï-zémin* (redevance fixe) équivalant à la dîme.

XXXV. 1° Si quelqu'un élève arbitrairement des constructions, ou plante des vignes et des arbres (fruitiers) sur un terrain en la *possession* légitime d'une autre personne, celle-ci a le droit de faire abattre les bâtisses et enlever les vignes et les arbres, par l'entremise de l'autorité compétente[1]. 2° Si quelqu'un fait des constructions et des plantations sur la totalité de terrains *possédés*, à titre commun, par lui et des tiers, et ce sans y être autorisé par ses *copossesseurs*, ceux-ci procéderont de la façon indiquée au premier paragraphe du présent article, pour ce qui concerne la partie leur incombant. 3° Si quelqu'un, muni d'un titre exécutoire obtenu par l'une des causes amenant la *possession*, savoir : l'achat d'une autre personne ou du *mîri*, la supposition que le terrain est vacant (*mahloul*), ou enfin la transmission par héritage paternel ou maternel; si donc quelqu'un ayant fait des constructions ou plantations sur le terrain dont il se trouve ainsi possesseur, il survient ensuite une autre personne prétendant avoir droit au sol sur lequel se trouvent lesdites bâtisses et plantations, on vérifiera l'existence de ce droit; et, après l'avoir constatée, si la valeur des bâtiments à démolir ou des arbres à enlever dépasse celle du sol, payement sera fait au demandeur du prix réel du sol, lequel restera alors entre les mains du propriétaire des bâtiments et plantations.

[1] Comparez *Code Napoléon*, art. 555.

Si, au contraire, le sol vaut davantage, le prix des constructions ou des arbres sera compté à leur propriétaire, après quoi ils feront retour au demandeur, *possesseur* du sol. — 4° Enfin, si quelqu'un fait des constructions ou plantations sur certaines parties de terrains *possédés* en commun par lui et des tiers, et ce sans l'autorisation de ses *copossesseurs*, il sera procédé au partage de ces terrains conformément aux dispositions de l'article XV; si le sol des constructions ou plantations échoit à l'un des *copossesseurs*, on procédera comme il est dit au § 2 du présent article.

TITRE II. — *FIRÂGH*[1] « VENTE » DES TERRES *MÎRIÏÈ*.

XXXVI. Tout individu *possesseur* d'une terre par *tapou* peut la vendre à qui bon lui semble, soit gratis, soit pour le prix convenu entre les parties, après la permission préalable de l'autorité compétente. Sans cette autorisation, la vente de toute terre *mîriïè* est nulle et sans valeur. Le droit de *possession* de l'acquéreur (مفروغ لە) est essentiellement subordonné à cette permission; aussi, si l'acquéreur vient à décéder avant l'octroi de cette permission, le vendeur (فارغ) peut reprendre la *possession* de la terre, comme précédemment. D'autre part, si celui-ci vient à décéder en laissant des héritiers directs dans

[1] فراغ « abandon. » Ce mot est souvent joint, dans les *hudjets*, à celui de *teslîm* « consignation; » il correspond exactement à la *traditio* du droit romain.

l'ordre déterminé ci-après[1], ces terres passeront auxdits héritiers; s'il n'en laisse pas, elles seront soumises à la formalité du *tapou*[2], et l'acheteur exercera ses reprises sur la succession, pour recouvrer les sommes qu'il aurait pu verser comme prix d'achat : ainsi donc la mutation de la terre est subordonnée, dans tous les cas, à la permission de l'autorité. Toute vente faite par le *possesseur* de la terre, avec permission de l'autorité, doit être accompagnée du consentement de l'acheteur ou de son mandataire.

XXXVII. Pour l'achat des terres *mirïiè*, la permission de l'autorité étant seule requise, si le vendeur, muni de cette permission, vient à décéder avant que l'acquéreur ait pu retirer le titre de *tapou*, la vente, malgré cela, est bonne et valable, et

[1] Classant l'ordre de succession d'une façon différente du Code Napoléon (art. 731), le présent code établit deux catégories : 1° le droit d'hérédité résultant de la succession directe, applicable aux enfants, ainsi qu'aux père et mère du défunt; celui-ci est nommé حق انتقال, *haqqy-intiqâl* « droit à la transmission pure et simple de la propriété; » — 2° le droit d'hérédité des successeurs collatéraux, applicable aux divers degrés de parenté désignés ci-après, art. LIX; les individus jouissant de ce droit sont désignés par l'expression حق طاپو اصحابی « ayant droit à succéder, moyennant payement du *tapou*. » En d'autres termes, les héritiers *directs*, dans l'acception orientale, héritent de la propriété, sans avoir besoin d'un nouveau titre possessoire, tandis que les *collatéraux* n'héritent que moyennant la délivrance de cet acte, après le payement de la redevance y affectée. (Voy. aussi d'Ohsson, *loc. laud.* t. V, p. 304.)

[2] C'est-à-dire que le droit d'hérédité cessant, elles seront concédées à un nouveau possesseur, moyennant le payement du *tapou*, rappelant l'origine de la *possession*. (Voy. ci-après, art. LIX.)

la terre ne peut être considérée comme vacante (*mahloul*).

XXXVIII. Tout individu qui aura vendu sa terre *gratis*, c'est-à-dire sans spécification du prix d'achat, ne sera pas admis, non plus que ses héritiers, en cas de décès, à présenter plus tard une demande en réclamation du prix d'achat de ladite terre [1]. Mais si la vente ayant été faite avec permission de l'autorité, contre payement d'une somme déterminée, il n'en reçoit pas le montant, ledit vendeur, et, en cas de décès, ses héritiers directs ont le droit de reprendre et de se faire restituer la terre, soit de l'acquéreur, soit, en cas de décès, des héritiers directs de celui-ci. — Si le prix de vente a été compté, il n'y a plus lieu, comme il est dit plus haut, ni à procès, ni à restitution.

XXXIX. Toute personne qui, dans la forme valable et définitive, et avec permission de l'autorité, aura vendu sa terre gratis ou pour une valeur déterminée, ne pourra plus revenir sur cette vente.

XL. Si un individu, après avoir vendu sa terre, avec permission de l'autorité, la revend à une autre personne sans l'autorisation de l'acquéreur, cette seconde vente ne sera pas valable.

XLI. Tout individu *possédant* une terre par indivis, ne peut, sans l'autorisation de son coïntéressé, vendre sa part gratis ou contre sa valeur. — Si cela avait lieu, le coïntéressé aurait, pendant cinq années, le droit de reprendre cette part de

[1] Voyez *Code Napoléon*, art. 1583.

l'acquéreur, moyennant le prix de la terre à l'époque où il en ferait revendication. Au bout de ce terme, et fût-il même dépassé pour motif d'excuses valables, telles que minorité, folie ou séjour en voyage dans des contrées éloignées, on n'est plus admis à intenter d'action. Mais si, lors de la vente, le coïntéressé s'est déchu lui-même de ses droits, soit en refusant son autorisation, soit en déclinant les offres qui auront pu lui être faites d'acquérir la propriété, il n'est plus recevable à intenter d'action.

XLII. Si, parmi trois associés ou plus, il s'en trouve un qui veuille vendre sa part, il ne pourra être fait aucune préférence entre les coïntéressés. Si ces derniers veulent acquérir cette part, ils peuvent l'acheter en commun. Si l'un des coïntéressés vend sa part entière à l'un de ses coassociés, les autres peuvent prendre, sur cette part, la portion afférente à chacun d'eux. Les dispositions de l'article précédent sont aussi applicables à celui-ci.

XLIII. Si quelqu'un vend arbitrairement, avec permission de l'autorité, mais sans mandat *ad hoc* du *possesseur*, la terre d'un tiers ou de son associé, et si ladite vente n'est pas validée par le *possesseur* de la terre, celle-ci sera reprise, par l'entremise de l'autorité compétente, de quiconque en aura fait, de la sorte, l'acquisition arbitraire.

XLIV. Le possesseur de tout terrain sur lequel se trouvent des arbres et constructions *mulk*, terrain dont la culture et la *possession* suivent[1] la condition

[1] بتبعيته (Voy. ci-dessus, n° 192, note).

desdits arbres et bâtiments, ne peut vendre ce terrain gratis, ou pour sa contre-valeur, à personne autre que le propriétaire desdits arbres ou bâtiments, si celui-ci demande à en devenir acquéreur, moyennant la formalité du *tapou*. Si la vente est faite à tout autre, ledit propriétaire aura, pendant dix ans, la faculté de réclamer ce terrain et de le reprendre, pour sa valeur, à l'époque où il en fera la demande; pour ce cas, les motifs d'excuse, tels que minorité, démence et séjour en voyage, dans une contrée éloignée, ne sont pas admis.

XLV. Si le *possesseur* par *tapou* de terrains sis dans la circonscription d'une commune en a fait la vente à une personne résidant dans une autre commune, les habitants de celle où se trouvent lesdits terrains, et auxquels ils pourraient être nécessaires [1], ont, une année durant, la faculté de réclamer en leur faveur l'adjudication de ce terrain au même prix que celui auquel il aura été vendu.

XLVI. Le droit de *chuf'a* [2], applicable aux *emlâk*, ne l'est point aux terres *mîrîiè* et *mevqoufè*; c'est-à-dire que si quelqu'un a vendu à un certain prix le terrain lui appartenant, son voisin n'a pas la faculté de se le faire adjuger, en disant qu'il le prend pour la même somme.

XLVII. Quand il s'agit de terres vendues comme ayant la contenance d'un nombre déterminé de *deunums* et de *dira*, ce chiffre sera pris seul en considé-

[1] يره ضرورتى اولنار (Voy. sur cette expression l'art. LIX ci-après.

[2] Retrait vicinal. (Voy. ci-dessus, art. II, note.)

ration[1]. Mais s'il s'agit de la vente de terrains dont on aura indiqué et déterminé les limites, il n'importe plus de connaître le nombre de *deunums* et de *dira*[2] de leur contenance, et l'on tient compte uniquement des limites. Ainsi, par exemple, si un terrain vendu, dont le propriétaire aura indiqué et déterminé les limites, tout en disant qu'il a une contenance de vingt-cinq *deunums*, se trouve en avoir trente-deux, cedit propriétaire ne pourra intenter d'action contre l'acquéreur, distraire sept *deunums* de ce terrain pour les reprendre, ou enfin exiger un supplément sur le prix d'achat; et s'il décède une fois la vente accomplie, ses descendants ou ascendants ne seront pas non plus admis à poursuivre. De même, si le terrain ne contenait que dix-huit *deunums*, l'acquéreur ne serait pas admis à réclamer, sur le prix d'achat, la restitution d'une somme équivalant aux sept *deunums* en question.

XLVIII. Les arbres venus naturellement sur le terrain d'un individu qui en a fait la vente suivent la condition du sol, et doivent entrer dans cettedite vente. Toutefois, si, lors de la vente, le vendeur a dénoncé l'état *mulk* des arbres existant sur ce terrain, l'acquéreur ne pourra en prendre possession avant qu'ils aient fait l'objet d'une vente spéciale.

XLIX. Quand le propriétaire d'arbres, vignes ou bâtiments *mulk*, plantés ou élevés ultérieurement sur un terrain de *tapou*, en fait la vente, avec le

[1] Voyez *Code Napoléon*, art. 1602.

[2] Voyez ci-après, art. CXXXI.

concours de l'autorité, on fait vendre également le sol, toujours avec le même concours, à l'acquéreur desdits arbres, vignes ou bâtiments. On procède de la même manière lorsqu'il s'agit de forêts dont le sol est terre de l'état *erzi-mîri*, et les arbres *mulk*.

L. Les individus de l'un et de l'autre sexe en état de minorité, folie ou démence sont inhabiles à vendre les terres leur appartenant[1]; dès lors, si, ayant fait une vente de ce genre avant d'être parvenus à leur majorité ou à l'état de guérison, ils viennent à décéder, leurs héritiers directs, dans les conditions ci-après indiquées, hériteront de ces terres; à défaut d'héritiers de cette catégorie, elles seront soumises à la formalité du *tapou*.

LI. Les individus de l'un et de l'autre sexe en état de minorité, folie ou démence ne peuvent acquérir. Toutefois, s'il y a pour eux profit ou avantage constaté, leurs tuteurs ou curateurs[2] peuvent, en cettedite qualité, acquérir en leur nom.

LII. Les tuteurs des mineurs de l'un et de l'autre sexe ne peuvent vendre ou acquérir, sous prétexte de payement de dettes, dépense d'entretien, ou tout autre, les terres transmises directement à leurs pupilles par héritage de père ou de mère, ou

[1] L'interdiction civile qui frappe ces individus, vu leur état d'incapacité, est désignée par le mot حجر (Voy. d'Ohsson, *loc. laud.* t. VI, p. 116; *Mevqoufati*, II, 167. — *Code Napoléon*, art. 1124).

[2] *Véli* et *vaci*. Ces deux qualités ne seront plus indiquées ci-après que par le seul mot *tuteur*. (Voy. ci-dessus, art. XVIII, note.)

celles qui, à tous autres titres, seraient passées en leur *possession*. S'ils les vendent ou en font l'acquisition, leursdits pupilles peuvent, dix années durant, après leur majorité, ou après être devenus habiles à posséder, réclamer du détenteur de leurs terres, et ce par l'entremise de l'autorité, la restitution et la mise en jouissance de leurs biens. S'ils décèdent avant leur majorité, ces terres passeront à leurs héritiers directs; et, à défaut de ceux-ci, elles seront soumises à la formalité du *tapou*. Toutefois, si les fermes, *possession* de mineurs, ne peuvent être administrées par les tuteurs d'une façon qui ne soit pas onéreuse à leurs pupilles, et s'il est établi, d'autre part, que, cesdites fermes et leurs dépendances ayant une certaine valeur, il serait nuisible aux intérêts des mineurs de les laisser se détériorer, et perdre ainsi de leur valeur relative, on devra, dans ce cas, et en vertu de la faculté concédée par la loi (religieuse), procéder à la vente. En outre, s'il est établi judiciairement que la conservation de la terre seule, si l'on en séparait les bâtiments et dépendances, ferait tort aux mineurs, on devra se pourvoir d'un acte légal (religieux) d'autorisation; et la terre pourra alors être vendue pour son prix relatif et réel, conjointement avec lesdites dépendances. La vente étant accomplie de la sorte, les mineurs ne seront pas reçus, lors de leur majorité, à réclamer la restitution desdites terres et dépendances, pour en être remis en possession. — On procédera de la même façon pour les terres appartenant aux individus de l'un ou l'autre sexe en état de minorité, de folie ou démence.

LIII. Si le *possesseur* mâle ou femelle d'arbres et vignes devenus vignobles et vergers, et plantés sur un sol *mîrïè* ou *mevqoufè*, ou bien si ledit *possesseur* de bâtiments construits sur des terrains de cette catégorie se trouve dans un état de minorité, folie ou démence, ses tuteurs peuvent vendre ces vignobles, vergers ou bâtiments, selon la faculté accordée par la loi (religieuse), comme dépendance[1] de ces *mulks;* ils peuvent aussi vendre le sol.

TITRE III. — *INTIQÂL* « TRANSMISSION PAR HÉRITAGE » DES TERRES *MÎRIÏÈ*.

LIV. Lors du décès du *possesseur* mâle ou femelle de terres *mîrïè* ou *mevqoufè*, les terres en sa *possession*[2] passent, par portions égales, gratis, et sans formalité d'achat, à ses enfants des deux sexes, présents sur les lieux ou habitant d'autres contrées[3]. Si le décédé ne laisse que des garçons ou des filles, les uns ou les autres en hériteront de même, seuls, et sans formalité d'achat. Si le possesseur de la terre laisse, à son décès, sa femme en état de grossesse, la terre reste dans le *statu quo* jusqu'à la délivrance[4].

[1] *Accessoire.* (Voy. ci-dessus, n° 192, note.)

[2] عهده استعمال Littéralement : « à sa charge, à lui données à certaines conditions; » ce terme, comme celui de تصرف, indique plutôt une jouissance usufruitière que patrimoniale, celle enfin qui constitue le *mulk*, la propriété libre.

[3] Voyez *Code Napoléon*, art. 731, 745.

[4] Voyez *Code Napoléon*, art. 393.

LV. La terre *mirïè* ou *mevqoufè* dont le *possesseur* décède sans postérité passe gratuitement, comme ci-dessus, à son père, ou, à défaut de celui-ci, à sa mère[1].

LVI. Si partie des enfants du défunt, mâle ou femelle, existent et sont présents; et si l'autre manque[2], dans les conditions dites *ghaïbéti-munqatia* « disparition absolue, » les terres sont données aux enfants présents et existants[3]. Toutefois, si l'absent reparaît dans le terme de trois ans[4], à partir du décès de son père ou de sa mère; ou bien s'il est avéré qu'il existe encore, il prendra sa part. On procédera de la même façon quand il s'agira du père ou de la mère.

LVII. Les terres de l'individu dont on ignore l'existence ou le décès, et qui aura disparu, dans les mêmes conditions, durant l'espace de trois années, passeront, comme il est dit au précédent article, à ses enfants; à leur défaut, à son père; et si celui-ci n'existe plus, à sa mère. S'il n'y a aucun de ces héritiers, la terre sera soumise à la formalité du *tapou;* c'est-à-dire que si, dans les conditions énumérées ci-après, il y a des héritiers collatéraux, cette terre leur sera concédée, moyennant la taxe de *tapou.*

[1] Comparez *Code Napoléon,* art. 746. — Voy. ci-après, art. LVII.

[2] مفقود « manquant, » opposé de موجود « existant. » (Voy. la législation de l'absent, *Mevqoufâti,* t. I, p. 361; et d'Ohsson, *loc. laud.* t. VI, p. 114.)

[3] Voyez *Code Napoléon,* art. 115, 120, et la définition du *ghaïbéti-munqatia,* dans Tornauw, p. 257.

[4] Voyez ci-dessus, art. XXV.

S'il n'y en a pas, elle sera adjugée aux enchères, au plus fol et dernier enchérisseur.

LVIII. Le soldat employé à l'armée, en service actif dans une autre contrée, que son existence soit connue ou qu'il ait disparu, dans les conditions du *ghaïbeti munqatia*, hérite des terres laissées par son père, sa mère ou ses enfants. Elles ne peuvent être concédées à personne avant la constatation légale (religieuse) de son décès. La vente même eût-elle été faite, si cet héritier reparaît, à quelque époque que ce soit, il a le droit de reprendre ladite terre, son patrimoine, des mains de quiconque en sera détenteur, et d'en prendre possession. Toutefois, et dans le seul but de sauvegarder les intérêts du Trésor, quant à la redevance payable par la terre حقوق ارضيه [1], si le soldat dont il est parlé n'a ni parent ni représentant pour gérer son bien, sa terre sera confiée à un tiers, afin de la mettre en rapport [2] et d'assurer ainsi le prélèvement des droits.

TITRE IV. — *MAHLOULÂT* « VACANCE, DÉSHÉRENCE » DES TERRES *MÎRIÏÈ*.

LIX. Si le *possesseur* mâle ou femelle de la terre décède sans laisser après lui ni descendants ni ascendants [3], la terre sera donnée :

1° A son frère germain ou consanguin, moyen-

[1] Voyez ci-dessus, art. 1, note sur le mot *raqabè*.

[2] Conf. *Mevqoufâti*, de l'absent, t. I, p. 361, et *Code forestier français*, loi du 28 septembre 1791, sect. V, tit. 1.

[3] Littéralement : ni père ni mère.

nant la taxe de *tapou*, c'est-à-dire pour un prix fixé par des experts impartiaux, connaissant l'étendue et la contenance de la terre[1], ses limites, ainsi que sa valeur relative, proportionnée, selon la localité, à son rendement. Cet héritier a, pendant dix ans, le droit de réclamer cette terre et d'en demander la restitution[2].

2° A défaut de frère germain ou consanguin, elle sera donnée, moyennant la taxe de *tapou*, à la sœur germaine ou consanguine, qu'elle habite ou non la ville ou le village où la terre est située. Son droit à revendication est de cinq années.

3° A défaut de sœur germaine ou consanguine, elle sera donnée, moyennant la taxe de *tapou*, et par portions égales, aux enfants mâles et femelles du fils. Leur droit à revendication est de dix années.

4° A défaut d'enfants mâles ou femelles du fils, elle sera donnée, moyennant la taxe de *tapou*, au conjoint survivant. Son droit à revendication est de dix ans.

5° A défaut de conjoint survivant, elle sera donnée, moyennant la taxe de *tapou*, et par portions égales, aux frères et sœurs utérins. Leur droit à revendication est de cinq années.

6° A défaut de frère et sœur utérins, elle sera donnée, moyennant la taxe de *tapou*, et par portions égales, aux enfants mâles et femelles de la

[1] Voyez ci-dessus, n° 298, note.

[2] *Jus vindicandi* « droit de réclamation en justice contre le détenteur. » (Ortolan, *loc. laud.* t. II, p. 256.)

fille. Leur droit à revendication est de cinq années.

7° A défaut de ceux-ci, s'il existe sur la terre des arbres ou constructions *mulk*, ladite terre sera donnée, moyennant *tapou*, et par portions égales, aux individus qui auront hérité directement desdits arbres ou constructions. Leur droit à revendication est de dix années. Tels sont les divers degrés de parenté donnant droit au *tapou;* au delà, ce droit n'existe plus.

8° A défaut d'héritiers compris dans les catégories ci-dessus, la terre est donnée, moyennant la taxe de *tapou*, aux associés ou coïntéressés. Leur droit à revendication est de cinq années.

9° A défaut d'associé ou coïntéressé, la terre est donnée, moyennant la taxe de *tapou*, à ceux des paysans de la localité auxquels elle peut être nécessaire. Leur droit à revendication est d'une année. Si plusieurs habitants dudit village ont besoin d'une terre qui doit être soumise à la formalité du *tapou*, et s'ils s'en portent acquéreurs, on fera le partage de cettedite terre, si cela ne présente point d'inconvénients; et chaque acquéreur recevra la concession d'un lot. Mais si la terre n'est pas susceptible de partage, ou s'il y a quelque inconvénient à en faire la répartition, elle sera donnée à celui des acquéreurs auquel elle sera le plus nécessaire. S'ils en ont tous un égal besoin, elle sera donnée à celui d'entre eux qui, ayant fait un service personnel et actif dans l'armée, et ayant accompli son temps, sera rentré dans ses foyers. A défaut d'un acquéreur dans ces conditions, on procédera au tirage au sort, et la terre sera donnée à celui que le sort désignera. Après avoir été adjugée de la sorte, la terre ne pourra plus, en aucune façon, être demandée ou réclamée par aucun autre acquéreur.

LX. Si le *possesseur* mâle ou femelle de la terre décède sans héritiers directs, c'est-à-dire sans laisser ni enfants, ni père, ni mère; s'il ne laisse aucun héritier collatéral, dans les conditions ci-dessus; ou si, en ayant laissé, ceux-ci encourent la déchéance de leur droit au *tapou*, par leur refus d'acquérir la terre moyennant la taxe de *tapou*, la terre alors devient purement et simplement *vacante;* elle est mise aux enchères, et adjugée au plus fol et dernier enchérisseur. — Si les collatéraux de l'un ou l'autre sexe sont en état de minorité ou de démence, la déchéance ne peut être invoquée ni contre eux ni contre leurs tuteurs.

LXI. Les délais ci-dessus établis en faveur des collatéraux pour la revendication, courent à partir du décès du *possesseur* mâle ou femelle de la terre; et, pendant cette période, que la terre ait été ou non donnée à une autre personne, lesdits collatéraux auront la faculté de se la faire concéder par le *mîri*, moyennant la taxe de *tapou* incombant à la terre, au jour de la demande. — Ces délais écoulés, ou bien les collatéraux ayant encouru déchéance de leurs droits, les réclamations qu'ils pourront présenter en vertu de leur droit à *tapou* ne seront point admises. Les motifs d'excuse tels que minorité, folie ou séjour en voyage dans une contrée éloignée, ne sont pas valables dans les procès en revendication de droit à *tapou*. Si, par ces motifs, on a laissé périmer les délais, il y a, à leur expiration, déchéance du droit de *tapou*.

LXII. Si, parmi des collatéraux à égal degré, il s'en trouve qui encourent la déchéance de ces droits par leur refus de prendre, moyennant le *tapou*, la portion qui leur échoit dans les terres vacantes sur lesquelles ils ont droit à *tapou*, les autres peuvent prendre ces terres en totalité, en acquittant, bien entendu, cettedite taxe.

LXIII. Si les terres vacantes sur lesquelles les collatéraux des deux sexes en état de minorité ou de folie, ou se trouvant en voyage dans une contrée éloignée, ont droit à *tapou*, n'ont pu leur être transférées, ces terres, sauf la faculté réservée auxdits collatéraux de faire valoir leur droit à revendication dans les délais fixés *ad hoc*, suivant les divers degrés, seront données, selon les règles, et moyennant la taxe de *tapou*, aux collatéraux du même degré ou du degré inférieur; à défaut, ou en cas de déchéance, la terre sera mise aux enchères, et adjugée au plus fol et dernier enchérisseur.

LXIV. Si l'ayant droit au *tapou* du premier degré, dans les neuf classes désignées ci-dessus[1], perd ses droits par son refus de prendre, moyennant *tapou*, la terre sur laquelle il a droit de *tapou*, celle-ci

[1] Voyez art. XLIX.

sera proposée à l'ayant droit du second degré, et ainsi de suite, en cas de refus, jusqu'au dernier. Si tous enfin la refusent, elle sera mise aux enchères. et adjugée au plus fol et dernier enchérisseur. Si l'ayant droit au *tapou* décède avant d'avoir retiré le *tapou* de la terre sur laquelle il a droit à *tapou*, sondit droit de *tapou* ne passe pas à ses enfants ou à ses autres héritiers.

LXV. Si des individus en état de minorité, de folie ou de démence se trouvent parmi les ayants droit au *tapou*, et s'il y a avantage, pour leurs intérêts, à acquérir la terre sur laquelle ils ont droit à *tapou*, leurs tuteurs ou curateurs feront cette acquisition pour leur compte, moyennant la taxe de *tapou*.

LXVI. Si le *possesseur* d'une terre mise en culture, et *possédée* comme faisant suite [1] aux arbres et constructions existant sur le sol, et appartenant en *mulk* à un étranger (à la famille), vient à décéder sans laisser de collatéral dans l'une des catégories d'ayants droit à *tapou* [2] ci-dessus énumérées, cet étranger aura la préférence sur tout autre; s'il demande cette terre, elle lui sera concédée pour le montant de sa valeur. Si on la donnait à un tiers sans la lui avoir proposée, il aurait droit, pendant dix années, à la demander et à la réclamer pour le montant de sa valeur, au jour de la demande.

LXVII. Aux soldats ayant droit à *tapou* qui auront fait un service actif et personnel, dûment cons-

[1] Voyez art. XLIV.

[2] Voyez ci-dessus, art. LIX

taté, de cinq années, dans l'armée régulière, il sera accordé, gratuitement et sans contre-valeur, une étendue de terrain de cinq *deunums* sur les terres dont le droit à *tapou* leur sera concédé [1]; pour tout ce qui dépassera les cinq *deunums*, les dispositions de la loi (civile) leur seront appliquées de la même manière qu'aux autres ayants droit à *tapou*.

LXVIII. Tout champ qui, sans l'un des motifs ci-après, dûment constatés, savoir :

Repos de la terre pendant un ou deux ans [2] ou même plus, suivant le besoin, mais d'une façon toute exceptionnelle, et selon les localités;

Obligation de laisser pendant un certain temps le terrain qui aura été couvert par les eaux dans un état inculte après leur retraite, jusqu'à ce qu'il devienne susceptible de culture;

Ou, enfin, captivité du *possesseur* en temps de guerre.

Hormis ces conditions, tout champ qui ne sera pas cultivé directement par le *possesseur*, ou indirectement par voie de prêt ou de louage, et qui restera en non-rapport pendant trois années consécutives [3], sera soumis à la formalité du *tapou*, que le possesseur soit sur les lieux, ou en voyage dans une contrée éloignée. Si l'ancien *possesseur* désire l'acquérir de nouveau, ce champ lui sera laissé moyennant le *tapou* de sa valeur. S'il n'en fait pas la de-

[1] Voyez art. LVIII.

[2] Voyez art. XI.

[3] Voyez ci-dessus, art. XXV, note.

mande, ce champ sera mis aux enchères, et adjugé au plus fol et dernier enchérisseur.

LXIX. La terre *possédée* par qui que ce soit, qui, pendant un long espace de temps, aura été inondée, et d'où les eaux se seront ensuite retirées, n'est pas soumise, pour ce fait, à la formalité du *tapou;* l'ancien *possesseur* la met en rapport, et l'administre comme par le passé. Si l'ancien *possesseur* est mort, ses enfants, son père ou sa mère en auront la *possession* et la jouissance; à leur défaut, elle sera donnée, contre le payement du *tapou*, aux collatéraux (ayants droit au *tapou*[1]). Mais si, lors de la retraite des eaux, et quand le terrain peut être mis en culture, le *possesseur* ou ses héritiers directs, comme il est dit plus haut, ne l'administrent pas; et, sans excuse valable, le laissent en non-rapport pendant trois années consécutives[2], il sera alors soumis à la formalité du *tapou*.

LXX. Ne sera pas soumise à la formalité du *tapou*, toute terre qui, sans excuse valable, et après avoir été abandonnée ou laissée en non-rapport pendant deux années par le *possesseur*, aura ensuite été vendue par lui; ou qui, à raison du décès de celui-ci, aura passé à ses enfants, à son père ou à sa mère, et sera laissée, sans motif, par le nouvel acquéreur ou ses héritiers directs, pendant une ou deux années encore, à l'état d'inculture où elle était déjà sous le précédent *possesseur*.

[1] Voyez art. LIX.

[2] Voyez ci-dessus, art. XXI, note.

LXXI. Si le *possesseur* de la propriété dont l'état d'inculture pendant trois années consécutives, et sans excuse valable, aura été constaté, décède au bout de trois ans révolus sans avoir vendu la terre par l'entremise de l'autorité, et laisse après lui des enfants, ou son père, ou sa mère, ceux-ci ne pourront hériter gratuitement de ces propriétés. On leur proposera de les prendre moyennant le *tapou;* et s'ils refusent, ou si le possesseur desdites propriétés est décédé sans héritiers directs, on n'ira pas rechercher les collatéraux (ayants droit au *tapou*); la terre sera mise aux enchères, et adjugée au plus fol et dernier enchérisseur.

LXXII. Si tous ou partie des habitants d'une ville ou village quittent le pays pour un motif légitime, la terre en leur *possession* n'est pas pour ce fait soumise à la formalité du *tapou* [1]; mais si l'abandon du pays a lieu sans motif valable; ou si les habitants n'y reviennent pas dans le délai de trois années [2], à partir du jour où les motifs légitimes qui les ont contraints à s'éloigner ont cessé; et s'ils laissent ainsi la terre en non-rapport, elle sera soumise alors à la formalité du *tapou.*

LXXIII. La terre possédée par le soldat employé dans d'autres contrées dans un service personnel et actif à l'armée, que cette terre soit cultivée sous forme de louage ou de prêt, ou qu'elle reste dans le *statu quo* et en non-rapport, ne peut nullement être

[1] Voyez ci-dessus, n° 327.
[2] Voyez art. XXV, note.

soumise à la formalité du *tapou*, tant que le décès du *possesseur* n'aura pas été constaté [1]. Si, par hasard, elle avait été donnée à un tiers, ce soldat, au retour dans ses foyers, à la fin de son temps de service, pourra la reprendre de quiconque en serait détenteur.

LXXIV. Si un individu de l'un ou l'autre sexe, dont l'existence est connue, et qui se trouve en voyage dans un autre pays, hérite d'une terre provenant de la succession de ses père et mère ou de ses enfants; et s'il ne vient pas lui-même mettre en rapport la terre dont il a hérité, ou s'il ne donne pas à quelqu'un, par écrit ou autrement, le mandat de la mettre en rapport, et la laisse pendant trois années consécutives [2] en non-rapport, sans motif légitime, elle sera soumise à la formalité du *tapou*.

LXXV. Si au décès du *possesseur* de la terre, de l'un ou l'autre sexe, on ignore si l'héritier direct, absent dans les conditions du *ghaïbéti-munqatia* [3], est mort ou vif, ladite terre sera soumise à la formalité du *tapou*. Toutefois, si l'héritier reparaît dans le délai de trois années, à compter du jour du décès de la personne dont il hérite, il a le droit de prendre, sans frais, *possession* de la terre; s'il ne reparaît qu'après l'expiration de ce terme, il n'est plus habile à faire valoir ses droits.

LXXVI. La terre possédée par des individus de

[1] Voyez art. LXVII.
[2] Voyez art. XXV, note.
[3] Voyez art. LVI.

l'un ou l'autre sexe, en état de minorité, démence ou folie, ne peut, en aucun cas, être soumise, pour fait d'inculture, à la formalité du *tapou*[1]. Si les tuteurs[2] la laissent en état d'inculture, soit directement, soit indirectement, sans excuse valable, pendant trois années consécutives[3], lesdits tuteurs seront invités par l'autorité compétente à la cultiver eux-mêmes ou à la faire cultiver par des tiers. S'ils ne le peuvent ou s'ils s'y refusent, cette terre, dans le seul but d'être préservée de l'état d'inculture[4], sera donnée en location par l'autorité compétente, moyennant la taxe *idjârè* « de louage, » à ceux qui en feront la demande. La location fixée, et payable par le locataire, sera versée entre les mains des tuteurs pour compte de leurs pupilles, mineurs, fous ou en état de démence; à l'époque de la majorité ou de la guérison de ces derniers, ceux-ci retireront leursdites terres des mains des locataires.

LXXVII. S'il est constaté qu'un collatéral au premier degré, ne l'ayant pas acquise du *mîri*, cèle et détient une terre vacante dont il a la jouissance et la *possession* depuis un laps de temps moindre de dix ans, cette terre lui sera concédée moyennant le payement de la taxe de *tapou* due à l'époque où il a retenu la terre. S'il ne veut pas l'acquérir, et s'il y a un autre collatéral dont les délais fixés par la caté

[1] « La prescription ne court pas contre les mineurs. » (*Code Napoléon*, art. 2252; et ci-dessus, n° 236.)

[2] Voyez ci-dessus, art. LI, note.

[3] Voyez art. XXV, note.

[4] Voyez ci-dessus, n° 221.

gorie à laquelle il appartient ne soient pas expirés, la terre lui sera concédée. S'il n'y en a pas, ou si les ayants droit existants sont déchus de leurs droits, la terre sera mise aux enchères, et adjugée au plus fol et dernier enchérisseur. S'il est constaté que l'individu qui, de la sorte, a pris et cultivé arbitrairement la terre, pendant moins de dix ans, est un étranger (à la famille), la terre sera retirée de ses mains, et concédée à l'ayant droit au *tapou*, moyennant la taxe de *tapou* due à l'époque où elle a été retenue arbitrairement.

LXXVIII. Le droit de *permanence* sera acquis à toute personne qui, pendant une période de dix années, aura possédé et cultivé sans conteste [1] des terres *mîrïiè* ou *mevqoufè*, que cette personne ait ou non entre ses mains un titre exécutoire; la terre ne peut dès lors être considérée comme vacante, et on doit lui délivrer, sans frais, un nouveau *tapou*. Cependant, si cette personne déclare et reconnaît que, la terre étant vacante, elle s'en est emparée sans droit, il ne sera tenu alors nul compte de la préemption, et proposition sera faite à cette personne d'acquérir la terre, moyennant la taxe de *tapou;* si elle refuse, la terre sera mise aux enchères, et adjugée au plus fol et dernier enchérisseur.

LXXIX. Il ne sera rien réclamé, à titre de louage

[1] Chez les Romains, les choses immobilières s'acquéraient par la possession de long temps, c'est-à-dire de dix ans entre présents. (Conf. Ortolan, *Institutes*, t. II, p. 361; comp. *Code Napoléon*, art. 2229.)

ou de moins-value de la terre[1], de toute personne qui, s'étant emparée arbitrairement de terres vacantes *mîrïiè* ou *mevqoufè*, les aura mises en culture, comme il est dit aux deux précédents articles, et qui aura acquitté les droits dus par la terre.

LXXX. Si le *possesseur* d'un *tarlâ* « champ » décède après l'avoir ensemencé, sans laisser d'héritiers directs, ledit champ est concédé par l'autorité compétente soit à des collatéraux (ayants droit au *tapou*), soit à tout autre acquéreur. Les semences qui seront déjà sorties de terre dans ce champ seront considérées comme faisant partie de la succession du *possesseur* de l'un ou l'autre sexe dudit champ ; l'acquéreur n'a le droit ni de les faire arracher, ni de réclamer de la succession aucun louage pour cet objet. Il en sera de même de l'herbe qu'on fait croître par la culture ou par l'arrosage. Quant à l'herbe qui aura poussé naturellement, sans l'intervention du travail du défunt, elle ne passera pas à ses héritiers.

LXXXI. Si le propriétaire de bâtiments *mulk*, ainsi que d'arbres ou de vignes également *mulk*, dont il aura fait ensuite des vignobles et vergers, élevés et plantés avec permission de l'autorité, sur des terrains *mîrïiè* en sa *possession*, par *tapou*, vient à décéder, ses héritiers hériteront, à titre *mulk*, desdits arbres, vignes et bâtiments ; et ils n'auront à acquitter seulement que les « frais de succession » رسم انتقال sur la valeur fixée du sol occupé par ces arbres, vignes

[1] Voyez ci-dessus, art. XXI.

et bâtiments. Ce sol sera concédé gratuitement à chacun des héritiers, proportionnellement à la part lui incombant dans lesdits arbres, jardins et bâtiments; après quoi, l'inscription des registres déposés aux archives impériales[1] sera modifiée en conséquence; la même modification sera inscrite à la marge des titres délivrés aux parties.

LXXXII. Si des moulins, enclos, bergeries ou autres bâtiments *mulk*, construits *a posteriori* sur un terrain *mîri*, sont ensuite tombés en ruines, et ne laissent plus vestiges de construction, le sol sur lequel ils existaient est soumis à la formalité du *tapou;* il sera concédé au propriétaire de ces constructions, si celui-ci le demande; sinon il sera adjugé à un autre. Toutefois, si ce terrain a passé en la *possession* du propriétaire de ces bâtiments, par voie d'héritage direct ou autrement, et s'il en acquitte le louage fixe[2] au *mîri*, on ne pourra l'en dessaisir ni lui en enlever la *possession.*

LXXXIII. Si des arbres et vignes *mulk*, plantés sur un terrain *mîri*, *possédé* par *tapou*, et dont on a fait *a posteriori* des vignobles et vergers, se dessèchent ou sont arrachés; et s'il n'en reste plus de traces, le sol est alors soumis à la formalité du *tapou.* Il sera donné au propriétaire desdits arbres et vignes, si celui-ci le désire; sinon il sera adjugé à un

[1] *Defter-khânè* « dépôt général des anciennes archives et des registres du cadastre, relatifs aux biens de l'État. » (D'Ohsson, *loc. laud.* t. VII, p. 193.)

[2] *Idjarèi-maqtoua.* (Voy. art. XXVI, et ci-après LXXXIX.)

autre concessionnaire. Toutefois, si ce terrain a passé en la *possession* du propriétaire des arbres et vignes par voie d'héritage direct ou autrement, on ne pourra l'en dessaisir, ni lui en contester la *possession*.

LXXXIV. Tout terrain *ïaïlaq* ou *qychlaq*[1], *possédé* par *tapou*, qui, sans excuse valable, ne sera pas occupé, pendant la saison, durant trois années consécutives[2], et dont on n'aura pas acquitté les droits, sera soumis à la formalité du *tapou*.

LXXXV. Toute prairie (*tchâïr*) *possédée* par *tapou*, et sur le produit de laquelle on perçoit la dîme *ab antiquo*, qui, sans excuse valable, n'aura pas été fauchée durant trois années consécutives, sera laissée ainsi en non-rapport, et ne payera pas la dîme, sera soumise à la formalité du *tapou*.

LXXXVI. Si au moment où un collatéral (ayant droit à *tapou*) va devenir, par le fait du payement du *tapou*, acquéreur de la terre sur laquelle il a droit à *tapou*, un étranger (à la famille), voulant l'acquérir, se présente, et offre une surtaxe de *tapou*, on ne tiendra nul compte de cette offre.

LXXXVII. Si après la mise aux enchères d'une terre vacante, *miriïè* ou *merqoufè*, et l'adjudication à qui de droit, il se présente un acquéreur offrant une surenchère, l'adjudicataire ne sera pas écarté pour ce motif, sous le prétexte que le titre possessoire ne lui a pas encore été délivré; et il ne sera pas dessaisi de cette terre; elle lui est acquise. Seu-

[1] Voyez art. XXIV, note.

[2] Voyez art. XXV, note.

lement, si, après l'adjudication de terres vacantes, il est établi et constaté que ladite adjudication a été faite frauduleusement[1], à un prix inférieur à celui de la taxe du *tapou*, on exigera de l'adjudicataire qu'il complète, pendant dix années, à partir du jour de l'adjudication, la taxe de *tapou*, au taux de l'époque à laquelle la terre lui a été adjugée. S'il y manque, restitution lui sera faite du prix d'achat versé primitivement par lui, et la terre sera adjugée à tel acquéreur qui en fera la demande. Mais après dix années, à partir de la date de l'adjudication, il ne pourra plus être inquiété, ni dessaisi de la terre qu'il aura acquise. Il sera procédé de la même façon pour les terres vacantes qui auront été concédées, moyennant *tapou*, à des collatéraux (ayants droit au *tapou*).

LXXXVIII. L'agent du *tapou* ne pourra, dans son district, et pendant la durée de ses fonctions, acquérir les terres vacantes ou celles qui seront soumises à la formalité du *tapou*. Il ne pourra non plus les faire acquérir par ses enfants, frères, sœurs, père, mère, épouse, esclaves mâles et femelles, ou tous autres dépendants de sa personne. Il peut seulement acquérir la *possession* des terres qui lui écherront par héritage de ses père, mère ou enfants.

LXXXIX. Si un édifice constitué *vaqouf* de telle ou telle œuvre, et bâti sur un terrain *mîriïè*, est tombé en ruine au point de ne laisser nul vestige; et si l'administrateur du *vaqouf* ne le fait pas répa-

[1] Comparez *Code Napoléon*, art. 1674.

rer et n'acquitte pas, envers le *miri*, le louage *idjârè* de la terre, le sol est retiré des mains de cet administrateur, et donné à telle personne qui en fera la demande. Mais si l'administrateur fait les réparations nécessaires, ou s'il paye au *mîri* le louage *mouqâtéaï-zémîn* du sol, on ne l'inquiétera pas, et le sol sera laissé entre ses mains. Il en sera de même pour les localités dont le terrain est *mevqoufè*, et le bâtiment *vaqouf* d'une autre œuvre.

XC. Si un vignoble ou verger dont le sol est *mîrïiè*, et les arbres ou la vigne *vaqouf* de telle ou telle œuvre, est ruiné au point de ne plus laisser traces d'arbres ou de vignes; et si l'administrateur du *vaqouf* abandonne ces jardins ou vignobles, sans excuse valable, durant trois années consécutives, et ne paye pas, au *mîri*, le louage de la terre *mouqâtéaï-zémîn;* si, enfin, il ne ramène pas cet immeuble à son état primitif, en y faisant de nouvelles plantations d'arbres ou de vignes, ce terrain sera soumis à la formalité du *tapou*. Il en sera de même pour les localités dont le sol est *mevqoufè*, et les arbres ou la vigne *vaqouf* d'une autre œuvre.

LIVRE II.

TERRES LAISSÉES (POUR L'USAGE PUBLIC) ET TERRES MORTES.

TITRE PREMIER. — DES TERRES LAISSÉES (POUR L'USAGE PUBLIC).

XCI. Les arbres des bois et forêts, dits *baltalyq* « de coupe, » affectés, *ab antiquo*, à l'usage et à l'affouage d'une ville ou village, seront coupés par les seuls habitants de ces localités; personne autre n'aura le droit d'y faire des coupes; il en est de même des bois et forêts affectés, *ab antiquo*, pour le même objet, à plusieurs villages; les habitants d'autres localités ne peuvent y faire de coupes. Ces bois et forêts ne sont frappés d'aucun droit.

XCII. On ne peut donner à personne, par *tapou*, la *possession*, soit particulière, soit collective, d'une partie de bois ou forêts affectés aux habitants d'un village, pour en faire un bois séparé; ou, après l'avoir abattue, pour mettre le sol en culture. Si quelqu'un en acquiert la *possession*, les habitants peuvent toujours la lui retirer.

XCIII. Personne ne peut élever, *a posteriori*, de constructions sur la voie publique ou y faire des plantations d'arbres. En cas de contravention, les bâtisses seront démolies et les arbres arrachés; en un mot, personne ne peut faire acte de propriété sur la voie publique; et toute contravention à cet égard sera aussitôt punie [1].

XCIV. Les édifices destinés au culte, ainsi que les places laissées, soit dans l'intérieur, soit à l'extérieur des villes et villages, pour le remisage des *arabas* (chariots) et pour réunir le bétail, sont de la même catégorie que la voie publique. Ces emplacements ne peuvent être ni achetés ni vendus, et l'on ne peut y faire, *a posteriori*, ni constructions, ni plantations d'arbres; on ne peut en donner la *pos-*

[1] Comp. *Code pénal français*, art. 471.

session à personne; si quelqu'un se l'arrogeait, les habitants de la ville et du village pourront y mettre obstacle.

XCV. Les localités inscrites sur les registres des archives impériales comme étant laissées et affectées, *ab antiquo*, pour les marchés et les foires, ne peuvent être vendues ni achetées; on ne peut non plus délivrer de titre qui en donne la *possession* exclusive à personne. Si quelqu'un voulait s'attribuer cette possession, il y serait mis obstacle; et, quelle que soit la quotité du droit inscrit aux archives pour ces sortes d'emplacements, elle sera payée au *khaznè*.

XCVI. Tout *khirmen-ïèri*[1] destiné et affecté, *ab antiquo*, à tous les habitants d'un village en général, ne pourra être vendu ou acheté, non plus que défriché[2] et livré à l'agriculture; on ne permettra pas d'y élever, *a posteriori*, aucune bâtisse; la *possession* n'en peut être donnée, par *tapou*, à titre particulier ou collectif. Si quelqu'un voulait s'attribuer cette *possession*, les habitants s'y opposeront. Les habitants d'un autre village ne pourront faire transporter leurs grains dans ces granges pour les y battre.

XCVII. Dans tout pâturage affecté, *ab antiquo*, à un village, les habitants seuls de ce village feront paître leurs bestiaux; ceux d'un autre village ne pourront y envoyer les leurs. Le pâturage attribué, *ab antiquo* et en commun, aux troupeaux de deux,

[1] Voy. art. XXXIV.

[2] سوكيلوب « nettoyé des pierres qui s'y trouvent. »

trois villages, ou d'un plus grand nombre, sera le pacage commun des bestiaux de ces villages, quel que soit celui dans la circonscription duquel il se trouvera; les habitants de ces villages ne pourront, réciproquement, y mettre obstacle. On ne peut ni vendre ni acheter ces sortes de pacages affectés, *ab antiquo*, soit exclusivement à un village, soit collectivement à plusieurs; on ne pourra y faire, *a posteriori*, ni enclos, ni bergeries, ni autres bâtisses; on ne peut non plus y faire des vignobles et vergers, en y plantant des arbres ou des vignes; si quelqu'un y faisait des bâtisses ou des plantations, les habitants pourront, à toute époque, les faire démolir et arracher. Il ne sera donné à personne l'autorisation de défricher cette terre et de la mettre en culture comme une terre ensemencée. Si quelqu'un veut la cultiver, on y mettra empêchement; ce terrain doit rester à perpétuité à l'état de pacage.

XCVIII. Quelle que soit l'étendue déterminée de la terre laissée et regardée, *ab antiquo*, comme pâturage (*mer'a*), cette étendue déterminée constitue seule le pacage; on ne tiendra nul compte des délimitations qui pourraient avoir été fixées postérieurement.

XCIX. Quel que soit le nombre des bestiaux des fermes du canton ou de la commune, envoyés ordinairement au pacage par ces canton ou commune, on ne pourra empêcher que le même nombre continue d'y être envoyé [1]. Quant aux pâturages autres que ceux-ci et affectés, *ab antiquo*, d'une façon ex-

[1] Voy. *Code rural français*, loi du 28 septembre 1791, sect. IV, 13.

clusive à ces fermes, attendu qu'ils ne font pas partie des terres *metrouhè* comme les pacages laissés et affectés, *ab antiquo*, aux habitants desdits canton et commune, le *possesseur* des pacages de *tchiftlik* y fera seul paître ses troupeaux; il empêchera tous autres d'y entrer pour la paisson. La *possession* de cette dernière sorte de pacage s'acquiert par *tapou*, et l'on procède de la même façon que pour les autres terres *mîrîiè*.

C. Quel que soit le nombre des bestiaux qu'un paysan est dans l'usage d'envoyer au pacage particulier à la commune, ou commun à plusieurs, on ne pourra l'empêcher d'y envoyer aussi le croît de ces mêmes bestiaux. Lorsqu'il y aura gêne pour les bestiaux du village, aucun paysan du lieu n'aura droit d'y faire venir, pour la paisson, des bestiaux autres que les siens. Mais si un paysan du dehors vient se fixer dans la commune et s'y bâtit un *ïourt* [1], « habitation, » il pourra, à condition qu'il n'y ait pas gêne pour les bestiaux de la commune, faire venir du dehors des bestiaux qu'il conduira au pâturage de la commune. Tout paysan qui aura acheté le *ïourt* d'un habitant de la commune pourra envoyer au pâturage communal le même nombre de bestiaux que son prédécesseur.

CI. Les habitants des localités auxquelles ils sont affectés ont seuls la jouissance de l'herbe et de l'eau des *ïaïlaqs* et *qychlaqs* inscrits sur les registres des archives impériales, et affectés, *ab antiquo*, soit à

[1] Voy. ci-dessus, n° 327, note.

titre exclusif, à une seule commune, soit collectivement, à plusieurs. Les habitants d'autres communes n'en peuvent avoir la jouissance. Les habitants des communes jouissant de l'herbe et de l'eau des *ïaïlaqs* et *qychlaqs* payeront au *mîri*, selon leurs moyens, les droits de *ïaïlaqyïè* et *qychlaqyïè*. Ces *ïaïlaqs* et *qychlaqs* ne pourront être ni vendus ni achetés. La *possession* exclusive n'en peut être donnée à personne par *tapou;* ils ne peuvent être mis en culture sans le consentement des habitants.

CII. La prescription ne peut être invoquée dans les contestations relatives aux terres *metroukè*, telles que bois, forêts, voie publique, emplacements de foires, marchés, meules, pâturages, lieux de campement, de parcours et de vaine pâture d'été et d'hiver, lesquelles ont été laissées et affectées *ab antiquo* à la population locale.

TITRE II. — DES TERRES MORTES[1].

CIII. On désigne par *terres mortes* les terrains vagues, incultes, tels que montagnes, endroits rocailleux[2], *pernâllyq* et *otlaq*[3], qui ne sont, par *tapou*,

[1] Ce titre est désigné, dans le droit romain, sous l'acception *res nullius*, auxquelles s'adjoignent les immeubles retirés du commerce des hommes, et qu'on nomme *res divini juris* «choses de droit divin» (Ortolan, *loc. laud.* II, p. 249), *mevqoufè*, dans le droit musulman. Mais, comme le fait remarquer M. Ducaurroy, *loc. cit.* p. 12, «si celles-ci sont *nullius in bonis*, elles sont, pour les musulmans, *in bonis Dei.*» (Voy. ci-dessus, n°s 151 et suiv.)

[2] قراج «terrain pierreux qu'on ne peut mettre en culture avant de l'avoir défriché.»

[3] «Pâturage, terre où l'herbe croît très-court, et qui sert de

en la *possession* de personne, qui ne sont point attribués *ab antiquo* à l'usage des habitants des cantons et communes, et qui sont éloignés de ces localités à une distance où, de l'extrême limite des endroits habités, on ne peut entendre le cri d'un homme ayant une voix éclatante[1]. Tout individu auquel ces localités feront besoin, pourra, moyennant permission de l'autorité [2], et à la condition de relever pour ce du *béït-elmâl*[3], en faire le défrichement et les mettre en culture. Les dispositions de la loi civile en vigueur pour les terres *mezroua* « ensemencées » sont également applicables à celles de cette catégorie. Seulement, si quelqu'un, après avoir acquis, comme il vient d'être dit, avec permission de l'autorité, telle ou telle localité pour en faire le défrichement, ne l'exécute pas, et laisse cet endroit dans le *statu quo*, sans excuse valable, pendant trois années consécutives[4], cette localité sera donnée à un autre exploitant. D'autre part, si quelqu'un, sans la permission de l'autorité, a défriché et cultivé une terre de ce genre, on exigera de lui, pour la localité ainsi défrichée, le payement du *tapou;* après quoi, concession lui sera donnée de ce terrain, et remise lui sera faite du titre de *tapou*.

pâturage. » (Voy. Ami Boué, *loc. laud.* III, p. 36, et ci-dessus, n° 348.) Le *Tâdj-ulméani*, de mon manuscrit, explique le mot *otlaq* par علفزار « endroit où il y a du fourrage. »

[1] Voyez art. VI.

[2] Voyez ci-dessus, n°s 225, 245 et *passim*.

[3] Voyez ci-dessus, n° 5.

[4] Voyez art. XXV, note.

CIV. Chacun peut couper du bois de chauffage et de construction sur les montagnes *mubâh*[1], qui ne font pas partie des bois et forêts affectés *ab antiquo* aux communes; personne, de part et d'autre, ne peut y mettre empêchement. Les arbres qu'on y coupe et les herbes qu'on y recueille ne payent pas la dîme. Nulle partie de ces montagnes *mubâh* ne peut en être distraite, ni la *possession* donnée, par *tapou*, à qui que ce soit, par l'autorité, pour devenir un bois particulier, ou commun à plusieurs.

CV. Si, en outre des pâturages affectés à l'usage des bestiaux du canton ou de la commune, il se trouve des *otlaq*[2] dans ces mêmes circonscriptions, les habitants, sans avoir à acquitter pour cela aucun *resm* « droit, » auront la jouissance de l'herbe et de l'eau qui s'y trouveront, et ils y enverront brouter leurs bestiaux. Tout individu qui, faisant venir des bestiaux du dehors, voudra profiter de l'herbe et de l'eau de l'*otlaq*, payera au *mîri* un droit d'*otlaq* dans une proportion convenable[3]. Les paysans ne pourront exclure celui-ci, ni prétendre prélever une part sur ce droit d'*otlaq*.

[1] Voyez ci-dessus, art. XXX.

[2] Voyez art. CIII.

[3] اوتلاق رسمی « droit d'herbe, de pâture. » (Voy. Ami Boué, *loc. laud.* III, p. 238.)

LIVRE III.

DIVERSES SORTES DE PROPRIÉTÉS NON CLASSÉES DANS LES CATÉGORIES PRÉCÉDENTES.

CVI. Tout arbre venu naturellement sur terre *memloukè*, *mevqoufè*, *mîrîiè*, *metroukè* et *mévât*, ne peut être possédé par *tapou*. Seulement, les arbres venus naturellement en terre *mîrîiè* ou *mevqoufè* sont *possédés* comme dépendance de la terre, ainsi qu'il est dit au titre *de la possession*[1].

Mines.

CVII. Les mines d'or, d'argent, de cuivre, de fer; les diverses carrières de pierres, de gypse; les mines de soufre, de salpêtre, d'émeri, de charbon, de sel[2], etc. qu'on découvrira en terre *mîrîiè*, *possédée* par quiconque, reviennent au *Beït-elmâl;* le *possesseur* de la terre n'a le droit ni de s'en emparer, ni de réclamer sur elles aucune part[3].

De même, toute mine découverte dans une terre *mevqoufè* de la catégorie des *takhçiçât*[4], c'est-à-dire affectée à certaine destination donnée, revient aussi au *Beït-elmâl;* le *possesseur* de la terre et le *vaqouf* ne

[1] Voyez art. XXVIII.

[2] Sur les ressources minières de la Turquie, consultez Ami Boué, *loc. laud.* t. III, p. 59. Le gouvernement turc a édicté, le 9 mouharrem 1278 (17 juillet 1861), une loi réglant le mode de concession et d'exploitation des mines de l'empire. (Voy. le texte turc dans le *Djèridè* du 9 rebiakher 1278, et la version française dans le *Journal de Constantinople* des 10 et 11 octobre 1861.)

[3] Comparez ci-dessus, n° 286.

[4] Voyez art. IV, 2°.

peuvent exercer aucun acte d'ingérance ou d'intervention à cet égard.

Toutefois, quand il s'agira de terres *mîriïè* et *mevqoufè*, on devra rembourser au *possesseur* du lieu la valeur du terrain pour la portion dudit qui cessera, par le fait de l'exploitation de la mine, d'être placée sous le régime de la *possession* et d'être cultivée. — Dans les terres *metroukè* et *mévat*, le cinquième du produit des mines qu'on y trouve revient au *Beït-elmâl*, et le reste à l'individu qui a découvert la mine. — Dans les terres réellement *mevqoufè*, les mines reviennent au *vaqouf*. — Celles qu'on trouvera en terrain *mulk*, dans l'intérieur des villes et villages, appartiendront au propriétaire du sol. — Celles de matières fusibles, existant en terres *uchriïè* ou *kharâdjiïè*, reviendront, pour le cinquième, au *Beït-elmâl*, et pour le reste au propriétaire de la terre. Celles qui ne sont pas fusibles reviennent, en totalité, au propriétaire de la terre[1]. Quant aux monnaies anciennes et modernes, ainsi qu'aux trésors de toute espèce, dont le propriétaire est inconnu, la législation qui les régit est consignée, en détail, dans les livres de jurisprudence (religieuse)[2].

Inhabileté du meurtrier à hériter de sa victime.

CVIII. Le meurtrier ne peut hériter de la terre

[1] Comparez la législation française sur les mines, loi du 21 avril 1810.

[2] Voyez ci-dessus, n° 124.

appartenant à sa victime, ni avoir, sur ladite terre droit à *tapou*[1].

Inhabileté des parents non musulmans à hériter de leur parent néophyte musulman, *et vice versâ.*

CIX. La terre du musulman ne peut passer, par héritage, à ses enfants, père ou mère non musulmans; de même, la terre du non-musulman ne passe pas, par héritage, à ses enfants, père ou mère musulmans. — Le non-musulman ne peut avoir droit de *tapou* sur la terre du musulman, *et vice versa.*

Inhabileté des étrangers à hériter de leur parent, sujet ottoman.

CX. La terre du sujet ottoman ne passe pas, par héritage, à ses enfants, père ou mère, sujets étrangers; le sujet étranger ne peut avoir droit de *tapou* sur la terre d'un sujet ottoman.

Déshérence de la terre d'un sujet ottoman qui a fait abandon de sa nationalité.

CXI. La terre d'un individu qui a fait abandon de la nationalité ottomane ne passe pas, par héritage, à ses enfants, père ou mère, sujets ottomans ou étrangers. Elle devient vacante par le fait; et, sans rechercher s'il y a des ayants droit au *tapou*, elle est mise aux enchères, et adjugée au plus fol et dernier enchérisseur.

Conditions de la propriété appartenant à l'esclave; son hérédité.

CXII. Tout esclave mâle ou femelle qui, du

[1] Comparez *Code Napoléon*, art. 25.

consentement de son maître, et par l'entremise de l'autorité compétente, aura acquis la *possession* ou la *concession* d'une terre, n'en pourra être dépossédé par son maître, ni avant ni après son affranchissement; celui-ci ne pourra faire nul acte d'ingérance à cet égard. De même, si le maître décède avant l'affranchissement dudit esclave, ses héritiers ne pourront non plus faire acte d'ingérance ou d'intervention sur ladite terre. Si l'esclave mâle ou femelle décède avant d'avoir été affranchi, comme sa terre n'est transmissible à personne par héritage, personne autre que les associés, coïntéressés ou habitants qui pourraient en avoir besoin, n'aura sur elle droit de *tapou*, s'il n'y a pas, sur ladite terre, des constructions et des arbres *mulk*. — Si le maître de l'esclave a, sur ce terrain, des arbres et bâtiments *mulk*, il aura la préférence sur tout autre acquéreur, et jouira, pendant dix années, de la faculté de revendication, moyennant la taxe de *tapou*. — Si l'esclave décède après son affranchissement, sa terre passera alors, par héritage, à ses enfants, père ou mère libres. A défaut de ceux-ci, et s'il n'y a, sur ce terrain, ni arbres ni bâtiments *mulk*, les ayants droit au *tapou* ne seront ni son ancien maître, ni ses enfants, mais ses propres parents libres; la terre leur sera concédée contre payement de la taxe de *tapou*. A leur défaut, elle sera mise aux enchères, et adjugée au plus fol enchérisseur. Si, enfin, il y a, sur ce terrain, des bâtiments et arbres *mulk*, il sera donné, moyennant la taxe du *tapou*, à celui des héritiers, ayant droit de premier degré[1] au *tapou*, qui aura hérité de ces arbres et bâtiments *mulk*.

Vente accomplie sous le coup de violences ou menaces.

CXIII. La vente contrainte et forcée de terres *mîrïiè* et *mevqoufè* faite par une personne susceptible d'intimidation, est nulle[2]. Si l'individu qui, par le fait de la contrainte et de la violence exercées, a acquis ces terres, les revend à un autre; ou si, à son décès, cette terre a passé, par héritage, à ses enfants, père ou mère; ou si, décédant sans aucun de ces héritiers, la terre est devenue vacante, le vendeur, objet de la contrainte, ou, à son décès, ses enfants, père ou mère auront droit de revendication sur cette terre pour cause de violence[3]. S'il décède sans héritiers directs, la terre n'est pas considérée vacante, et elle reste entre les mains de qui elle se trouve.

Nullité de la vente faite à des conditions réputées illégales.

CXIV. Ne sont pas valables la vente et la concession de terres *mîrïiè* ou *mevqoufè* à des conditions réputées illégales par la loi (religieuse), telle que, par exemple, se charger de prendre soin de quelqu'un jusqu'à sa mort, et de lui assurer une bonne existence. En conséquence, si quelqu'un vend à un

[1] Voyez art. LIX.
[2] Voyez *Code Napoléon*, art. 1111, 1112.
[3] Voyez *Code Napoléon*, art. 1304, et aussi *Mevqoufâti*, t. II, p. 164.

tiers la terre acquise par lui à des conditions réputées illégales; ou si, à son décès, celle-ci a passé, par héritage, à ses enfants, à son père ou à sa mère, le premier vendeur, ou, à son décès, ses héritiers directs ont droit d'intenter action en revendication, pour motif d'illégalité.

La terre ne peut être forcément donnée en échange de la dette, ou vendue pour son extinction.

CXV. Le créancier ne peut s'emparer, en échange de sa créance, de la terre *possédée* par son débiteur; il ne peut, non plus, le forcer à la vendre pour, sur le montant, se rembourser de sa créance[1]; et au décès du débiteur, que celui-ci ait ou non des biens meubles, la terre en sa *possession* passera par héritage à ses héritiers directs; s'il n'en laisse pas, elle sera soumise à la formalité du *tapou*, et concédée, moyennant la taxe de *tapou*, aux collatéraux (ayants droit à *tapou*); à défaut de ceux-ci, elle sera mise aux enchères, et adjugée au plus fol enchérisseur.

Vente avec faculté de rachat.

CXVI. La terre *mîrïiè* et *mevqoufè* ne peut être mise en gage; toutefois, si le débiteur, en échange de sa dette, et par l'entremise de l'autorité, vend à son créancier la terre dont il est *possesseur*, à condition que celui-ci la lui rendra à toute époque où il acquittera sa dette[2], ou s'il en fait la vente simulée

[1] Voyez cependant plus haut, n° 85.
[2] Voyez *Code Napoléon*, art. 1658 et suiv.

et hypothécaire dite *firâgh bilréfâ*[1], c'est-à-dire qu'à toute époque où il acquittera sa dette, il aura droit de réclamer la restitution de l'immeuble, ce débiteur ne peut, avant l'extinction préalable de sa dette, qu'il y ait ou non fixation de terme, en exiger la restitution; il ne peut reprendre la terre qu'après acquittement intégral.

Cession conditionnelle de la terre faite par le débiteur à son créancier.

CXVII. Si le débiteur, après avoir vendu à son créancier, en échange de sa dette, la terre dont il est possesseur, soit sous la condition ci-dessus énoncée, soit sous la forme de vente simulée et hypothécaire, se trouve, au délai fixé, dans l'impossibilité d'éteindre sa dette, et s'il investit sondit créancier du mandat *devrïiè*[2], c'est-à-dire : s'il substitue celui-ci complétement à lui-même, en se dépouillant de la faculté de lui retirer ledit mandat, et lui donnant pouvoir de vendre ou faire vendre lesdites terres, de se rembourser sur le prix de vente du montant de sa créance, et de lui compter le surplus[3];

[1] Voyez d'Ohsson, *loc. laud.* t. VI, p. 73.

[2] Cet acte de procuration, passé par-devant le qâdi, est désigné par l'expression *hudjèti vekiâlèti devrïiè*. Je lis dans un document de ce genre : « Le sieur N., en garantie de sa dette envers N., donne à celui-ci une hypothèque générale sur tous ses biens, et désigne un tiers, le sieur N., pour son mandataire, à l'effet de vendre sesdits biens hypothéqués, s'il n'a pas acquitté sa dette, à l'échéance, envers son créancier; et de verser le montant de la vente entre les mains dudit créancier, jusqu'à concurrence de l'avoir de ce dernier. »

[3] Comparez *Code Napoléon*, art. 1265 et suiv.

dans ces conditions, le créancier mandataire pourra, en cas de non-payement jusqu'au terme fixé, vendre ou faire vendre ledit champ, du vivant de son débiteur, par l'entremise de l'autorité, et se payer du montant de sa créance; ou bien si, comme il a été dit, le mandant débiteur a chargé un tiers de ses pouvoirs, celui-ci pourra, à l'expiration du terme fixé, et en vertu de son mandat, vendre la terre, et acquitter (entre les mains du créancier) la dette de son mandant.

Saisie-arrêt de la terre par le créancier, au cas de décès du débiteur, avec héritiers, avant l'extinction de la dette.

CXVIII. Si le débiteur qui a vendu sa terre à son créancier, soit sous la condition ci-dessus énoncée, soit sous la forme de vente simulée et hypothécaire, décède avant l'entier acquittement de sa dette, et laisse des héritiers directs, tels qu'enfants, père ou mère, le créancier, et, en cas de décès de celui-ci, tous ses héritiers ont droit de mettre saisie-arrêt sur la terre; et les enfants, père ou mère du débiteur ne peuvent en prendre possession avant l'entier acquittement de la dette. Si le débiteur-vendeur décède sans héritiers directs, son créancier, ou, après décès de celui-ci, ses héritiers n'ont pas droit à la saisie-arrêt; la terre est vacante, et soumise à la législation y relative [1].

Dol ou fraude dans la vente des terres *mevqoufé*.

CXIX. Toute action pour dol ou fraude entre

[1] Voyez ci-dessus, liv. Ier, titre IV, et aussi n° 150.

vendeurs et acheteurs [1], au sujet de terres *mevqoufè* en général, sera reçue en justice; après le décès du vendeur, les actions intentées par ses enfants, par son père ou sa mère, ne seront pas reçues; et la terre non plus ne pourra être réputée vacante.

Vente de la terre en cas de maladie mortelle.

CXX. Est considérée bonne et valable la vente de terres *mîriïè* et *mevqoufè* faite en état de maladie mortelle; la terre ainsi vendue par l'entremise de l'autorité ne passera pas, par héritage, aux héritiers directs; et, à leur défaut, elle ne pourra non plus être soumise à la formalité du *tapou*.

Transformation d'une terre *mîriïè* en *vaqouf*.

CXXI. Personne, sans avoir été investi au préalable par patente souveraine, *mulknâmè* [2], de la propriété pleine et entière des terres dont il est simplement *possesseur*, ne peut les constituer *vaqouf* de telle ou telle œuvre [3].

Biens d'église.

CXXII. Les terres attachées *ab antiquo* à une église ou à un monastère, et qui sont inscrites, en cette qualité, sur les registres des archives impériales, ne peuvent être possédées par *tapou*; elles ne

[1] Voyez d'Ohsson, *loc. laud.* t. VI, p. 91; *Mevqoufâti*, t. II, p. 12 et comparez *Code Napoléon*, art. 1304.

[2] Voyez ci-dessus, n° 85, note.

[3] Voyez ci-dessus, art. IV.

peuvent être ni vendues ni achetées; par contre si, ayant été *possédées* de tout temps par *tapou*, elles ont passé ensuite, par un moyen quelconque, entre les mains des moines; ou si elles sont possédées actuellement sans *tapou*, comme dépendant du monastère, on leur appliquera la législation des terres *mîrïiè*; et, comme par le passé, la possession en sera donnée par *tapou*.

Lit d'une rivière ou d'un lac propre à la culture, après le retrait des eaux.

CXXIII. L'ancien lit d'un lac ou d'une rivière qui se sera desséché par le retrait des eaux, et présentera un terrain propre à la culture, sera mis aux enchères, adjugé au plus fol enchérisseur et soumis à la législation des terres *mîrïiè*.

Eau potable et pour l'irrigation.

CXXIV. Dans les contestations relatives aux cours d'eau potable ou d'irrigation, on tiendra compte uniquement de ce qui existait *ab antiquo*.

Passage des bestiaux à travers champs, en vertu de l'ancien usage.

CXXV. Il n'est pas permis de faire circuler les bestiaux à travers les vignobles, vergers et champs dits *keuk-terkè*[1]. Si même il était d'usage de les y

[1] كوك ترکه « ce qui reste de la racine, » champ dont la récolte est en cours de développement, ou celui où l'on a encore laissé quelque chose après la moisson. « En Turquie, dit Ami Boué (*loc. laud.* t. III, p. 4), on coupe le blé moins près de la terre que chez nous; l'épi est enlevé sur la tige, qui reste pour y pourrir ou pour

faire passer *ab antiquo*, comme le dommage (fait à autrui) ne peut jamais s'appuyer sur la coutume, le propriétaire des bestiaux sera invité à veiller, jusqu'après la récolte, à ce que son bétail ne traverse pas ces champs; si, malgré cet avis, il continue à occasionner ce dommage par l'envoi ou le passage de ses bestiaux, il en sera responsable, et devra indemniser le propriétaire du champ. Après la récolte, quel que soit l'endroit à travers lequel on avait l'habitude *ab antiquo* de faire passer les bestiaux, on pourra les y faire passer encore, comme précédemment.

Nouveau bornage.

CXXVI. Si les marques de l'ancienne délimitation des villes et villages ont disparu ou sont méconnaissables, on choisira, parmi les habitants des villages voisins, des personnes âgées et dignes de confiance; on se rendra avec elles sur les lieux; et, par l'entremise de l'autorité (religieuse), on déterminera les quatre côtés des anciennes limites; après quoi, de nouveaux indices seront placés partout où besoin sera.

CXXVII. La dîme des produits ou de la récolte, quel que soit le lieu du *khirmen*, est due seulement par la commune dont dépend la terre d'où provient la récolte. Selon le même principe, les *ruçoum* et redevances fixes de louage imposées sur les *ïaïlaqs*, *qychlaqs* et *otlaq*, enclos, moulins, etc. sont dues

servir en partie de nourriture aux bestiaux.» Comparez aussi *Code rural français*, loi du 28 septembre 1791, titre II, art. 25.

par les communes dans la circonscription desquelles ils se trouvent.

Rizières.

CXXVIII. Si, dans les rizières[1] inscrites dans les archives impériales, le cours d'eau vient à se détériorer, on le fera réparer par l'individu auquel incombe l'ensemencement de ladite rizière. La jouissance des rizières s'acquiert par *tapou*, comme pour toute autre terre *mîrïiè*. Seulement, on devra respecter les usages locaux suivis *ab antiquo* relativement aux rizières.

CXXIX. La *possession* des terres dites *khassè*[2], attribuées, avant le *tanzimât*, aux *Sipâhis* et autres, celle des *bâchtènè*[3], attribuées aux *Voïnoughân*[4], dont le système est aboli; et enfin celle des terres qui étaient concédées par *tapou* par les agents forestiers, également supprimés, s'acquiert par *tapou;* et dans

[1] Voyez Ami Boué, *loc. laud.* t. III, p. 19.

[2] Voyez ci-dessus, n° 313, et d'Ohsson, *loc. laud.* t. VII, p. 379.

[3] Voyez ci-dessus, n° 316, note.

[4] ويнوق Vulgairement : *boïnouq*, dérivé de *voïouman* «se battre,» en bulgare, signifie «soldat;» *voïnik*, en slave, désigne «l'homme en état de porter les armes, milicien, guerrier;» *voïska* est le nom de la milice serbe. (Cf. Ami Boué, *loc. laud.* t. III, p. 335, 344; t. IV, p. 476.) L'armée turque comptait autrefois dans ses rangs un corps de six mille Bulgares, mahométans ou chrétiens, destinés à faire le service de palefreniers et valets; il fut créé en 1376 par Mourad Ier, qui exempta de tout impôt ceux qui s'y engagèrent. En temps de paix, huit cents *voïnouqs* se rendaient chaque année à Constantinople pour mettre au vert les chevaux du sultan, des officiers du palais, du grand vizir et des principaux seigneurs. (Voy. ci-dessus, n° 313, note; d'Ohsson, *loc. laud.* t. VII, p. 378; et Hammer, t. I, p. 243.) Actuellement encore les *voïnouqs* sont chargés de ce soin.

les mutations, telles que vente, transmission par héritage ou *concession*, on suivra la législation des terres *miriïè*.

CXXX. Les terres faisant partie du territoire d'une commune habitée ne peuvent être concédées (*ihâlè*[1]) uniquement à une seule personne pour en faire une exploitation de labour[2]; mais si les habitants de la commune se sont dispersés, comme il est dit plus haut[3]; et si, la terre devant être soumise à la formalité du *tapou*, on reconnaît l'impossibilité d'y faire venir de nouveaux agriculteurs, de les établir dans cette commune, et de lui rendre sa physionomie primitive en concédant (*tefriz*) les terres, par portions isolées, à chaque agriculteur, on pourra, dans ce cas, concéder lesdites terres en bloc, soit à une seule personne, soit à plusieurs, pour en faire une exploitation de labour.

Définition du mot *tchiftlik*, mesures agraires.

CXXXI. *Tchiftlik*, en termes judiciaires, désigne le champ de labour d'une charrue (de deux bœufs), cultivé et moissonné chaque année. Sa contenance est, pour la terre de première qualité, de 70 à 80 *deunums;* pour celle de seconde, de 100; et pour celle de troisième, de 130 *deunums*[4]. Le *deunum* est de quarante pas communs (géométriques)

[1] Équivalent de تفريز, employé quelques lignes plus bas.

[2] *Tchiftlik*. Voy. ci-après, art. CXXXI.

[3] Voyez art. LXXII.

[4] Voyez ci-dessus, n° 319 et note

en long et en large, soit 1,600 pics[1] carrés. Toute portion de terrain inférieure au *deunum* est dénommée *qyt'a* (morceau).

Mais, vulgairement, on entend par *tchiftlik* la terre, y compris les bâtiments qu'on y a construits, ainsi que les animaux, graines, ustensiles de labour et autres accessoires nécessaires à l'exploitation[2]. Si le propriétaire de ce *tchiftlik* décède sans laisser d'héritier, ni direct ni indirect (ayant droit à *tapou*), sa ferme est mise aux enchères par le *mîri*, et adjugée au plus fol et dernier enchérisseur. — S'il ne laisse pas d'héritier direct (ayant droit à l'*intiqâl*) sur sa terre, les bâtiments, animaux, graines, etc. passent aux collatéraux (ayant droit au *tapou*); ceux-ci, comme il est dit au titre *de la déshérence*[3], auront droit au *tapou* sur la terre *possédée* et cultivée à titre d'*accessoire*[4] du *tchiftlik*, et ils en acquerront la *possession* moyennant payement de la taxe de *tapou*. S'ils la refusent, celle-ci seulement, sans toucher en rien aux immeubles qui seront leur propriété *mulk* héréditaire, sera mise aux enchères, et adjugée au plus fol et dernier enchérisseur.

Terrains pris sur la mer.

CXXXII. Tout individu qui, muni de l'autorisa-

[1] *Dira.* Le pic architecte est, à Constantinople, de 75 centimètres. (Voyez, ci-dessus, n° 45.)

[2] C'est-à-dire «la ferme.»

[3] Voyez art. LX et LXVI.

[4] Voyez art. XLIV.

tion souveraine [1], aura comblé un emplacement pris sur la mer, en deviendra propriétaire (*mâlik*); mais si, dans le terme de trois ans [2], à compter du jour de l'autorisation, il n'en fait pas usage, il sera déchu de ses droits, et toute autre personne, munie d'une nouvelle autorisation souveraine, pourra, en comblant ce même emplacement, en devenir propriétaire. Tout emplacement pris sur la mer et comblé sans autorisation, étant la propriété du *Beït-elmâl* (du trésor public), sera vendu par le *mîri* à la personne qui l'aura comblé. Si elle refuse de l'acheter, ce terrain sera mis aux enchères, et adjugé au plus fol enchérisseur.

Commandement. La présente loi aura force et vigueur à partir du jour de sa promulgation. Tous décrets souverains, anciens ou récents, rendus jusqu'à ce jour sur les terres *mîrïiè* ou *mevqoufè* [3], qui seraient contraires à la présente loi, sont et demeurent abrogés, et les *fetvas* rendus sur cesdits décrets restent nuls et sans valeur. La présente loi sera la seule règle que devront suivre, dorénavant, le ministère du cheïkh ulislam [4], les bureaux impériaux [5], en un mot, tous les tribunaux et *medjlis* « conseils. » Sont et demeurent abrogées les lois et

[1] Voyez art. CIII.
[2] Voyez art. XXV, note.
[3] Du genre *takhciçât*. (Voy. art. IV, 2°.)
[4] Interprète suprême de la loi religieuse
[5] Voy. ci-dessus, n° 360, note

ordonnances conservées au bureau de notre *Divâni-humaïoun* [1], aux archives de l'État et autres lieux.

7 ramazan 1274 (21 avril 1858 [2]).

[1] Chancellerie d'état dirigée par le *Beïliktchi;* ce bureau est une dépendance du ministère des affaires étrangères.

[2] Je dois, en terminant, remercier notre savant et éminent professeur, M. Reinaud, des soins éclairés qu'il a bien voulu accorder à l'impression de cette étude sur la propriété, et j'espère qu'il daignera agréer ici l'expression de ma vive et profonde gratitude.

FIN

www.ingramcontent.com/pod-product-compliance
Ingram Content Group UK Ltd.
Pitfield, Milton Keynes, MK11 3LW, UK
UKHW020241180726
13839UKWH00001B/111